知识管理

——企业财富的保险箱

知识力，是最本质的竞争力！

陈 超◎编著

台海出版社

图书在版编目(CIP)数据

知识管理:企业财富的保险箱 / 陈超编著. ––北京:
台海出版社,2012.12

ISBN 978-7-5168-0073-7

Ⅰ.①知… Ⅱ.①陈… Ⅲ.①企业管理–知识管理–
研究 Ⅳ.①F270

中国版本图书馆 CIP 数据核字 (2012)第 299905 号

知识管理:企业财富的保险箱

编　　著:陈　超

责任编辑:孙铁楠

装帧设计:天下书装　　　　　版式设计:通联图文

责任校对:蒋晓婷　　　　　　责任印制:蔡　旭

出版发行:台海出版社

地　址:北京市景山东街 20 号，　邮政编码:100009

电　话:010-64041652(发行,邮购)

传　真:010-84045799(总编室)

网　址:www.taimeng.org.cn/thcbs/default.htm

E-mail:thcbs@126.com

经　销:全国各地新华书店

印　刷:北京高岭印刷有限公司

本书如有破损、缺页、装订错误,请与本社联系调换

开　本:710×1000　　1/16

字　数:180 千字　　　　　印　张:15.5

版　次:2013 年 2 月第 1 版　印　次:2013 年 2 月第 1 次印刷

书　号:ISBN 978-7-5168-0073-7

定　价:32.00 元

前　言

1

我们先来看一个非常有趣的现象，许多孩子在小时候就喜欢整天围着爷爷奶奶，让爷爷奶奶讲故事。而刚讲完一个故事，孙子马上就反问爷爷奶奶，"为什么你讲的那个故事，网上没有啊？""爷爷你讲的故事是编的吧？"

这个故事带给我们的启示是：我们已经从一个信息知识贫瘠的时代迈向了一个信息知识丰富的时代，而如何获取我们想要的信息和知识显得越来越重要。

荀子云："尽己之力，下君；尽己之能，中君；尽人之智，上君。"但一个人的能力终究是有限的，如何去集众人之长，发挥大众的智慧呢？

为此，我们倡导一个新的理念，那就是"知商"。

顾名思义，"知商"是获取、学习、应用已知和未知知识的能力。知商指数越高，我们越能快速地获取知识，也越能快速将知识应用到实践中创造价值。

2

美国科学家通过对近千名成功人士研究调查，得出了一个结论：成功的人，80%靠EQ(情商)，20%靠IQ(智商)。但是随着社会的发展，有一种"商"我们越来越不能忽视，那就是"知商"。

智商、情商已被大众熟悉和认可。但用之来概括人类的整个活动世界与生活领域，还显得缺少点什么，或者说用它们来读解一些现象，表现出有点苍白和力度不够。一个新的名词应该产生了，那就是知商。所谓知商就是人们运用和调动已知知识或信息的能力。

人生活在世上,看到、听到、读到、了解到和学习到的知识与信息量是非常大非常多的。如果你知商很高的话,就可能把所有看到、听到、读到、了解到和学习到的知识与信息灵活的运用,把控和调动,你将可能成为一个全能专家。生活本身就是一个教会人们所有专业和所有知识的大学堂,主要是看你知商高不高,是不是一个好学生。

对高知商者来说,世上无专业之分。知商高的人,可以成为所有专业领域的专家。这与他最初所学专业无关,或者说与他上学时间长短无关。世上有很多这样的实例:没上过学的人,最后成了文学大师。学工程学的人,最终成了商场不败将军。这些现象的出现,有很多原因,但知商高不高,恐怕是起到了决定性的作用。

3

21世纪企业的成功越来越依赖于企业所拥有知识的质量,利用企业所拥有的知识为企业创造竞争优势和持续竞争优势对企业来说始终是一个挑战。

在组织中建构一个量化与质化的知识系统,让组织中的资讯与知识透过获得、创造、分享、整合、记录、存取、更新、创新等过程,不断的回馈到知识系统内,累积个人与组织的知识,形成永不间断组织智慧的循环。在企业组织中成为管理与应用的智慧资本,有助于企业做出正确的决策,以适应市场的变迁。

知识管理对企业的长远发展至关重要,但是很多公司对知识管理的理解还有一定误差。多数公司知识管理项目始终处于基础阶段,从未再前进一步。

本书在大量知识管理实践范例的基础上,以实施知识管理为目标,系统地阐述了知识管理的相关概念,涵盖了知识管理的关键领域。它是一本介绍如何将个性灵感和隐性知识整体化,将商品、服务及业务系统具体化的组织运作能力的书。将帮助经理人成为推行和实践知识管理的先锋。

目 录 CONTENTS

第一章 认知——我们为什么需要知识管理 ············ **1**

什么是知识管理？美国生产力与质量研究中心认为："知识管理是指为了提高企业竞争力而对知识进行识别、获取和充分发挥其作用的过程。"美国德尔福集团创始人之一卡尔·弗拉保罗认为："知识管理就是运用集体智慧提高应变和创新能力"，"是为企业实现显性知识和隐性知识共享提供新的途径"。知识管理的主要目标是在企业内促进知识共享，鼓励知识创新，实现知识增值，从而提高企业竞争力。

知识管理是知识经济发展的必然要求，它将成为21世纪企业管理的新方向。

对知识管理认识的几大误区 ································· 1

误区之一：知识管理就是信息管理 2

误区之二：知识管理就是人力资源管理 4

误区之三：知识管理就是建立企业信息网和知识库 5

误区之四：知识管理就是知识管理软件 6

知识管理，从理解开始 ································· 7

公式：知识管理KM=(P+K)S 7

计划:知识管理项目四大阶段   11

解析:知识管理蕴含的各种风险   13

控制:五个维度上的策略   16

实施知识管理的企业为何鲜有成功? ················· **19**

失败原因之一:盲人摸象自说自话   20

失败原因之二:没有规划跟着感觉走   21

失败原因之三:没有负责人或者选错了人   22

失败原因之四:被软件和咨询厂商"劫持"   23

失败原因之五:额外工作和"与我无关"   24

失败原因之六:缺乏激励机制或者激励失灵   25

第二章　工具——打开知识管理工具箱 ·············· 32

　　如果人们没有相应的历史知识,那么世界名画《蒙娜丽莎》,对于观赏者来说仅仅是一幅肖像画,但这幅画所要表达的决不仅仅如此。

　　"工欲善其事,必先利其器。"知识工具的作用在于,它不仅仅帮助我们完整的保存这幅画像,更重要的是,它能够帮助我们理解这幅名画。因此,数据、信息管理工具与知识管理工具最大的区别在于能否为使用者提供理解信息的语境,以及各种信息之间的相互关系。

三类知识管理工具 ······························· **32**

知识产生——不同方式有不同的工具对其进行支持   33

知识编码——使知识能够方便地被共享和交流   35

知识转移——知识的价值在于流动   38

企业需要什么样的知识管理系统 ················· **48**

只有确定了需求,才能明确需要什么样的系统   49

知识库、专家黄页和实践社区   51

第三章 团队——打造高效知识型团队 ················· 61

如今很多企业不再奢望自己能够培养出许多人才,并一辈子留为己用。在这种情况下,最务实的做法乃是让人才在职的时候充分发挥自己的潜力,并把成果留在企业。将来即使员工突然离职,只要他把项目所需的技术、累积的经验、资讯与知识留下便可。而能否做到这一点的关键就在于知识管理的好坏。

最大限度地发挥知识型员工的作用 ················· 61

何谓知识型员工——追求自主性、个体化、多样化和创新精神的员工群体　61

知识型员工的绩效——工作能力的各项参数　64

知识型员工激励机制——制定适合的制度　69

知识型员工激励手段——肯定他们的价值,引爆他们的潜力　73

知识型团队的打造——应更侧重于"理"而非"管" ················· 87

知识型员工流失的原因和风险　87

知识型员工流失风险管理策略　90

知识型团队成员的六种表现　96

第四章 领导——知识管理需要什么样的领导力 ··· 102

企业的领导,能使经济资源的效率由低转高。领导力,则是领导的特殊技能(包括精神和技巧)的集合。或者说,领导力是指组织建立和经营管理企业的综合才能的表述方式,它是一种重要而特殊的无形生产要素。

作为企业的领导者,他们在知识管理过程起着至关重要的作用。他们是知识管理的倡导者、策划者、推动者、实施者。那么,知识管理需要什么样的领导力呢?

知识导向的产业结构决定了需要相适应的领导力 …………… 102

　　"职位权力"正逐步被以知识为基础的"知识权力"所取代　103

　　从野牛到雁群：知识型领导力认知转换　105

　　管理知识型员工的几大问题——如何让"大象"一起"跳舞"？　113

知识型员工对领导力的要求 ………………………………… 119

　　愿景比管理更重要，信念比指标更重要　119

　　人才比战略更重要，团队比个人更重要　122

　　平等比权威更重要，均衡比魄力更重要　126

　　理智比激情更重要，真诚比体面更重要　130

第五章　借力——企业文化是知识管理的软件 …… 139

　　知识经济不是以自然资源为基础，而是以不断创新的知识资源为基础。

　　企业实现知识管理势在必行。然而实施有效的知识管理，除了要具备必要的硬件设施，还要求企业具备良好的企业文化作为"软条件"，保证知识管理有效、持久、健康地发展。

解析知识管理模式 …………………………………………… 139

　　第一种模式：业务流程导向——将流程管理与知识管理相结合　140

　　第二种模式：知识资产导向——更侧重组织战略视角　141

　　第三种模式：实践社区导向——看不见的管理才是最好的管理　142

企业文化定位：知识管理的重要性 ………………………… 143

　　将知识体系融入到企业文化中　143

　　让企业文化保障知识管理的成功实施　146

　　知识管理的四个保障因素　148

如何让员工参与营造知识型企业文化 ……………………… 156

　　做事的机会是前提，学习的机会是基础　156

赚钱的机会是根本,普升的机会是动力   158

建立知识管理中的分享文化   160

第六章 升级——知识管理的应用 ······················ **176**

管理就是不断发现问题和解决问题的过程,知识管理也不例外。可以说知识管理没有"成功",只有"成熟"这样的概念。对于国内中小企业的管理者而言:知识管理同企业的业务运营紧密结合,不但可以推动业务发展,也可以提高整体管理水平。

知识管理如何让营销业绩持续增长 ······················ **176**

建议一:显示个人的投资回报率   178

建议二:知识管理与业务流程紧密结合   179

建议三:前期的知识管理宣导很重要   182

量体裁衣:知识管理要"合身" ······················ **187**

量体:架构设计的挑战   188

裁衣:项目型企业知识管理组织架构的阶段设置   190

知识管理的成功路径——你是"明星"还是"剩女"   192

知识管理:企业国际化经营的关键步骤 ······················ **196**

国际化经营对知识管理策略的影响   196

知识管理策略对企业国际化经营的影响   197

知识管理如何实现全球落地   198

强化知识管理,推进中国企业国际化   203

第七章 创新——知识管理只有成熟没有成功 ······ **209**

知识创新,是指通过企业的知识管理,在知识获取、处理、共享的基础上不断追求新的发展,探索新的规律,创立新的学说,并将知识不断地应用到新的领域并在新的领域不断创新,推动企业核心竞争力的不断增强,创造知识附加值,使企业获得经营成功。

中国企业如何更好地创新? 建立知识管理体系,形成知识创造的企业文化是关键。

他山之石:知识管理的创新思维 ······················· **209**

中国惠普:自由交流的文化高于一切 210

三星SDS:管理层长期积极推动 212

利用"知识资源"来获得竞争优势,巩固其行业领袖地位 214

制定适合自己的知识创新战略 ······················· **217**

用头脑风暴创新知识 217

在日常的工作中更加有意识地对个人知识进行管理 222

知识管理模块化——提高知识复用率 224

四维度反思知识管理——只有起点,没有终点 227

第一章

认　知
——我们为什么需要知识管理

　　随着科学技术飞速发展，人类社会已经进入知识经济时代。在这个以知识为主导的时代，知识是企业最重要的战略资源，知识创新能力是企业可持续的核心竞争力。顺应知识经济兴起的要求，知识管理应运而生，在全世界掀起了一场新的管理革命。

　　什么是知识管理？美国生产力与质量研究中心认为："知识管理是指为了提高企业竞争力而对知识进行识别、获取和充分发挥其作用的过程。"美国德尔福集团创始人之一卡尔·弗拉保罗认为："知识管理就是运用集体智慧提高应变和创新能力"，"是为企业实现显性知识和隐性知识共享提供新的途径"。知识管理的主要目标是在企业内促进知识共享，鼓励知识创新，实现知识增值，从而提高企业竞争力。

　　知识管理是知识经济发展的必然要求，它将成为21世纪企业管理的新方向。

对知识管理认识的几大误区

　　根据一项调查表明，在英国100家大公司中，已有43%的公司开始推行知识管理。这些企业实施知识管理以后，都取得巨大的发展。诺基亚集团

实行知识管理以后,其电信业务增长70%。普罗可特—甘布尔公司进行知识管理以后,其利润率从6.4%增长到11.6%。在中国,一些企业也开始试行知识管理,并取得较大的成功。

现在,知识管理的理念已经开始为中国企业所接受,但是在认识上还存在一些误区,值得我们注意。

误区之一:知识管理就是信息管理

有人认为,知识就是信息,知识管理就是信息管理,知识主管(CKO)就是信息主管(CIO)。这是典型的对知识管理的狭隘理解。

1.知识不等于信息

首先,信息只是知识的一部分。

根据1996年经济合作与发展组织(OECD)的《以知识为基础的经济》报告,知识包括四大类:

"知道是什么"的事实知识。

"知道为什么"的原理知识。

"知道怎样做"的技能知识。

"知道是谁"的人际知识。

由此可见,知识的概念比信息的概念要广泛得多。信息仅限于"知道是什么"、"知道为什么",也即是记录于在一定物质载体上的知识,我们称之为"显性知识"。

而"知道怎样做"、"知道是谁",是存储于人们大脑的经历、经验、技巧、决窍、灵感等尚未公开的秘密知识,或者只可意会难于表达的知识,我们称之为"隐性知识"。

其次,知识是有用的信息。信息包括正确信息和虚假信息,正确信息是有用信息,虚假信息是无用信息。而知识都是正确的,都是有用的。美国施乐公司将知识定义为:"知识是人们用于提高劳动生产率的信息。"

2.知识管理是对信息管理的变革和超越

20世纪80年代美国学者D·A·马夏德提出信息管理分为四个阶段:20世纪初至50年代末为文献管理阶段、20世纪60年代至70年代中期为自动化技术管理阶段、20世纪70年代末期至80年代为信息资源管理阶段、20世纪90年代为知识管理,知识管理是信息管理发展的最后阶段和最高层次。其实,信息管理只是知识管理的基础和重要组成部分,知识管理不仅仅是信息管理的发展和延伸,更是对信息管理的变革和超越。

首先,信息管理仅仅关注对显性知识的管理,而忽视对隐性知识的管理。而隐性知识往往具有独占性,开发利用价值比较高,管理难度更大。

其次,信息管理仅仅重视对现有信息的收集、整理,而忽视对新知识的生产、创造。

第三,信息管理仅仅重视对信息本身和信息技术的管理,而忽视对信息、知识活动的过程和人员的管理。

第四,信息管理仅仅关注在适当的时候、以适当的方式、向适当的员工提供适当的信息,将信息简单地视为企业的免费资源,而不能对知识进行资本化运作从而以实现知识增值。

3.知识主管不能取代信息主管

英国学者迈克尔·厄尔和伊恩·斯科特教认为:企业中知识主管们的作用已经超出了信息技术的范围,进而包括诸如培训、技能、奖励、战略等。由于知识管理涉及的范围大大超出信息技术,所以企业需要一位善于思考的人把人力资源、信息技术和战略等方面有机结合起来。企业在设立知识主管时不应将知识管理视为信息管理的延伸,以免知识主管完全取代信息主管。因为这容易导致把知识管理的工作重点放在技术和信息开发上,而不是置于知识共享、创新和增值上。

而学者卡尔·弗拉保罗认为:在企业中,知识主管的地位居于首席执行官(CEO)和信息主管之间。也就是说,知识主管接受公司首席执行官的领导,并有权领导信息主管。

由此可见,知识管理不是信息管理的简单延伸和发展,而是对信息管

理的一种变革和超越,是一种全新的企业管理模式。

误区之二:知识管理就是人力资源管理

人既是知识存储的载体,又是知识创新的主体。知识管理十分重视人力资源管理,但不意味着知识管理就是人力资源管理。

1.人力资源管理只是知识管理的重要组成部分

著名知识管理专家托马斯·H·达文波特说:"既然知识主要寓于员工之中,而且是员工对其加以利用和分享,以获得经营结果,那么知识管理就不仅仅是管理信息和信息技术,也是管理人。"也就说,知识管理最终需要落实到对人的管理上。但是,知识管理还涉及企业的发展战略、信息技术、研究开发、业务流程、客户关系、企业文化等诸多领域,这些是人力资源管理无法所及的。因此,人力资源管理只是知识管理的重要组成部分。

2.人力资源管理和知识管理关注的侧重点不同

首先,人力资源管理仅仅注重人尽其力,充分发挥每个员工的聪明才智;而知识管理更加注重促进员工进行知识共享,整合企业团队的知识资源,提高企业整体的知识创新能力,充分挖掘"集体智慧"。

其次,人力资源管理仅仅注重调动员工的工作积极性,提高员工的工作能力;而知识管理更加注重鼓励员工的知识共享,培养员工的知识创新能力。

第三,人力资源管理往往注重运用物质奖励和外部激励,也就是说主要使用感情笼络或小恩小惠来激励员工;而知识管理更注重精神鼓励和内部激励,也就是说主要通过鼓励员工自我发展,帮助员工自我实现来激励人才。

最后,人力资源管理追求人尽其才,充分利用员工现有知识资源;知识管理追求人才无限,认为人才的潜能是无限的,企业应该充分挖掘人才的潜在知识资源。

由此可见,人力资源管理只是知识管理的重要组成部分,知识管理的内涵远远比人力资源管理的内涵要丰富和深刻。

误区之三:知识管理就是建立企业信息网和知识库

现在,许多西方企业实施知识管理的一条重要举措是,建立企业内部信息网和企业知识库,以信息网和知识库作为存贮知识、传递知识,共享知识、培训员工的平台。有人认为企业建立了信息网和知识库就是实施了知识管理。这种认识是狭隘的。

1.信息网和知识库只是知识共享的平台

知识管理提倡"共享知识就是力量"。知识共享首先要求信息交流、知识传递。为了提高信息交流、知识传递的速度、质量和时空范围,企业需要建立信息网和知识库。但是仅仅建立信息网和知识库并不能保证员工愿意提供自己的知识,特别是隐性知识,供他人共享。在传统观念中,人们认为自己的隐性知识是其个人价值所在,如果把这部分知识拿出去共享,他就可能因没有价值而失宠甚至丢掉工作。于是,他们往往将这些隐性知识秘不示人。因此,信息网和知识库只是为知识共享提供了技术和媒介,要真正实现知识共享,关键在于建立一套鼓励员工相互分享知识的激励机制,营造一种促进知识共享的企业文化氛围。

2.信息网和知识库不能促进知识创新和知识增值

信息网和知识库为知识共享提供了平台,但企业实施知识管理的最终目标,不仅仅是为了知识共享,而主要是为了进行知识创新,实现知识增值,提高企业的竞争能力和应变能力。知识创新也主要取决于企业是否建立了一套有效的创新机制,培养员工的创新能力和创新意识,仅有信息网和知识库是远远不够的。

由此可见,信息网和知识库是企业实施知识管理的一个"硬件"基础而己,知识管理的关键还在于"软件"环境。

误区之四：知识管理就是知识管理软件

现在,市场上出现许多知识管理软件。有人认为购买和使用了知识管理软件就是实施了知识管理,这种认识是患了上述"知识管理就是建立企业信息网和知识库"同样的错误,将知识管理狭隘地理解为是一种新的管理技术和管理方法。

1.知识管理软件忽视了对知识主体的管理

知识管理软件提供了一种知识管理的解决方案和技术实现手段,它主要侧重对企业知识资源本身的管理,而无法对知识主体——企业员工进行有效管理,尤其是无法促进和激励员工进行知识共享和知识创新。

2.实现知识管理应该"文化第一,技术第二"

一项知识管理调查表明,不适当的企业文化是推行知识管理的最大障碍。许多企业家认识到:培育一种知识导向型企业文化是知识管理最关键的成功要素。实施知识管理"文化第一,技术第二",企业应从最关键的地方入手来实施知识管理、变革企业文化并将知识管理融入到企业业务流程中去。也就是说,知识管理的根本要旨是建立一种企业文化,使企业真正成为知识型组织。

综上所述,"信息管理"、"人力资源管理"、"信息网和知识库"、"知识管理软件"只能称作知识管理的基础"碎片",并不是知识管理的本质。知识管理不仅是一种先进的管理技术、手段、方法,而且是一种科学的管理模式、准则、制度,还是一种新型的管理思想、观念、意识。从某种意义上说,它更是一种新型的企业文化——知识导向型企业文化。

知识管理,从理解开始

当企业不得不面对原有的市场已经成为一片"红海"、新技术层出不穷、竞争对手日渐强大、产品淘汰速度飞快等巨大压力的时候,只有那些持续创造新知识,将新知识传遍整个组织,并迅速开发出新技术和新产品的企业才能成功。而这种企业与竞争对手相比最大的特点就是拥有更快的学习能力,能够更加有效的进行知识管理与组织学习。

以上的道理如今已经被越来越多的企业所熟知和认同,知识管理也正迅速成为了当今社会最重要的管理技能之一。一时间,人们对知识管理、组织学习以及学习型组织的热情和兴趣大为高涨。

但令人遗憾的是,人们却对什么是知识,如何对知识进行管理,以及如何对知识进行有效的综合利用等问题缺少深刻的认识。

公式:知识管理KM=(P+K)S

知识管理可以用一个公式来帮助理解:KM=(P+K)S。

KM(knowledge management)是指知识管理

P(person)代表企业的员工。+代表信息科技。K(knowledge)代表知识,主要是指企业内部共享的资料。S(share)表示分享。

只有营造一个让员工愿意分享,轻松分享的环境,知识管理才可以起步。

什么是知识?

达特茅斯大学艾莫斯·塔克商学院教授詹姆斯·布莱恩·奎恩教授在其荣获美国出版协会奖的著作《智能企业》中,把知识分为了四个层次。

依据其重要性从低到高分别为:

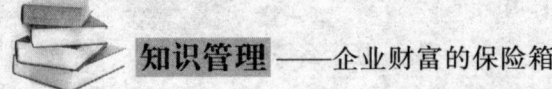

认知知识(知道是什么)。高级技能(知道是怎样,即诀窍)、系统理解(知道为什么)和自我激励的创造力(关心为什么)。

其中前三种知识可能存在于组织的系统、数据库或操作技术中,而第四层次的知识更多地体现在组织文化之中。随着知识由认知上升到自我激励的创造力,知识的价值也在显著增长。

但是在实践中,大多数企业把员工培训和知识管理的重点放在了开发基本技能上,对系统技能和创造技能的开发却很少涉及。也就是说更多的知识管理只关注了让员工"知其然",去忽视了还要让员工"知其所以然"。

因此,只有先从广义上去理解和认识知识,才能对其进行更为科学和有效的管理。特别是如果能够对于那些存在于员工头脑中潜在的想法、直觉和灵感加强发掘和管理,并综合起来加以运用,将会更好的激发员工个人的责任感以及对企业和企业使命的认同感,并将那些潜藏的知识融入到实际的技术和产品之中,从而使人人都能成为知识的创造者、传播者、共享者和利用者。

如何对知识进行管理?

新的知识总是来源于个体,而知识管理的核心活动就是将个体的知识传播给其他人,而这种传播体现在组织的各个层面,无时不在,无处不在。因此,在这个过程中,我们要想更有效的管理知识,就不仅要关注知识本身,同时还要关注知识的发送者、知识的接收者和组织环境。而在这四者之中,知识本身和组织环境是更为关键的因素。

日本先进科学与技术研究所知识科学研究生院的第一任院长野中郁次郎先生在其著作《知识创新型企业》中,通过对大阪松下电器公司的开发人员开发家用烤面包机的案例进行了分析,进而提出了"显性知识"和"隐性知识"的概念。其中,显性知识具有规范化、系统化的特点,所以更易于沟通和分享,例如产品说明、科学公式、计算机程序等。隐性知识是高度个人化的知识,具有难以规范化的特点,因此不易传递给他人。用哲学家迈克尔·波拉尼的话来说,就是"知而不能言者众"。此外,隐性知识深深地根植于行为本身,根植于个体受到的环境约束,主要分布于高级技能、系统理解和自我激励的创造力之中。

显性知识和隐性知识的区别表明,组织中的知识管理有四种基本模式:

从隐性到隐性。有时,单个个体可以直接与其他个体共享隐性知识。例如我们熟悉的师傅带徒弟,虽然徒弟能从师傅那里学习到认识知识,但不管师傅还是徒弟,都没有掌握认知知识背后的系统化原理。他们所领会的知识从来都不能清楚地表述出来,因此很难被组织更有效地综合利用。

从显性到显性。单个个体也能将不连续的显性知识碎片合并成一个新的整体。例如总公司收集各分公司的信息,形成一份报告。虽然这份报告综合了许多不同来源的信息,但是这种综合并没有真正扩展公司已有的知识贮备。

从隐性到显性。将隐性知识显性化,意味着寻找一种方式来表达那些只可意会不可言传的东西。而达到这一目的的管理工具包括实践社团、商业智能、情境规划、建立学习型历史文献、行动学习等等。

从显性到隐性。随着新的显性知识在整个企业内得到共享,其他员工开始将其内化,用它来拓宽、延伸和重构自己的隐性知识系统。

在知识管理中,上述四种模式都会存在,而且发生着动态的相互作用。而从隐性到显性和从显性到隐性则是知识管理的重点,它们相互转化的过程也是组织的知识螺旋式上升的过程。

正如我们所知道的"硬性"结果(如财务指标和技术指标)常常由"软性"问题(如企业文化和组织环境)所决定一样,如果我们把知识管理比喻成火炬的话,那么组织环境就是点燃火炬的火种。在上文的论述中,我们明确了隐性知识在知识管理中占有着重要的地位,也是知识管理最主要的对象。而实际上,由于隐性知识不仅包括高级技能,而且包括系统理解和自我激励的创造力。因此,将隐性知识显性化,它能够被组织的成员共同分享的过程,实际上也是个人世界观的表达过程。当员工创造新知识时,他们同时也是在重塑自我和组织环境。

但同时需要引起我们的重视的是，即使员工们确实产生了一些有价值的想法和见解，他们仍然很难将这些信息的含义传递给他人。因为对于新知识，人们不仅仅是被动接受，还会从自己的处境和立场出发加以理解和解释，于是在一种环境下有意义的知识。如果传递给另一个环境中的人，它就会改变甚至失去原来的意义。

因此，营造一个能够引导员工进行知识创新和共享的环境，使他们能够相互交流、不断对话、促进反思，并从不同的角度进行审视，进而将不同的见解统一起来，形成新的集体智慧，最终融合到新技术和新产品中，将是知识管理的首要步骤。而在营造组织环境的过程中，打破部门和企业界限，确保思想的及时交流，同时对员工加强头脑风暴法、解决问题能力和评估实验以及其他核心学习技能的训练对于消除组织影响学习的障碍，提高知识管理的效率都将是非常重要的。

如何对知识进行有效的综合利用

英国哲学家培根曾说过："知识就是力量。"而诺贝尔经济学奖获得者哈耶克教授却认为："知识加自由才是力量。"的确，面对如此一个信息时代，只有通过对知识进行有效的综合利用，使知识在组织内转化为新的行为方式，知识才会使企业更有力量。

哈佛商学院教授戴维·A·加文在其著作《建立学习型组织》中从五个方面对知识的有效综合利用进行了描述：系统化地解决问题、采用新方法进行学习、从过去的经验中学习、从他人最好的时间中学习、在组织中迅速有效地传递知识。同时他还认为，如果不能对事物做出评估，也就无法对其进行管理。因此，全面的学习型评估就显得尤为重要。这种评估既包括对认知行为变化的评价，也包括对一些有形的结果的评价，其最终目的就是要将新的知识转变为自身新的行为方式，并通过行为的改变提高企业的业绩。

不创新就落后，对今天的企业来说，竞争的趋势已经使我们每个人都感同身受，但对于这种趋势做出正确的反应却并非易事，因此我们必须更好的运用知识，管理知识，以使我们在竞争中强占先机，以使我们在竞争中更有力量。

虽然目前很多企业都声称要建立"学习型组织",但知识管理的概念在中国本土的认知率还很低,而且很多企业所谓的知识管理还只是停留在文档管理局面,只有极少数中国企业正的在做知识积累,进行知识管理。

要缔造学习型组织,需要解决三个问题:有人可以教,有东西可以学,学起来要方便。而知识管理主要解决后两个问题。

计划:知识管理项目四大阶段

知识管理项目,通常可以分为四大阶段,即知识管理规划、知识梳理、系统选型与实施、持续改进。在项目各阶段企业都可能面临各种风险。

在讨论这些风险之前,我们先看看这四大阶段,企业都要做哪些工作。

在知识管理规划阶段,企业面临三项主要工作

一是明细未来的发展战略,总结企业的核心成功要素,判断知识管理的支撑点。比如,以产品研发为主的企业,知识管理主要应用在研发部门;以销售导向、终端控制为主的销售型企业,其知识管理的核心应用在市场营销部门;以客户服务为导向的服务业,知识管理有助于提高对客户知识的管理和客户服务经验的管理。

不同企业的业务模式、发展战略、关键成功要素决定了知识管理的总体战略和核心应用。

二是制定知识管理蓝图。知识管理蓝图是帮助企业明确开展知识管理工作的知识蓝图、管理蓝图、IT蓝图、文化蓝图。

三是企业知识管理的计划分解。这帮助企业解决在什么时间投入哪些资源,实现什么目标的问题。

在知识梳理阶段,企业面临四项工作

一是业务流程梳理。首先必须从核心业务和管理流程的梳理开始,明确企业关键流程。这有助于之后知识内容分析,这项工作的成果是企业的总体流程体系。

二是知识内容分析。基于业务流程梳理,分析与判断流程关键点上的显性与隐形知识,这项工作涉及到业务流程各节点的员工的多次访谈与交流,分析他们在工作过程中产生或总结的知识内容。在知识内容分析阶段,企业还应当制定知识分类的原则,构建知识分类体系。通过上述流程梳理和知识内容分析的工作,企业即可构建知识网络图和知识历程图。

在系统选型与实施阶段,企业必须根据知识管理规划的蓝图和知识梳理的成果,选择合适的软件系统进行支撑。系统选型前还需要判断是购买成形的商用软件还是自行设计定制软件。在选择软件系统实施公司时,必须考虑的要素包括:

1)投标人的资格与资信。如投标人自身规模和实力,投标人是否具有成熟的项目相关软件产品等;

2)投标人的客户情况。如投标公司的客户数量及相应名单,投标人是否拥有大型企业集团软件项目的经验;

3)投标人的相关项目实施方法。如投标人关于信息系统开发、实施的方法、完整的项目实施计划等;

4)投标人对项目实施的相关风险认识。如判断投标人不太成功的软件项目;

5)系统的技术性能。如系统是否存在用户限制,产品成熟稳定性等;

6)系统的功能特性。如信息发布、文档管理、文档检索等;

7)项目开发和实施服务。如投标人对项目需求的理解程度,项目开发和实施团队情况,投标人对该项目的承诺等。通过综合分析产品和实施方的能力,最终确定KM系统的合作方,开展实施工作。

风险分析

KM系统实施完毕,并不代表KM项目的结束,企业还需要开展持续改进工作。在这个阶段,企业需要随时监控业务流程的运作、软件系统的效率、企业文化的塑造、专业人才队伍的维护与激励等情况。以业务流程的持续改进为例，企业在一定的时间段内可以针对现有的所有流程进行分析，挑选问题最大的流程进行重点分析和改进。以专业人才队伍的维护为例，KM项目结束后，一批经过历练的经验丰富的管理和业务人才需要新的、非项目形式的管理和激励方式。这些工作均纳入到持续改进阶段逐步完成。

解析：知识管理蕴含的各种风险

知识管理项目的四个阶段，蕴含着各种风险。我们从企业的五大管理要素模型（战略、组织、绩效、流程、文化）对这些风险展开描述和解析。

战略支撑风险：知识管理战略规划，必须从企业整体战略出发。知识管理战略规划成果应当支撑企业战略。企业面临的风险在于，如何形成支撑企业整体战略的知识管理战略。上文也提及，战略重点决定了知识管理应用的重点。这也是体现KM项目的价值所在。起步阶段的规划失误将直接导致知识管理走向失败。

组织设计风险：对于大型企业而言，知识管理工作需要一个专门的组织完成。知识规划阶段需要考虑该组织的架构及其团队构成。不同的团队构成会直接影响该组织对于知识管理的推动力。

变革推进风险：企业顺利开展知识管理，必须与员工绩效考核策略直接挂钩。这对于很多企业来说，绩效考评的调整会受到既得利益者的反对，如何推动这场变革，企业面临很大的风险。

共识达成风险：企业内部不同部门和团队，对于知识管理的理解、看法都不同。有些部门对此感到恐惧，担心部门利益受损。这与大家对知识管理的认识程度差异密切相关。企业必须考虑如何让知识管理在企业内部达成共识，让所有人理解知识管理对于他们的意义和价值。

文化惯性风险：企业原有的文化，有可能与知识管理不相匹配。企业

需要逐步调整和塑造企业文化,以支撑知识管理工作的顺利开展。固有的企业文化存在一定时间的惯性,如何尽快调整文化的惯性,是企业面临的一个挑战。

知识遴选风险:在知识梳理阶段,选择能够支撑核心业务和管理活动开展的知识,企业会面临知识遴选的风险。若梳理的知识为非核心知识,则KM无助于企业业务和管理活动的顺利开展,将增强企业员工对知识管理的不信任感。

知识协同风险:不同部门、团队的知识,存在协同的风险。在未实施知识管理前,不同部门之间的知识缺乏正式的沟通渠道,很多企业存在"部门墙"。打破这堵墙,实现知识协调,会面临各利益团体的挑战。

流程调整风险:知识梳理前,企业通常需要开展流程梳理和调整的工作。明确核心业务和管理流程后,才能明确关键控制点上的知识。流程调整后,员工的工作方式和流程会发生改变。如何让员工适应这种调整,企业需要做很多工作。

知识共享风险:这是知识管理面临的最大挑战之一。在企业内部塑造知识共享的文化,让所有员工积极主动的共享他们的显性知识和隐形知识,对于许多传统企业来说是很难做到的。

项目控制风险:企业在实施知识管理项目的过程中如何有效把握项目的进程,如项目推进组织不力、项目时间和进度失控、实施成本超出预算、实施质量难以保证等等。这是知识管理项目的控制风险。

制度保障风险:若企业只指望从技术上给知识管理提供支撑,而不能通过制度来保证企业知识管理活动的进行,进而塑造新的企业文化,那企业知识管理活动就存在失败的风险。知识管理项目的最终用户是全体员工,让如此众多的最终用户改变日常的工作习惯是一件很大而且困难的事情。如何让员工能够在工作中自觉地使用知识管理系统来贡献和共享知识呢?除了系统使用方便、简单、有效,并且能够满足公司业务在知识管理方面的要求等技术因素之外,更为重要的是建立一套严格的管理制度进行保证。

系统支撑风险:挑选合适的知识管理系统软件支持知识管理,存在系统支撑风险,主要包括知识管理系统软件本身存在的功能风险以及企业选择软件时的选型风险。软件功能不符合企业需求、集成开放性不足、成熟稳定性差强人意、缺乏软件供应和服务商的评估手段、选型时无所适从、盲目决策等最终都会造成知识管理项目的失败。

系统使用风险:主要是指企业在知识管理软件系统上线运行之后,企业员工却不能经常性地使用系统,也不能对知识管理系统进行维护,从而难以保证知识管理系统中知识的数量和质量,在"恶性循环"中使知识管理系统逐渐成为一个华而不实的摆设。

战略模糊风险:知识管理项目结束后,其他的战略会随着时间的推移逐步调整,知识管理战略也需要紧密跟随企业整体战略做调整,否则很容易出现战略模糊风险,导致KM在支撑企业战略方面力度不足。

组织涣散风险:全职或兼职的知识管理团队,在项目期间会投入很大的精力参与工作。进入项目结束后的持续改进期,团队容易出现精力不集中,企业知识管理工作也面临组织涣散的风险。

人员流失风险:知识管理项目结束后,一批专业的KM从业人员已经成长起来,企业必须采用一套好的绩效管理体系维持这批专业人员的稳定性,否则企业将面临KM专业人士的流失风险。

持续发展风险:主要是指企业对知识管理的长期变革特性认识不足,以为只要软件系统上线,项目就大功告成了,从而给企业的知识管理带来了一个发展中的风险问题。知识管理技术在发展,企业对知识管理的需求也在不断变化,如果以静态的观点来看待知识管理项目,则难以从知识管理中充分"榨取"效益,也不能使知识管理在企业中持续推广。随着业务的发展、流程的调整,企业的知识管理工作需要进一步提升。

文化弱化风险:企业的文化需要不断塑造和加强,否则会逐步弱化,企业员工的知识共享文化和精神也容易逐步淡化。企业需要采取各种措施,做大量强化企业文化的工作,保证良好的企业文化影响和指导企业所有员工的行为方式。

控制：五个维度上的策略

知识管理项目的主体工作在管理而非IT技术。上文我们综述了企业知识管理工作的风险，并针对知识管理项目研究了其中的各类风险。在这里，我们再从战略、组织、绩效、流程、文化五个维度给出有针对性的策略。

1.持续回顾企业战略

在进行知识管理工作时，应当不断回顾企业的整体战略。事实上，企业任何工作的开展，都应该从战略角度出发，知识管理项目也不例外。在知识管理规划期间，必须考虑知识管理如何支撑战略。企业必须分析自身的战略定位及其存在的差距，并研究知识管理对于弥补这个差距的意义和价值。比如建筑施工企业未来的战略定位拓展到建筑设计领域，那么知识管理可以帮助从知识储备、人才招聘与维系等方面着力支撑这个战略。

在KM项目推进过程中，企业也必须将战略作为整个工作的指导方向。比如在知识梳理阶段，必须重点梳理和分析与战略竞争能力紧密相关的业务或职能部门的知识。在系统选型时，必须考虑战略业务拓展的影响，保证KM系统能够支撑业务的拓展，并挑选地位相当的合作伙伴。在持续改进阶段，企业的战略可能发生调整，知识管理各项工作也必须在第一时间做出相应的调整。

2.构建柔性的知识管理组织架构

企业根据自身规模的大小，可以采取全职或兼职的知识管理队伍。若采用兼职方式，则整个组织架构不是一个常设机构，而是一个虚拟的组织，按照不同的任务共同推动日常知识管理工作。企业任命一个知识管理队伍，有助于知识管理工作的持续推动。这支队伍类似于正规部队编制外的"民兵"，平时做一些指导监督训练工作，但组织起来就能"打仗"，我们可以称其称为柔性的组织架构。

一个典型的知识管理组织架构，可以分为两个部分。一是"知识管理委员会",由企业高层组成,知识管理委员会是知识管理的决策机构,负责对知识管理有关的重大问题进行决策。二是"知识管理执行部门",负责执行知识管理委员会的决议及日常工作,下辖管理及技术两个小组。企业还可以任命"知识主管"(CKO),作为"知识管理委员会"成员之一,其职能包括领导知识管理执行部门开展日常工作,对管理小组提出的知识贡献度奖励方案、管理体系改进方案、各部门建设方案和对技术小组提出的系统建设方案进行初审。各业务部门负责人及其他员工虽然不是知识管理组织架构中的直接人员,但都是知识管理工作的具体参与者。

3.制定绩效考核激励制度

企业根据业务和管理运作的实际情况,制定员工知识贡献的定量考核(在工作任务之外,对员工日常行为中所体现的知识贡献度的定量考核)与定性考核(对那些难以定量考核的员工日常行为中所反映的知识贡献行为的定性评价)。其中定量考核主要通过员工对知识社区的参与情况来考核,同时考核部门对知识社区的总体参与情况,并且可以将考核结果纳入企业平衡记分卡的某个维度的一部分,占一定权重(比如5%或10%)。定量考核还可以通过知识社区的知识货币制度进行。定性考核方式有:对部门经理知识贡献的行为能力考核指标,纳入领导力行为表现;对员工知识贡献度的行为能力考核,纳入个人行为表现;对员工上传的工作文档数量、文档点击率要进行统计,提供统计数据参考。

知识管理考核结果,只有纳入到激励制度中才能体现其价值。企业必须把考核结果计入平衡计分卡,成为员工绩效的一部分,影响员工日后的职业生涯发展,这样对员工也是一种激励。企业还可以采取定期评比的策略,对知识贡献表现优异的员工进行激励,比如评比最佳原创奖,评比最具人气社区奖和最佳专业社区奖,评比知识贡献杰出员工,采用知识社区知识货币竞标制度,以获得物质上的奖励等。

4.以流程为载体

企业知识要发挥其价值,必须通过流程才能实现。无论是知识梳理还是知识应用,企业内部的核心流程是根基。我们建议企业开展知识清理工

作时,以工作流程为基础切入,使用知识历程图工具系统清点出企业的知识,并建立起长效维护机制。"知识历程图"即以流程为载体,构建企业内部的知识体系。

知识历程图的好处在于:

员工可以快捷方便的获取他们想要的以及能够帮助他们的知识,使知识能真正支持工作的开展;

对于公司拥有的知识资源有一个总体的认识,可以系统化的管理公司的知识资产;

对于各领域知识的强弱状况有一个大致的了解;

可以得到各领域知识的构成情况,以采取针对性策略;

知识在员工的使用和产出中实现循环,不断丰富完善。

5.塑造知识共享的企业文化

知识管理只有落实到企业文化层面,才有持久的生命力。企业必须不断塑造知识共享的企业文化,把共享的意识根植到每个员工心里。员工对于知识共享的新文化通常有三种态度,一是不知道。企业可以向所有员工解释这种转变的需要,就清晰的愿景达成共识。二是不能够。企业各级管理层都可以采取支持的行动,强调员工参与精神,给予相应的辅助条件。三是不愿意。对于某些比较顽固的员工,企业应当通过管理体系和人力资源配套措施,进行纠正和强化。

企业文化的塑造与强化是一个不断循环的过程。我们把这个过程分为六大阶段,一是强调文化转变的必要性;二是充分交流与沟通,就清晰的文化愿景与员工达成共识;三是管理层的支持和行动,作为榜样;四是强调员工参与;五是配套相应的管理体系;六是人力资源的配套措施,固化员工的行为。总的来说,文化的转变和员工行为的改变需要遵循一定的步骤,通过系统的方法,由企业高层、主管、员工的共同努力来推动,而不能仅靠单一的个体行为。

实施知识管理的企业为何鲜有成功?

知识管理区别于财务管理、客户管理等业务管理,是一个渗入到整个组织的管理思想的变革,牵涉到组织的战略、人力、流程、技术平台等因素,而往往企业又急于实施知识管理而陷入误区,所以做起来并不容易。

误区一:急于实施认知不足

知识管理有用,但不能因为有用而急于实施。一些企业并没有形成对知识管理的正确认知。即使是推动知识管理的老板们也没有在自己的头脑中形成对知识管理清晰的认知:需要付出哪些努力?管理层应如何支持?各个部门如何参与?对于从事知识管理工作的人,也由于对知识管理认识不足,而不知道如何去做,如何激励员工的参与,更不知道如何分析企业的流程和方法提高知识管理的应用效果。

误区二:押宝实施顾问

还有一些实施知识管理的企业,将希望完全寄托在软件和咨询顾问身上。认为买一个软件,请一个顾问,企业就能知识管理了。其实,即便企业请了最优秀的实施顾问,买了最好的软件系统,企业的知识管理文化的形成也必须依靠企业自身的努力,以及立足企业自身对知识管理、对企业现状和目标的把握。好的软件能够给知识管理提供一个基础的平台,好的咨询能够告诉你常用的方法和工具,但最终管理能否实施好,还是要靠自己。

因此许多时候,做知识管理的人在初期都是信心满怀,但随着时间的流逝,会发现自己的部门和个人地位尴尬:没人参与、没人支持、甚至于没人理,成为企业中的"边缘人"。

知识信息的封闭同样会使公司遭受重创。很多公司已经意识到知识管理的重要性,而且舍得投资,但是收效甚微。如果你审视一下公司的知识管理方法,就能发现他们在执行上存在的问题。

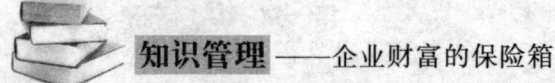

　　这里我们将列举企业实施知识管理失败的典型案例，并进行简单分析，提出解决的思路和方法，希望能对企业知识管理的实施有所帮助。

失败原因之一：盲人摸象自说自话

　　失败案例：

　　北京一家高新技术企业的老总在EMBA的学习中接触到知识管理，认为其公司很有必要实施知识管理，于是在公司内部发起知识管理项目，并指定人力资源经理负责。而人力资源经理之前没有接触过知识管理，通过参加培训和自学，制定出知识管理实施规划，提出知识管理最重要的是共享，建议购买知识管理软件平台，让研发工程师定时提交相关的知识成果。

　　知识管理软件上线以后，这位人力资源经理制定了相关的制度，要求每个研发的工程师和销售人员必须每周提交多少知识文档。而研发部门经理向老总抱怨知识管理系统严重影响他们的工作，销售部门人员则是坚决不做。老总支持该人力资源经理，认为知识管理就是要共享，强制推行。

　　三个月后，该经理向老总汇报知识管理的工作，说知识库中有多少条记录等。但研发部门经理说那些东西他们部门的人从来不看。知识库变成了垃圾库。

　　半年后，该老总兴趣点转移，该公司知识管理不了了之。

　　案例剖析：

　　企业的高层领导由于直接面临着市场的竞争压力，对企业的发展都很敏感，他们大都很容易地接受知识管理的理念，并试图在自己的组织内部实施和推动。但他们的认识比较片面，没有一个全面的认知和预期，而所委托的部门经理可能对知识管理的理解也不全面系统，各有各的想法。这导致在公司内部对知识管理根本无法形成共同的认识。

造成这种状况的原因有两个:一方面由于知识管理本身(比较新的学科、内容涉及面广、传播时间短),另一方面在于关于知识管理的传播上信息噪音比较多,人们易受到误导,形成错误的认识或者以偏概全,盲人摸象,自说自话。在一个公司中,高层、中层与普通员工各有自己对知识管理的认识和想法,如果不能统一这种认识从而形成共识,很难保证知识管理推动的持续性和有效性。

破解之道:

要解决这个问题,首先负责推动知识管理的人和团队必须通过学习、培训、交流等形式掌握什么是知识管理,如何做知识管理,然后再在内部去影响领导和同事,最终达成一个组织内部在知识管理认识上的共识。

失败原因之二:没有规划跟着感觉走

失败案例:

某钢铁公司的知识管理项目由战略发展部的一个副部长负责,经过调研由需求最强烈的售后服务部门开始,要求售后部门的所有员工整理自己电脑上的知识,然后分门别类地存储到他们部门工作组的文档库中,共建立了12个门类,让员工去查询。

但大部分员工不知道该整理什么,哪些是知识,哪些是信息,又不知道整理好后应该放到哪个类别中,只能凭自己的感觉去添加。更重要的是,由于一些知识文件涉及到保密,这些员工也不知道该选择共享还是保密,或者共享给哪些人去使用。大部分员工都提交了一些内容,但很少有人去看,而且想看的时候也找不到或者不知道如何找。

做完这些后,售后服务的知识管理就算结束了,该副部长继续去做下一个部门的知识管理了。

案例剖析:

有不少企业在开始实施知识管理时,没有对知识管理进行规划,这致

使高层领导、各部门经理和基层员工都不知道知识管理要做什么，怎么做，最后会有什么样的成果。没有规划就没有衡量效果的标准。由于没有规划，企业搞知识管理也就不知道该做什么和不该做什么，眉毛胡子一把抓，或者想起什么做什么，激情过后偃旗息鼓。

破解之道：

对于规模比较大的企业，解决这个问题的主要办法在于通过顾问的协助对公司的现状进行深入调研、分析，找出存在的问题；对高层领导和各个部门进行访谈，明确知识管理实施的远期和近期目标，找到实施的方法和路径：先从哪些部门试点，然后对于不同部门如何推进，如何结合到企业的业务流程中，如何评估知识管理实施的效果等；然后制定出科学、全面的知识管理规划和实施计划，按部就班地推动。对于小规模的企业，即使不需要咨询顾问的协助，也需要制定一个知识管理规划和推动计划，只有这样才能有的放矢地去推动。

失败原因之三：没有负责人或者选错了人

失败案例：

一家大型企业的知识管理实施的负责人是一个刚刚硕士毕业的小伙子。老板要做知识管理实施，发现他的硕士论文是关于知识管理的，就让该新员工负责知识管理实施。

由于刚刚毕业没有工作经验，对公司本身和业务都不熟悉，小伙子要去做知识管理的调研时，根本无法设计问卷，当要去相关部门征询需求的时候，相关部门的人根本不支持。后来老板催得急，他没有办法只能建议老板先买一个软件。但由于不了解需求，老板根本不知道应该选择什么样的知识管理软件系统，所以他就建议先选择一个便宜点的，这样出了问题也少承担点责任。

案例剖析：

对于这种让人哭笑不得的安排,除了祈祷外,我们就只能盼望这个小伙子是个天才。

组织实施知识管理,必须要有专人负责。任何管理工作必须分配到人,否则他不可能自发地去完成。现在国内已经实施知识管理的企业中,仍然有许多没有明确的知识管理负责人。

破解之道:

选对正确的人和团队来负责知识管理。知识管理涉及到组织的各个方面,是一个需要具有高度"政治"技巧的工作,所以知识管理的负责人必须对企业了解(这个企业盈利模式是什么,是靠什么赚钱的,核心竞争力和主要资源是什么),对企业核心业务了解,最好在核心的部门中工作过,还有很重要的一点是要有影响力和鼓动性,因为知识管理的许多工作是要靠影响力而不是行政命令去推动的。

失败原因之四:被软件和咨询厂商"劫持"

失败案例:

某研究院负责知识管理的领导介绍了他们的经验,还有许多媒体采访。这个活动是他们的软件提供厂商张罗的,双方各取所需:研究院出名,软件厂商得利。后来了解的情况是厂商将企业内知识管理项目上的决策者、知识管理经理等"搞定",项目还没有做就开始大肆宣传,邀请这些人出来介绍经验。

到最后,当这些人发现购买的软件根本不像当初厂商承诺的那样,甚至差得很远的时候,也没法说什么,因为自己已经四处介绍"成功"经验了,做得不好只能自作自受,打掉牙也得往肚里咽。

两年后,他们购买的知识管理软件已经不用了,也没人再提知识管理了。

案例剖析:

在知识管理实施中,许多大中型企业都会先选择咨询厂商、系统提供商。有不少准备实施知识管理的企业,由于对知识管理的经验和知识极度缺乏,造成被软件和咨询厂商"忽悠"。最可怕的是,这些厂商在项目还没有开始的时候,就会帮用户大造舆论,将还没开张或者刚刚开张的项目包装为成功案例宣传,然后将负责或决策知识管理项目的人拉到自己的阵营中,"劫持"企业的知识管理人员。这样的情况下,企业即便发现咨询和系统的效果不尽如人意或者很差,也只能哑口无言。

破解之道:

解决这个问题的最根本方法是在准备请咨询机构和购买相关系统之前,必须自己先了解、理解知识管理,形成自己对知识管理的认识和观点。还有一个可采用的办法是,选择的咨询机构和软件厂商最好不是一家,这样就可以多听各方面的观点,达到兼听则明。

失败原因之五:额外工作和"与我无关"

失败案例:

某IT企业的知识管理,以"先有文化、再有内容、后有系统"为指引。在企业合并重组的时候,知识管理成为最容易被砍掉的业务。我们从不讳言文化对于一个企业的价值,但我们知道一种文化的建立和形成需要时间,更需要流程和制度的支撑。这个企业的知识管理之所以到最后不了了之,除了与其企业特性有关外,一个很重要的原因是知识管理没有融入到企业的核心业务流程,这样的知识管理实施就像浮在水上的一层油,看起来光亮,但将油去掉后还是水。

案例剖析:

曾向一家"知识管理标杆企业"的部门经理问询他们的知识管理状况,对方却一头雾水,说并不知道此事。不少企业的知识管理都做成孤家寡人,除了老板和知识管理部门的几个人以外,所有的员工都感觉这个东西"与我无关",或者根本不知道有这事。

也有一些企业把知识管理做成了员工的额外工作，或者寄希望于雷锋型的员工站出来共享自己的信息和知识，或者强制要求每个部门多长时间应该奉献多少内容等。这样的结果只能是增强员工对知识管理的憎恶：在压力大的时候人们制造垃圾，在压力小的时候没有人参与。咨询顾问和销售人员在销售的时候都会告诉用户，他们会帮用户将知识管理活动与企业业务活动进行很好的结合。但由于进行知识管理分析的工作量大，耗费时间长，他们缺乏对企业流程和业务的深入分析，这样的知识管理与流程结合根本不可能实际执行。

破解之道：

有种观点是：目前在中国实施知识管理，应该有70%以上的显性知识管理融入流程和制度中，让大部分的知识管理工作成为员工工作的一部分，剩下才是激励部分。

知道知识管理需要融入流程，但关键的问题是如何融入？这就需要找到合适的方法和工具去对业务流程进行知识管理分析，明确每个流程节点上的知识产出：这个节点应该产生什么知识，这些知识是显性的还是隐性的；明确每个流程节点上的知识需求：为了完成这一步的工作，需要哪些知识，需要的知识在企业内部是否存在，是以何种形式存在，如何方便、快捷地获得。

失败原因之六：缺乏激励机制或者激励失灵

失败案例：

某房地产公司销售部门的知识管理实施，在初期的时候规定了有经验的销售人员必须带一个徒弟，通过手把手地教来提高整个团队的销售额度和客户满意度，并对有经验的销售人员提供激励：徒弟做得好，师傅可以拿到额外的提成。从理论上说，这样的方式可以促进有经验销售人员的显性和隐性知识的传递,利于新人的成长和提高。

但同时,该销售部门的绩效考核标准是每周都要评选"业绩之星",每个月要选出"销售冠军",并对这些"业绩之星"和"销售冠军"进行奖励。相对于业绩之星和销售冠军的奖励,有经验的销售人员带徒弟所得到的激励微不足道,对这些人根本构不成激励。这样的结果是,整个销售部门仍然是明星员工业绩很高,而新人成长速度慢和空间很小。

案例剖析:

知识分为显性知识和隐性知识。显性知识可以用语言、文字等形式表达,而隐性知识则无法用语言、文字明确表达出来并被人理解。在知识密集的企业和部门中,决定企业生产率高低的主要取决于隐性知识的显性化、能力和扩散的速度。从隐性知识到显性知识的转化有一个过程。这个过程可能是一个月、半年甚至十年八年,而有一部分知识也许永远无法显性化。人是知识的载体,知识工作者创造和利用知识。这也就是为什么知识管理不等于管理知识的原因所在。

既然隐性知识如此重要,所以在知识管理的实施中,必须要涉及规则和方法来对隐性知识进行有效的管理。但隐性知识受制于知识工作者个人,他可以选择是否显性化(如果能显性化的话),可以选择共享给谁和是否共享。这个时候知识管理中的激励措施就显得十分重要,通过制度的设计,对于隐性知识的共享、显性化工作给予鼓励,对于私藏和不愿意共享的进行副激励,从而促进隐性知识的显性化、共享与传播。

大部分实施知识管理的企业都知道需要进行对知识管理的激励,但所设计的激励机制在某个方面看来却在阻碍知识传播和分享。

破解之道:

从该案例中,我们看到企业制定了相关的激励措施。但这些措施对于需要激励的对象基本上没有价值,所以最后该部门的师傅带徒弟的方式基本就没有执行。后来我们帮他们设计的形式是"绩效之星"和"销售冠军"的评价,都是按照一个师傅一个徒弟的形式进行,根据徒弟的水平设定师傅和徒弟之间的权重,根据他们两个人的绩效进行考核,并且规定徒弟如果达不到某个水平,师傅业绩再高也不能入选。加之其他辅助制度的设计,终于带来了师傅对徒弟指导得尽心、尽力,有效地促进了新员工的成长和老员工知识的分享和转移。

链接:从寓言故事看知识管理兵败何处

古希腊时期的塞浦路斯,曾经有一座城堡里关着7个小矮人。传说他们是因为受到了可怕咒语的诅咒,而被关到这个与世隔绝的地方。

小矮人们没有想到,这其实是神灵对他们的考验:只要把7个人的知识和智慧凝聚在一起,找到城堡中240块玫瑰红的灵石,并把它们排成一个圈的形状,咒语就会解除。

在得知这个讯息之后,7个小矮人经历了由怀疑到相信,由意见分歧到意见统一,由不沟通到互相交流,由各找各的到经验共享等阶段之后,终于找齐了240块灵石。但关键时刻,会生火的一个小矮人停止了呼吸,而恰恰这时火种熄灭了,没有光线,大家根本无法把灵石围成一个圈,眼看着功亏一篑。在神灵的眷顾下,最终,火还是被生起来了。小矮人们胜利了。

这个故事告诉人们:知识通过有效的管理,最终将变成生产力。这个哲理对于企业进行知识管理增强竞争力而言尤其重要。

管理学大师彼得·杜拉克曾说,二十一世纪企业最大的挑战,是如何增加知识工作者的生产力。换句话说,员工是企业最重要的资产,而员工知识与能力不断提升,就是企业持续拥有竞争力的来源。

许多公司正在实行知识管理,可是最新资料显示,不少公司的知识管理运动都以失败告终,是什么原因阻碍了知识管理呢?

有些企业认为,知识管理要想成功就要建一个先进的知识管理的平台。技术解决方案固然重要,但其实建立一个知识共享的机制更加重要。知识是交往中自然发生的东西,要想管理好它,就必须创立公开合作的

环境。

其实，这个故事已告诉企业应该如何营造一个知识共享的环境。同时，它也折射出知识管理失败的某些原因。

1.缺少一个共同目标

小矮人中，阿基米德是第一个收到守护神雅典娜托梦的。雅典娜告诉他，在这个城堡里，有1个房间里有一些蜂蜜和水，够他们维持一段时间，而在另外的房间里有240块玫瑰红的灵石。当阿基米德迫不及待地把这个梦告诉其他的6个伙伴时，有4个人不愿意相信，只有爱丽丝和苏格拉底愿意和他一起去努力。但这3个人无法统一意见：爱丽丝想先去找些木柴生火，苏格拉底想先去找那个有食物的房间，而阿基米德想快点把240块灵石找齐。于是他们决定各找各的，几天下来，3个人都没有成果。

启示：一个共同而明确的目标，对于任何团队来说都非常重要。企业进行知识管理也是如此。缺乏共同目标就会导致意见分歧。这3个小矮人，在找了几天未果的情况下，他们意识到应该团结起来。他们决定先找火种，再找吃的，最后大家一起找灵石。这是个灵验的方法，3个人很快就找到了蜂蜜和水。

2.缺乏沟通和互补

3个小矮人把食物分给剩下的4个人。温饱的希望改变了这4个人的想法，他们主动要求和阿基米德一同寻找灵石。为了提高效率，阿基米德决定把7个人兵分两路：原来3个人，继续从左边找，而特洛伊等4人则从右边找。但问题很快就出来了，由于前3天一直都坐在原地，特洛伊等4人根本没有任何的方向感，他们几乎就是在原地打转。

启示：小矮人们从这件事中，发现了一个让其终生受益的道理：知识不过是一种工具，只有通过人与人之间沟通、互补，才能发挥它的全部能量。知识管理不是建好一个平台就好了，系统只是一个空壳，不能发挥任何作用。知识与经验只有在团体中真正共享，才能产生意想不到的效果。就像这个故事一样，阿基米德果断地重新分配，爱丽丝和苏格拉底各带一人，用自己的诀窍和经验指导他们慢慢地熟悉城堡。

3.不信任和非正常干扰

当然,事情并不如想象中那么顺利。先是苏格拉底和特洛伊那组,他们总是嫌其他两个组太慢;后来,梅丽莎发现,大家找来的石头里大部分都不是玫瑰红的;还有,由于地形不熟,大家经常日复一日地在同一个房间里找灵石。大家的信心又开始慢慢丧失。

启示:小矮人们都没有注意到一个问题:阻力来自于不信任和非正常干扰。有了知识管理平台,也有了人的参与,而不信任和非正常因素干扰也是阻碍企业进行知识管理的又一个原因。比如知识管理没有进展就互相抱怨推卸责任,或者经理们使用了胡萝卜加大棒的激励政策迫使员工给公司的知识管理系统贡献更多的经验,员工的贡献将反映到他们的绩效评估及奖金发放上。但更遭的是,由于没有过程来监督这些贡献的质量,最后结果不理想。

4.技术掌握在少数人手中

在7个人的通力协作下,他们终于找齐了240块灵石。但就在这时,苏格拉底停止了呼吸。大家在震惊和恐惧之余,火种突然又灭了。没有火种,就没有光线,大家根本没有办法把石头排成一个圈。大家都纷纷地来帮忙生火,哪知道,6个人费了半天的劲,还是无法生火——以前生火的事都是苏格拉底干的。

启示:阿基米德非常后悔当初没有向苏格拉底学习生火,他又悟出了一个道理:在一个团队里,不能让核心技术只掌握在一个人手里。企业在进行知识管理中也是如此,如果核心技术只掌握在一个人手中,这个人突然离职了,有可能将影响知识管理继续进行下去。

当然,在神灵的帮助下,小矮人们最终获救了。但企业实行知识管理可没有小矮人们那么幸运,没有神灵的庇护,一步棋走错,有可能就满盘皆输。

延伸阅读：知识管理与传统工业管理的差异比较

从本质上讲，知识管理与知识经济时代的特点息息相关，如果在新经济时代依然使用传统的工业管理思想来进行知识管理，很可能会出现"南橘北枳"的情况。因此，有必要分析知识管理与传统工业管理的差异所在。

差异1：内涵不同

工业管理是为了适应工业经济时代的大规模生产方式而产生的，其内涵是：合理而高效的配置，即运用劳动、资本和自然物质资源以达到用最少投入取得最大限度的产出，实现目标利润最大化。与工业经济时代的管理相比较，知识管理强调的是把知识应用于管理的全过程，通过对知识有效识别、获取、开发、分解、使用、存储和共享，来提高组织的应变、创新能力及核心竞争力。

差异2：管理模式不同

工业时代的管理模式是橄榄型的，以人、财、物为核心的模式，这种模式的特点是两头小、中间包含了多层次的管理结构，并且管理仅限于传统资源。大量的中间阶层阻碍了执行层与决策层的沟通和交流，容易产生"企业内部的官僚主义"和管理低效率，所以知识的拥有者在这种模式下很难充分发挥他们的作用。知识管理强调知识在管理过程中的作用，知识将成为获利的主要手段，这种作用的发生就使得企业的中间管理组织设置变得简单，决策层逐渐贴近执行层，管理模式侧重向两头发展，逐步扁平化进而形成哑铃型管理模式。

差异3：组织文化不同

工业管理一般只重视规章制度建设那种管理"硬件"，而知识管理还同时强调组织文化建设这类管理"软件"。就公司而言，必须要重视公司文化建设。由于独特的组织文化全面影响着各项管理职能的实现以及组织效力的发挥，每一个成功的公司必有自己的公司精神，用一种共同的价值观来熏陶全体员工。比如要形成使公司内外人员都满意的观念,即经营者不仅要满足顾客的心理需求,还要满足公司内部职工的心理需求,力求实现职工的自身价值与公司价值的统一。

差异4:管理目标及策略不同

传统工业管理把追求企业经济目标放在压倒一切的地位上,产生了许多不同程度的损坏社会利益的情况。但是在知识经济中,企业管理在追求企业自身经济目标的同时,还要追求整个社会的发展目标,因为越来越多的企业家认识到:社会环境的改善有利于企业的发展,企业是在与社会的相互促进中成长壮大的。

知识管理专家表示:传统的工业管理,往往"管理过度"而"领导不足",缺乏权利明确的企业管理。知识管理则强调在组织转型的同时,领导方式要随之转型。在组织转型或企业转型中,把各行其是的众多部门整合一体,既要保持员工个人和团队的高效率,又要重整对外关系和创造新机遇。这种情况下需要新的领导方式,充分分析管理人员和职工的心理需求,让每个成员都有参与领导的机会。知识管理条件下的领导应当是集体领导,集中公众智慧和统一公众行为的领导。领导者必须以身作则,勇于接受改变并发挥示范作用。

第二章

工　具
——打开知识管理工具箱

如果人们没有相应的历史知识，那么世界名画《蒙娜丽莎》，对于观赏者来说仅仅是一幅肖像画，但这幅画所要表达的决不仅仅如此。

"工欲善其事，必先利其器。"知识工具的作用在于，它不仅仅帮助我们完整的保存这幅画像，更重要的是，它能够帮助我们理解这幅名画。因此，数据、信息管理工具与知识管理工具最大的区别在于能否为使用者提供理解信息的语境，以及各种信息之间的相互关系。

知识管理工具是企业实施知识管理的物质基础，在企业实施知识管理过程中发挥着重要的作用，它有助于企业知识的获取和累积，有利于企业员工进行知识集成和创新，促进企业的知识共享与利用，最终将增强企业的创新和竞争能力。

三类知识管理工具

从企业中知识的生命周期来看，知识处理可以分为知识的生成、知识的编码和知识的转移。相应的，在本文中将知识管理工具分为三类：生成、编码和转移。

知识产生——不同方式有不同的工具对其进行支持

不用多言,知识的创造对于一个企业来说是极端重要的,它是企业具有长久生命力的保证。知识的生成包括产生新的想法、发现新的商业模式、发明新的生产流程以及对原有知识的重新合成。企业内部的知识产生有多种模式,如知识的获取、综合、创新等。不同方式的知识产生模式有不同的工具对其进行支持。

首先是知识的产生。

知识获取新的知识不会突然的产生,创新总是需要在前人的知识基础上进行,组织或个人实现创新的第一步是要获取大量的相关知识。

最具代表性的知识获取工具就是搜索引擎。

互联网和其相应技术的产生,将人类获取知识的能力带到了一个崭新的阶段。但人们也逐渐发现自己被淹没在信息的海洋中,显得无所适从。虽然搜索引擎不能直接给人们带来知识,但是它们却提供了知识的存放位置,如果忽略搜索质量因素,像Yahoo这样的搜索引擎的确可以使人们十分方便的获取各种知识。最近的技术发展已经使网络搜索引擎具有了初步的智能,它能够根据用户输入的关键字,实现模糊搜索,并且能够根据用户对各条搜索结果的使用频率,自动更新搜索结果。

除了搜索工具,另外一种常用于知识获取的工具是数据挖掘技术。

数据挖掘,也可以称为数据库中的知识发现(Knowledge Discoveryin-Database,KDD),是从大量数据中提取出可信、新颖、有效并能被人理解的模式的高级处理过程。数据挖掘运用选定的知识发现算法,从数据中提取出用户所需要的知识,这些知识可以用一种特定的方式表示或使用一些常用的表示方式。

数据挖掘主要实现以下四种功能:

数据总结。其目的是对数据进行浓缩,给出它的紧凑描述。数据挖掘

主要关心从数据泛化的角度来讨论数据总结。数据泛化是一种把数据库中的有关数据从低层次抽象到高层次的过程。

数据分类。其目的是学会一个分类函数或分类模型(也称作分类器),该模型能把数据库的数据项映射到给定类别中的某一个。

数据聚类。它是把一组个体按照相似性归成若干类别,即"物以类聚"。它的目的是把属于同一类别的个体之间的距离尽可能地缩小,而把不同类别的个体间的距离尽可能地扩大。

关联规则。关联规则是形式如下的一种规则,"在购买面包和黄油的顾客中,有90%的人同时也买了牛奶"(面包+黄油+牛奶)。关联规则发现的思路还可以用于序列模式发现。用户在购买物品时,除了具有上述关联规律,还有时间或序列上的规律。通过数据挖掘工具,企业可以在凌乱的数据中,找到有用的知识。

其次,是知识的合成

大多数的发明并不是仅仅基于单一想法,通常是多个创新点的综合产品。大多数的搜索引擎通常被设计成在使用者提供明确搜索条件的情况下,能够高效率的搜索与关键词相关条目的工具。但搜索结果之间是无序的,相互独立的,即使最强大的搜索引擎也不能实现完全智能式的互动搜索。因此,常规搜索引擎的缺陷就在于不能搜索与人脑中想法相关的知识。现在有一些工具能够帮助人们实现。其能够将相关的词句组合起来,帮助人们将分散的创新观点整合起来。同时它能够帮助用户形成一种概念图,从而提高使用者对知识进行合成的能力。

最后还需要知识的创新。

就目前的技术水平而言,通过机器实现知识的创新还十分困难,虽然人们可以通过搜索引擎大大加强搜索的效率,通过人工智能实现简单的知识推理,达到一定程度的人工智能,但实现自动化的知识创新还十分困难,或者只能实现辅助性的知识创新。例如某软件可通过引导人们突破思维定势来提高创新能力等。

知识的创新是人类最复杂的思维活动,要求机器有人类一样的思维是不可能的,但人类可以设计出一些软件模拟人类思维。即使这样,人们还要等待很长的时间。

知识编码——使知识能够方便地被共享和交流

如果仅有知识生成工具,那么它的作用将是微乎其微的。知识在产生出来后,只有通过共享和交流才能发挥其巨大的价值。知识编码则是通过标准的形式表现知识,使知识能够方便的被共享和交流。

知识编码的困难在于,知识几乎不能以离散的形式表现。如果说数据类似一条记录,而信息类似一条消息,那么知识更像一座仓库。知识不断的积累,不断的改变,以至于我们很难对其进行清晰的区分。因此对知识进行审核和分类是十分困难的。

以下介绍的是一种以知识的内容为依据对知识进行分类的方法,这种分类方法在不少企业中取得了成功。

流程知识:流程知识可以简单地认为是如何将工作做好的知识。这种知识通常通过基准管理和最佳实践这两种管理活动取得。这种知识有利于企业优化流程和提高效率。

事实知识:事实知识是存在于人脑中的关于人和事的基本知识。这种知识容易被文档化,但是如果不对这类知识进行综合分析,其附加值将会很低。

编目知识:拥有编目知识的人知道事物在何处。在企业中,编目知识通常被分类整理成为"黄页",专业技能目录便是这种知识的一种。虽然许多的编目知识可以编辑成"黄页",但是在现代社会中,企业组织的高速变化,致使更多的编目知识存在于个人的知识中,而不是"黄页"中。

文化知识:文化知识包括了一个具体的任务如何在特定的组织中完成的知识,这是企业无价的财产。虽然文化知识和编目知识是组织小型化过程中最难处理的两个方面,但是它们却特别重要。如果没有这两种编码化

知识,企业必须重新学习各种无形的制度和规范,这样会使企业的效率大大降低。

这四种类型的知识以隐性或显性的方式存在,并且它们存在于个人层次和组织层次,但利用各种知识的难度是不相同的。存在于个人的隐性知识是最难被发掘和利用的,而以显性方式存在的组织知识是较容易利用的。例如企业的ISO系列规范文件就相当容易让员工掌握,而维修工人的经验则十分难于共享。尽管对不同类型的知识进行发掘和利用的难度不尽相同,可以采用的方式也多种多样,但是只要是对企业的知识进行分类或使员工深入理解组织知识的努力,都会促进企业的知识发挥更大的作用。知识编码工具的作用就在于将这些知识有效的存储并且以简明的方式呈现给使用者,使个人和企业的知识更容易让其他人使用。

简单来说,知识编码工具可以分为以下几类:

一是知识仓库

知识仓库是一种特殊的信息库,库中元数据有相关的语境和经验参考。许多人用知识仓库这个术语代替数据库和信息库这两个词,以此迎接知识管理的浪潮。真正的知识库远比这两个概念复杂,知识仓库拥有更多的实体,它不仅仅存储着知识的条目,而且存储着与之相关的事件,知识的使用记录,来源线索等等相关信息。正确运用知识不仅仅需要人们了解表示知识的信息、数据,人们还要了解与这条知识相关的语境,因此在帮助人们利用知识的作用上,知识仓库要比数据库更有效率。

知识仓库通常收集了各种经验、备选的技术方案以及各种用于支持决策的知识。知识仓库通过模式识别、优化算法和人工智能等方法,对成千上万的信息、知识加以分类,并提供决策支持。这样,知识仓库不仅仅可以避免重新获取知识带来的成本,同时通过提供对协作的支持加速企业创新的速度。当与相关系统、适应的应用界面相结合时,知识仓库将成为十分有用的工具。

知识仓库的一个简单例子是"资源下载管理系统"。这个系统用于存储管理项目组成员各自从网站上下载的文档、软件和网络资源,同时要使项目的各个成员能够共享其他成员下载的资源。从数据库设计的角度看，这个系统应该能够有效的存储各种下载资源，并且有清晰的分类管理功能，强大的搜索引擎功能，支持分布式操作等等。但从知识仓库设计的角度看，如果仅仅有上面所说的功能是不够的。

首先这个系统不仅仅应当存储下载的资源自身，还要存储相关的语境信息，如下载网址、下载时间和下载者等。这些信息能够让资源的使用者更清楚的了解各种资源的来源，更容易通过各种线索在知识库内或互联网上找到相应的知识。

其次，知识仓库应该能够智能地对项目组成员下载资源的网站进行统计，在用户搜索某种资源时，知识仓库能够给出推荐网站，以及相关链接。也就是说，知识仓库概念下的"资源下载管理系统"应当在为用户提供下载资源本身的同时，还要为用户提供查找更多相关资源的线索。

知识仓库与数据库另外的一个区别是，知识仓库是一个有机体，其生命力在于不断的更新。当决策人不断的从知识仓库中提取有用的数据，放入新的内容，知识仓库将会保持活力。相反，长期不使用知识仓库将会降低知识仓库内容的可用性。另一方面，不断的周期性地对知识仓库内的知识进行评价，对数据仓库的可用性十分重要。原因在于，从知识的可用性来看，有些知识的可用周期很长，但有些知识的可用周期很短。如果不定期地对知识仓库中的知识进行评价，那么库内的知识不仅不能支持员工高效率工作，而且还会产生误导。

二是知识地图

知识地图是用于帮助人们知道在哪能够找到知识的知识管理工具。知识地图的作用在于帮助员工在短时间内找到所需的知识资源，和企业现在面临的信息过量问题一样，企业将来也会面临知识过量问题。即使为使用者提供高效率的搜索引擎，也不能让使用者摆脱寻找知识过程中的混乱状态，需要有一个指引使用者的工具。如果要求知识地图能够指出企业所有的知识所在，这将是徒劳无功的，过多的细节将喧宾夺主，让使用者更没有方向感。

因此，知识地图设计的关键是要指出对企业业务或流程有关键作用的知识。从知识地图的形态来看，知识地图的形态可以多种多样，但是有一点是相同的，即无论知识地图的最终指向是人、地点或时间，它都必须指出在何处人们能够找到所需的知识。

知识转移——知识的价值在于流动

许多案例表明，如果不同的部门相互利用各自的经验和知识，那将会产生巨大的效益，因此知识的传播对于知识发挥能量是十分重要的。这个规律适用于组织或个人。一般认为，企业内的知识的产生、流动过程是这样的：隐性/个人知识——显性/个人知识——显性/集体知识——隐性/集体知识。在知识流动的过程中，存在许多障碍，使知识不能毫无阻力的任意流动。我们将这些障碍分成三类：时间差异、空间差异和社会差异。企业需要根据各种障碍的特点，设计相应的制度和工具，使企业的知识更有效地流动。

1.时间差异

时间产生的障碍表现在两个方面：历史的和实时的。

对于组织来说，除非能够捕捉知识，将其编码化，并且在需要时及时提供给员工，否则许多有用的知识就会转瞬即逝。例如，在"头脑风暴会"上，员工提出的想法如果没有文字记录或录音记录，那么，随着时间的流逝，"头脑风暴会"上形成的知识将会迅速消失。在上文中提到的一些用于知识编码的工具可以用于克服历史性的时间障碍。

实时性的时间障碍多存在于如何保持两种工作之间相互协调，以保证合作者之间进行充分的知识交流。用于远程实时交流的工具对克服实时性的时间障碍大有帮助。在这类工具中，目前最流行的是基于互联网的论坛或新闻组和称为群件的软件包，群件的特点在于它能够提供虚拟的工作平台，在这个工作平台上，员工可以交流看法，协同工作。在员工交流的过程中,群件系统不仅保存交流形成的文档,还能捕捉交流和互动的线索,保留了知识的语境,不仅仅克服了知识交流的实时性困难,同时也克服了历史性困难。

2.空间差异

随着国际化的迅猛发展,现代企业已经很少局限于本地化发展。随着公司在地理上的分布性不断增强,企业必须与客户、供应商进行远程的交流和合作。从交流活动中的知识交换效率来看,通常情况下,面对面交谈的知识交换效率是最高的,随着交流过程的交互程度的降低,知识交换的效率也会随之降低。

许多公司采用会谈室的方式来激发员工的创新热情。在会谈室中,员工可以就自己的想法畅所欲言,发表对项目或产品的看法。在项目成立时,相应的会谈室也同时设立。通过在会谈室中交流想法,员工可以增进相互的了解和信任感,同时在交流过程中,知识也得到共享和交流。但常规的会谈室有两个缺陷,首先是在会谈室中,员工必须面对面的交流,这需要有开放、民主的企业文化支持,但在东方文化中,特别在中国,要求员工之间直接的交流思想十分困难。另外,它不能适应企业在地理上分布性的要求。

随着网络的发展,人们现在已经可以建立许多虚拟的交谈室来克服常规交谈室的不足。例如,利用群件技术,可以在企业网上建立交谈室,与项目相关的员工可以在交谈室中发表简介,每个交谈室由项目经理或指定人选负责主持讨论,员工可以以文字或网络会议的方式参与讨论。在讨论结束后,由系统自动形成会议档案。

3.社会差异

社会差异包括了员工之间层级、分工和文化上的差异。这种差异源于个人的经历不相同,这种差异使得员工对相同的信息产生不同的反映,即使是通过完全相同的学习过程,不同背景的员工获取的知识也是不相同的。这些差异在很大程度上影响员工交流共享知识,同时这种差异也是最难克服的。

百事公司采用一种称为"学习图"的工具来克服知识的社会差异。这

个工具首先将决策层指定的经营目标和工作方案分解成各个部门的具体目标和行动指南，并且通过十分简洁的语言和图表的方式展示在员工面前。这种图表称为"学习图"。在之后的几个月中，在企业的各个层次，员工对这张"学习图"进行广泛的讨论。在讨论的过程中，员工无形地完成了学习的过程，使员工对公司的经营目标和自己的行动方案形成了统一的认识。百事公司的实践证明，当"学习图"被适当使用时，即使在组织结构非常复杂的组织中，共同的学习过程也能够在纵向和横向广泛展开。

4.交互关系图

因为形式最为丰富的知识仅仅存在于人脑中，最有价值的知识传送是在人与人的交流中产生。因此，解决知识传送问题的注意力应当首先集中在如何促进员工相互的交流知识上。

交流团队是企业的一种非正式组织，在交流团队中，团队角色是根据成员的能力或技巧决定的，而不是根据成员在正式组织层级中的地位决定的。知识的传播能够在企业交流团队中发生，企业的交流团队与其它非正式组织不完全一样，它更强调员工共享知识和经验。因为在社区内的员工有相近的知识背景和工作经验，因此，他们之间能够更好地理解知识的语境，使知识的交流更容易发生。从组织的本质来看，互联网比其他组织更容易激励员工在企业中共享知识。

现在已经有许多工具用来帮助企业标出各种社区和非正式网络组织，企业通过这些工具，将这些组织或交互网络形象化地显示出来，从而使企业更好的了解存在于整个企业内部的知识交互网络，同时也帮助员工寻找知识交流的团队。

链接:个人知识管理工具集锦

一、PKM2

易用性:PKM2是一款傻瓜式的软件,主要功能均通过拖放操作。网上的文字和图片等内容可以通过拖放到悬浮窗保存，目录的分类可以通过拖放重组，文章的分类也可以通过批量拖放重新分类，附件也可以通过向附件框拖放批量导入。

安全性：所有数据均保存在软件的相关目录的各个子项目中，拷入、拷出相应文件夹即可完成备份和恢复。

交互性：可以方便地进行数据的导入与导出。网上的页面数据和本地的文档都可存入或导入PKM2。PKM2中的数据可以导出，或发布为电子书、或直接发布为WEB系统，在网站上做内容发布。

规范性：PKM2的文档数据基于都柏林核心元数据集中十个元素（资源标识符、标题、作者、关键词、分类、备注、创建者、创建日期、修改日期、资料来源）对资料进行标引，并在编辑器中集成了标引工具，对标题、作者、关键词和备注进行半自动标引。

开放性：PKM2采用HTML标准管理资料，它将所有文件，转换为HTML格式，进行统一管理。基于HTML，用户可以按照统一的方式，编辑、管理文件。同时，由于HTML的开放性，也使得用户可以方便的进行二次开发；

二、Mybase

Mybase使用自己独特的数据库来存储一个树形大纲。每一个条目可以包含RTF文本，附件和与其它条目之间的随意链接。

1.个人知识库

Mybase被广泛的用作个人知识库。它是存储诸如RTF、GIF/JPEG/PNG、HTML，甚至是二进制等类型的零散信息的理想方案，并且允许你创建相关主题/文章之间的链接，你甚至可以不用其它软件就能查看大部分常用的文件格式，比如：RTF/TXT/HTML。它的高级全文搜索能力可以帮助你快速的找到你要找的东西。

下面的这些新的令人兴奋的特性会帮助你更好的创建/管理/搜索你的知识库：

1)剪切板监视器：如果剪切板的内容发生变化时，你想自动的保存文

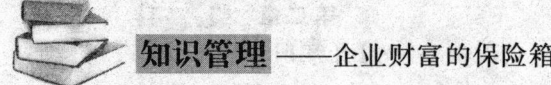

本内容,它可以帮你节约很多时间。当你想要收集信息或者保存文本时你不用从Web或者其它应用程序离开,Mybase会自动粘贴,命名和保存它。

2)Mybase浏览器:可以让你浏览Mybase数据库,创建不需要安装Mybase和Mybase浏览器就可以在任何32位视窗系统上独立运行的可执行数据库。

3)Web收集器:可以让你直接从IE捕捉Web页面并保存到Mybase中。你不需要首先保存HTML/MHT文件然后再手动插入它们。

4)树形HTML生成器:允许你将Mybase数据库转换成一个HTML的树形目录和一系列的Web页。这样你可以直接将它们放到你的站点上,通过互联网来分享它们。

5)Mybase插件规范:使程序具有无限的可扩展能力。

2.演示工具

Mybase可以作为一个很好的演示工具。你可以很方便的以树形大纲的形式来制作演示文档,Mybase浏览器允许你在任何的32位视窗系统上观看。如果有需要,你还可以将这个文档转换成一个可独立运行的可执行文件,这样就可以让别人在不预先安装Mybase和任何第三方软件的情况下观看它。

3、电子书

Mybase和它的浏览器也是简单地通过树形大纲形式组织电子书和文档的很好的解决方案。

4、树形HTML生成器

使用插件TreeHTML,你能方便的将整个Mybase数据库或者一部分转换成HTML树和一系列的Web页。插件TreeHTML将Mybase变成了一个很好的树形HTML生成器。

5、日程表

你可以简单的添加下面3个或者更多的条目来管理你的日程:

将要做的

正在做的

已经做完的

通过鼠标的拖放操作,你可以很方便的将要做的事情移动到"正在做的条目"里,当做完的时候再移动到+已经做完的条目里。

6.客户管理工具

Mybase是一个管理客户数据的良好解决方案,也就是说Mybase可以作为一个简单的CRM程序。另外,你还可以在你认为相关的不同条目之间创建链接。

当你需要发送信息时, 插件nyfcrm.dll可以帮助你自动识别文本中的电子邮件地址,并通过一个自定义的邮件模板生成邮件的主体。

更进一步的是, 插件nyf2grid.dll可以帮助你将客户数据导出为.cvs或者.xls文件, 而插件nyftempl.nyf可以帮助你定义一个数据模板或者一个分层数据树,然后轻而易举的应用已经定义好的模板。

7.Web收集器

Mybase的附件箱是存储Web页和相连的图象的理想场所。内镶的Web浏览器允许你在不装载外部Web浏览器的情况下浏览存储的Web页。

组件WebCollect能和IE集成,允许你直接从IE中捕捉Web页和相连的图像。而你不用必须首先保存HTML/MHT文件然后再手动插入它们。

数据库的树形结构允许你用层次大纲的形式来组织存储的Web页。你也可以以你喜欢的任何方式方便的重新安排存储的Web页。OLE拖放机制是你重新安排大纲的最好方式。

8.笔记本

你有过有许多的零散信息需要保存, 而你又担心会忘记把它们放到哪儿的经历吗?

现在,通过Mybase,你永远不会再有这样的问题了。它是保存零散信息的理想方法,并且提供了全文搜索能力。如果你喜欢,你也可以在节点或者文本区域内加一个时间戳来帮助你组织和跟踪这些信息。

9.地址簿

Mybase的RTF笔记能被用来存储任何类型的文本,包括地质和联系信

息。通过形式自由的树形大纲,你能地组织你的联系信息。

公司或者个人的名字可以作为节点文本,联系信息可以存储在默认的笔记区域,联系历史可以存储在一个子分支里,而附件部分是存储混杂数据例如图片的理想地方。

10.相册

Mybase内镶的浏览器可以像查看HTML/MHT一样查看诸如JPG/GIF/PNG等类型的web内容文件。所以你可以将图像放在一个条目的附件箱内。当你打开一个节点时,Mybase会自动利用内镶的浏览器为你显示存储的图像。

将相片简单的放进Mybase数据库中,一张照片占据一个节点,并以树形大纲的形式分级组织它们。这样就将Mybase变成了一个相册程序。

11.日记本

你可以在RTF编辑器里记日记,用附件存储和这一天相关的各种类型的文件,比如一个声音剪辑或者朋友发给你的一幅图片。

为了保护你的日记的隐私,你可以设置密码以保护日记在未经允许的情况下被访问。要设置文档密码,请选择"文件/数据库密码"菜单项,然后输入你的密码。要设置一个分支密码,请选择"大纲/使用工具/分支密码"菜单项,然后输入密码。

要在条目标题上使用时间戳和日期戳,按Crtl+T,然后你就能选择一个日期时间的格式和标题模板。

三、NoteExpress

NoteExpress,国产的一款文献管理软件,但是很适合作为个人知识管理软件使用,管理维护日志非常方便。

特点:

1、底层使用VC+sqlite开发,性能相比采用其他桌面级数据库要高得多。

2、GUI设计简约而不简单。

3、大量可获取的文献资料数据来源。

4、多项人性化设计,支持关键字高亮,支持附件(与数据库文件隔离存放)。

5、搜索速度快(只支持全文搜索)。

6、资料导入导出的支持比较好。

7、支持回收站,避免资料误删除。

缺点:

1、价格昂贵。

2、目前只支持按照"作者"来进行归类。

3、不支持数据库加密,保密性不高。

四、针式个人知识库管理系统

1、新增小组共享知识库功能,方便多人共享同一针式知识库,同时也方便在公司、家里或笔记本上同时使用针式PKM的同步。

针式PKM是专业的个人知识管理软件,以"知识分类体系"、"知识点关联"、"全文快速搜索"等为核心;是帮助个人进行学习、改善学习和工作中文档管理的友好助手;100多项Windows资源管理器所不具备的PKM(个人知识库管理)的功能特征,如分类穿透显示子分类包含的文件、多个文件关联、统计文件数显示于文件夹上、可以单独设置各个知识点在知识点网格中显示的字体颜色等等。

下述的"针式个人知识库管理系统"的十大特色,帮助您轻松从"分类"、"标记"、"日期"、"标题"和"全文"等五大方面管理个人知识资产。

1、虚拟文件夹:比Windows资源管理器的最大优点是,删除文件夹(分类)时,文件(知识点)还在。这样,就可以非常方便地进行(知识点)文件的归类整理等。

2、多维分类:可以为一个知识点同时指定多个分类,并且父类可穿透子类列出所有相关的知识点。

3、多维标记:一个知识点可根据情况,设置多个标记。

4、多文件链接:一个知识点可链接多个文件,文件的类型不受限制,可嵌入IE打开或直接打开,非常方便阅读学习。

5、自动备份：至多可以设置两个自动备份路径，让重要资料得到最大的保护。

6、全文搜索：可按标题、分类、标记和全文内容等快速查找知识点。

7、导入向导：可快速导入现有的文档形成初步的个人知识库。

8、Word支持：和Word文档无缝结合，可收集、编辑网页和Word文档等知识文档、资料等。

9、集成Google和百度桌面搜索：不仅仅是将搜索画面放到应用程序里，而且增加对搜索结果的处理，凡是搜索到应用程序"\Date"目录下的文件，将自动转换为对应的"知识点"画面打开，而不是默认的直接打开文件的方式。

10、方便和Windows资源管理器间进行文件和文件夹的导入和导出。

五、Red Box Organizer6.0

Red Box Organizer6.0是一个个人信息管理的软件，具美观好用的界面，行事历、待办事项、计划表、通讯录、备忘录、连结管理、报告、定时提醒等。支持多人使用，网路发布精灵更可将行事历转换成美观的网页供上传！可从其它的管理程序输入资料(支持txt和csv格式)。

六、URL Base

URL Base是一个极为方便、快捷的书签工具，占用内存很小。新版本几乎支持所有的浏览器——Microsoft Internet Explorer、Netscape

Navigator、Netscape6、Mozilla和Opera书签之间的转换和同步，并能使程序自身的数据文件与上述浏览器书签之间保持同步。可检验书签中重复的条目(URL快捷方式)和每个条目的链接，支持代理服务器。可增删、激活、修改类别(即收藏夹中的子文件夹)和条目。运行稳定、速度很快。并可将书签数据根据自定义或内置的三种CSS样式表导出为HTML文件，方便备份和保存。新版本可导入原有的数据文件，方便了向下兼容。

七、知识树思维导图软件

知识树思维导图软件是一款绿色软件，可以用于知识管理、写作笔记、导航型html、会议记录、文件索引、教学演示、制作帮助等，非常方便，免安装解开直接运行支持生成索引型帮助文件，可生成word、powerpoint、帮助型html、gif、jpg、矢量图文件、导航型html等格式文件非常直观的界面，易于查找、编辑，内置高效的压缩模块，使得生成文件最小，便于保存和传递。支持大文件的管理，充分的考虑了效率，为用一个文件进行长期的知识管理提供，支持鼠标拖动技术、热键使得编写非常轻松。

八、友情强档

友情强档是一款屡获殊荣的个人信息管理软件（PIM）。它特别为中国人设计，无论是保存、查询、处理通讯录、名片、地址薄等联系人信息，还是管理个人日记、日程安排、任务、备忘录及电子邮件等。友情强档都将成为您最得力的助手。

用户还可以在网络上共享各种信息。

联系人——存储联系人信息并快速查询和使用这些信息。友情强档帮助您管理跟踪客户。日历显示并安排会议、约会等日程安排。友情强档帮助您充分利用和分配您的时间。

任务——显示并安排您的任务计划。友情强档帮助您井井有条地安排您的学习和工作。

日记——图文并茂地记录您的活动、心情及纪念时刻。友情强档帮助您保存记忆。

备忘录——随手记录信息，保存整理文摘、笔记。友情强档帮助您组织和管理重要信息。

电子邮件——和朋友客户保持联系交流。友情强档让您的沟通更容易。

其它——手机短消息，网络共享及丰富附件支持。友情强档是全面的信息管理专业软件。

九、One Note

One Note也是Office2003家族成员，所以在会议结束后，记录的内容可以很方便地导入Word等应用程序中去。会议上，使用One Note进行记录最为方便快捷。如果是在TabletPC上，One Note可以直接手写输入，在普通的电脑上则是通过键盘来记录点滴灵感。如果已经为笔记本电脑配备了麦克风，那么会议记录用的录音笔也可以退休了，One Note可以随时录音，并且易于整理。

　　One Note可以把手写输入的文字转换成文本。用"常用"工具栏上的"选择工具"，选定要转换的文字，然后执行"工具"菜单上"将手写转换为文本"的命令即可。如果英文单词或是汉字未被正确转换，那么单击"常用"工具栏上的"选择工具"，选定未正确转换的单词，再单击"替换列表符号"旁的箭头以选择一个替换内容。

企业需要什么样的知识管理系统

　　企业实施知识管理，需要形成知识共享的文化，需要激励措施对员工的鼓励，需要各层级领导的支持，同时很重要的一项是需要一个适用、简便的知识管理系统来辅助知识管理工作的完成。

　　知识管理系统近几年层出不穷，从IBM、微软这样的跨国巨头到国内只有几个人的小企业，都号称自己的产品是知识管理的系统。

　　目前关于知识管理系统的定义还不统一，有的人和机构把知识管理实施中组织内涉及到的各个方面都称作为知识管理系统；而另一部分人则把知识管理系统定义为辅助组织实施知识管理的IT系统，这也是我们国内大部分知识管理专家和厂商的观点。

　　知识管理系统不等同于知识管理技术。目前知识管理系统中应用的主要技术有网络通信技术、知识仓库技术、自然语言理解技术、神经网络技术等，这些新技术能够改善客户服务知识管理系统的性能。知识管理系统技术随着技术的发展不断涌现与更新，如过去集中于文件的建立、维护和版本控制的文件管理系统，如今也与群件/协作应用结合起来。

　　我们需要什么样的知识管理系统呢？

　　现在许多软件厂商告诉我们，他们的系统就是知识管理系统，使用了该系统你的企业就实现了知识管理，就拥有了知识经济时代的超级竞争力。这当然是蒙人。

其实知识管理系统是一个很广、很大的概念，目前的中国知识管理市场上的产品，最多能解决企业知识管理中一部分的问题，而如果能把这一部分问题解决好，就已经是很不错的系统了。下面我们探讨一下什么样的系统是知识管理系统，以及我们需要什么样的系统。

只有确定了需求，才能明确需要什么样的系统

只有确定了需求，我们才能明确我们需要什么样的系统。而不同企业、不同机构、不同规模的组织的需求都是不相同的，我们希望找到那些共同的需求并抽象出来，然后要实施知识管理的企业再根据自己的行业特点和企业规模去选择自己需要的系统。

知识可以分为显性知识和隐性知识。所谓显性知识又称为"明确知识"、"明言知识"或"言名知识"等，指的是："用书面文字、图标和数学公式表示的知识"。隐性知识有称为"缄默知识"、"默会知识"、"默然知识"等，指的是："尚未被言语或者其他形式表述的知识，譬如，我们在做某事的行动中拥有的知识"。一个很著名的例子就是："我们能在成千上万张脸中认出某一个人的脸。但是，在通常情况下，我们却说不出我们是怎样认出这张脸的。"

除了从显性和隐性知识的角度，从知识的流程角度说：

知识管理要实现对知识的快速获取，就是能很快的找到组织需要的知识资源；

知识的评估，就是能在许多知识中确定哪些是组织真正需要的知识，哪些是最有价值的知识；

知识的存储，就是要把那些显性的知识能存储好，让需要这个知识的人能在需要的时候得到这些知识；

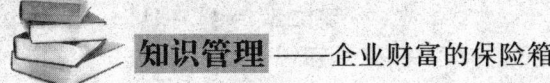

知识的共享,就是显性的知识能够让用户得到,隐性的知识用户知道去哪里寻找;

知识的利用,知识的价值在于利用,如果不能被员工在工作中使用这些知识就没有价值;

知识的创造,只有那些能够持续创造新知识的企业才能保持自己的竞争优势,让其他企业望尘莫及。

作为一个组织而言,对于知识的获取,它既需要获取显性的知识也需要获取隐性的知识。对于显性知识的获取(包括组织内和组织外),需要系统能够自动的将个体所需要的知识推送到他的面前。这就要求内部有一个强大的知识库系统,外部能够有一个自动的知识查询和推送工具(类似于现在所谓的情报服务系统)。而对于隐性知识的获取,系统需要有一个黄页,让个体知道在哪里有什么人或者什么团体拥有哪方面的知识,如何获得他们的帮助等等。本文中把知识获取的功能包括在知识库的功能中,这就要求这个知识库不是一个"垃圾桶",而是一个动态的"知识池"。在这个知识库中,可以自动获取组织内外的各类知识,他可以把网络上与这个组织有关的信息自动推送到知识库系统中进行处理,然后通过个人和实践社区的集体对这些知识信息进行有效评估,然后存到知识库中。同时这个知识库也可以从实践社区、专家黄页中自动获得知识。

对于知识的评估,无论是显性还是隐性的知识,知识管理的作用都是有限的,都是需要人去参与的。实践社区可以承担一部分知识评估的功能,而且这也是比较有效的方式。当然,也可以去找专家黄页中的行业专家去帮助评估。

关于知识的存储,对于隐性知识,一般都是个体的存在着,需要组织创造环境和氛围来将一部分知识显性化才能存储。但必须明确,并非所有的隐性知识都能显性化,所以知识的存储更多的是关于显性知识的存储。因此建立一个知识库是个不错的选择。

知识的分享是知识管理系统能发挥作用的广阔天地,一个好的知识库可以让拥有知识的人能方便的共享出自己的知识,而一个需要知识的人可以简单快捷的找到自己需要的知识,从而提高每个员工的工作效率。对于隐性知识的共享,涉及公司文化方面、个体特性方面的东西比较多,但一个关于组织内相关专家的黄页也可以起到不少的作用。

知识管理系统在知识的利用和创造中所起的作用并不是很明显,其主要作用在于让人在需要某方面知识的时候能够很快得到,通过实践社区的交流促进知识的共享传播和激发每个人的创造性思维,从而产生创造的行动。

知识库、专家黄页和实践社区

通过以上的需求分析,我们可以看到我们需要三个方面。这三个方面是知识管理系统的重点,但这三个方面不是孤立存在的,要与组织内的其它系统互连互通。

一个知识库

许多知识管理系统都号称拥有知识库,但他的知识库里面有没有ERP系统累计下来的知识呢,他可能无法回答。你要问知识是如何分类的,他可能告诉你用户可以随便分。

知识库的建立绝对不是一个简单的事情。

需要拥有知识地图,通过知识地图可以把知识库中的资料与目录连接起来。知识库需要个性化,每个不同职位和个性的员工可以自由配置自己的知识库系统;知识库需要强大的搜索功能,不仅可以对文本知识进行检索,而且可以对多媒体的显性知识资源进行检索;

知识库需要每个人都能方便的提交自己的知识,而这些知识必须能跟需要审查,而这个审查过程必须能够自动推送到相关的专家跟前;

知识库中的知识必须能够进行评价,评价要包括系统自动的评价(例如哪些知识文档被阅读的次数多就可以认为这些知识更受人欢迎)和不同个体的评价(例如知识文档的名字如果比较"火",可能看的人会越来

51

多,但也许这并不能真正表明这个知识的价格更高);

知识库还要能够进行自动的分类,不仅仅是根据起始建立的目录来分类,因为这样的分类可能随着时间推移已经不适合需要。这就需要系统能够自动对知识文档进行索引、聚类等;

知识库里还需要包括其余系统的知识,而这个集成的过程对知识管理系统开发商绝对是一个考验。知识库还需要考虑科扩展性,要有与不同平台、不同系统的接口等等。

一个专家黄页

谁是专家?见过某些公司的专家黄页,只有老总和各级的管理者是专家,他们只有电话、邮件等信息。

我们相信,如果全国各类企业的前台小姐进行一次技能比赛,那么里面一定有许多"专家级"的前台人员,她们也是专家。

在组织内,每个职位的人中间都有自己的"高手",他们就是各行各业的专家,在专家黄页中可能要给他们留下位置。是不是只需要告诉每个专家的联系方式就可以了呢?显然不是,因为专家黄页的作用在于鼓励不同的人去接触、去交流,所以在专家黄页中要说明白这个专家的擅长领域、性格甚至家庭情况、抽不抽烟、喜欢喝什么样的酒等等信息,这样才能对需要他的人有所帮助。

如何成为专家?除了靠领导们去发现,系统是不是能够把在知识库或者实践社区中对某一领域知识贡献比较大的人自动归到专家的行列中呢?组织的专家黄页,不仅需要包括组织内的员工而且需要有组织外与组织相关的人。而这个专家黄页,如何有效的分类,如何让人方便的查找都是需要解决的问题。

一个实践社区系统

隐性知识的共享需要组织内的员工建立良好的关系,需要充分的信任才能有效地进行。知识的创造需要思想的碰撞和交流才能激发大家的思维,才有可能进行真正的知识创造。而这一切,社区是一个很好的方式。社区需要面对面的交流,也需要在知识管理系统中能够进行良好的沟通,根据主题进行深入的探讨。通过探讨不同的人可以获取新知识，激发思维，也可以建立共识，从而成为隐性知识共享、评估、知识利用和创造的一个重要渠道。许多实施知识管理的企业都是从实践社区开始的。实践社区交流系统需要根据不同类型社区的情况而有所不同，这个社区系统类似于我们经常光顾的BBS系统，但又有所不同。社区需要与知识库、专家黄页等紧密相连。

链接:实践社区

实践社区，是将对某一特定知识领域感兴趣的人联系在一起的网络。他们自愿组织起来，围绕这一知识领域共同工作和学习，并共同分享和发展这类知识。

实践社区因其特点不同而种类各异：一些社区可以存在好几年的时间，而一些社区为特定目标而成立，一旦目标达成就会解散；一些社区很小，成员都集中在一个区域，而一些以"虚拟社区"的形式存在，成员分散在不同的地理位置，主要通过电话、电子邮件、在线讨论和可视会议等联系和交流。

实践社区与传统的团队或工作组的概念有以下一些基本的差异：

团队和工作组是在强制性的管理机制之下形成的，而实践社区的成员是自愿参与的；

团队和工作组是针对某一具体的目标和活动成立的，而实践社区的目标是概括性的和变化的；

团队和工作组需要产出切实的结果，而实践社区并没有这种要求；

团队和工作组一旦达到目标就会解散或改组，而实践社区可以随成员的意愿一直存续下去。

实践社区在每个组织都以一定的形式存在着，无论组织是否特意成立这些社区，并将之冠以"实践社区"的名称。对一个组织的知识管理来

说，如何使这些社区为创造和共享组织知识做出积极贡献才是真正的挑战所在。

有何益处？

避免"重复发明轮子"；

打破部门的界限，绕过逐级上报的报告程序；

比传统的组织单位更为灵活；

以问题为导向产生新知识；

为潜在的机会和威胁提供早期提醒和预警；

通过创建一种知识共享的文化改善组织文化氛围；

大部分是自愿参与的。

实践社区不仅仅为组织带来价值，同时也对社区的成员也大有裨益：

成员可以得到社区专家的帮助和指导，从而开阔视野，提升专业水平。社区成员也可以在工作中通过社区获得知识，寻求帮助；

社区成员往往对个人掌握的知识更为清楚，也更为自信；

社区为其成员发表个人的意见和想法提供了一个开放，自由交流的平台；

社区能够保留更多专业的观点，并扩大成员的专业知名度。

如何做？

针对如何创建和发展知识社区，目前已有很多途径和方法。作为起点，需要考虑以下一些关键的方面：

开始创建

实践社区是由成员自发形成的有机组织。理想状态下，社区应该由成员自行创建，试图"自上而下"成立社区很容易遭到失败。然而，组织可以为知识社区"播种"。组织中有知识流动的任何领域和部门都是成立实践社区的潜在对象，但创建一个新社区的最大推动力还是来源于组织人员具体的需求或对某个问题的认识。因此，创建社区时必须考虑到以下几点：

定义社区的知识范围——要确定社区的知识领域。每个社区都有一

个核心的知识领域,它可以是一个专业学科,也可以是某些特定的问题或主题;

确定社区成员——谁将对这个社区做出重要贡献?谁是这一社区主题的专家、可能的管理者和推动者?谁是社区的知识管理员?这些角色是大家自愿担当,还是只能由指定的人担任?

识别共同的需求和兴趣——实践中会有一些什么事件涉及到社区的知识领域?社区成员会对它的什么方面感兴趣和有热情?他们希望如何从社区中受益?

清楚社区的目的和价值——社区要解决什么问题,满足什么需求?社区要达到怎样的目的,受到何种成果?社区应该如何,以及怎样为组织增加价值?

可以考虑在一次工作会议上发起创建一个实践社区。在会议上成员们可以互相熟悉,并可以一起讨论社区目标、运作方式等等。

持续发展和维护

当初建实践社区阶段的热情过去以后,社区很容易被人遗忘,除非对其进行积极的维护,以保证社区持续的发展。

保持社区成员的兴趣和参与度——判断一个实践社区是否成功,要看社区成员是否能持续地对其保持兴趣,并保持较高的参与度。一个好的管理者应该积极寻求各种途径来达到以上目的。如:保证虚拟社区成员至少每年聚会一次以增强他们的关系;为社区成员安排足够的社会交往时间;确保组织能给社区成员参与活动提供时间等资源的支持;激励成员为社区建设作贡献;围绕社区主题,通过社区内部或外部的专家引入新的观点等等。

保持社区的成长——社区的成员在其存续期内会不断更换,因此一个社区总是需要招募新人以代替已经离开的成员,或者为了补充新鲜血液。同样,在一段时间内,社区的不同角色(以及担任的职责)都将经常变换。所以,社区的新成员能否很快被大家接受并融入这个圈子也会影响到社区的成功与否。

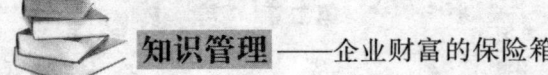

发展社区知识——在这个阶段，社区将在相关知识的发展和建设上起到积极的作用。社区进行的典型活动有：创建知识地图、组织建立知识库、识别并填补知识断层等等。因此，社区知识管理员的角色起着很为关键的作用。

使社区为组织增加价值——社区如果能够为组织所认可和支持，就会很快地成长起来。因此社区最好能与组织整体目标(而不是自行设定的一个独立于组织的目标)协调发展。这样组织才会增加对社区的支持。比如，重视并认可社区成员和管理者，为他们提供奖励和资源支持，让社区参与到重大管理决策和问题解决的过程中来，但要注意不能使社区过于制度化和形式化。

结束社区

一个社区可能会自然而然地慢慢衰败，这并不一定是一件坏事。有时候是因为成员从事的某项实践已告一段落，社区也随之关闭；有时候基于不同的知识主题社区会分化成一些"子社区"。不管是由于何种原因，都应该充分认识社区所取得的成绩，并保留或转移社区中沉淀的知识。

需要注意的要点

成功地培育一个实践社区需要在给予指导和任其发展中求取很好的平衡。一方面，组织需要为社区提供足够的支持和指导，以保证其对组织的价值；另一方面，组织不能过度干预社区的发展，不然社区就可能会丧失其非正式的特质，而正是这一特质大大增强了社区的作用和效果。

一个成功的实践社区需要同时关注两个关键领域：发展实践和发展社区。

培育一个成功地实践社区需要重点关注其社会结构——社区内建立的各种关系的总和。

特别需要关注的角色有：

社区领导(管理者)——组织中往往认为社区管理者就是此社区的发言人、组织者和社区交流和社区活动的组织者和协调者；

社区推动者——推动社区的内部交流和互动。如召开面对面的会议，安排在线交流的时间表；

知识管理员——管理社区的显性知识来源；

用实践的眼光看待社区的输入和输出——即社区使用和发展的资源。这些资源不仅包括信息和知识资源,如文档、数据库、网站等,同时也包括社区内部的流程和实践, 包括通过研讨最佳实践提高和扩展知识的方法,以及与外部组织交流社区发展的新知识的途径等。很多社区都因此成为了组织的"焦点",他们记录最佳实践、识别有价值的外部资源、进行案例研究、在特定的知识领域发展新的框架、技巧和工具。

延伸阅读:像普华永道般战略性运用知识管理

萨兰姆市的脆奶油甜甜圈公司从美国西南部受人青睐的店铺起家,奇迹般地风靡整个北美,从而一举成功,对此人们已有详尽著述。但是,对于知识管理(KM)在该公司的非凡成长中所发挥的作用,大家却语焉不详。

确实,脆奶油公司能够通过其动态知识管理门户网站,即刻汇编并重新配置时效性强的运营数据, 这已经成为公司能快速部署营业网点的关键所在。而如此战略性地运用知识管理,正体现了创新型企业利用其知识资产增加收入,削减成本的方式。无论是精简特许经营体系,发掘合并交易的附加值,还是集中信息以利于"参事团队"使用,像脆奶油公司、千禧制药公司、普华永道公司那样懂得如何以及何时对知识管理的方方面面加以妥善部署的企业,正比以往任何时候都更清楚地看到,这种一度受人追捧,随后却遭人遗忘的做法能直接改善经营。

搜寻与部署脆奶油公司的店面经理不断收集公司开设并经营高效营业网点所需要的一切数据。例如,各分店每小时的甜甜圈产量,当前促销行动的反应。但这些信息分散在整个组织中,让公司无法"将其转化为可采取行动的东西",脆奶油公司的首席信息官弗兰克·胡德说。胡德认识到,公司的高标准增长计划能不能实现,取决于能否迅速扭转这种状况。

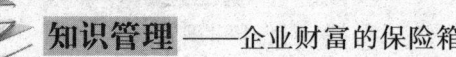

于是他带头开发了持续更新的知识管理门户网站,通过它,店面经理不仅能递交自己的行动报告,还可调用先前几乎利用不到的,包含其他分店数据的信息宝库。

该门户网站基于Vanilla网络应用平台,成为了适用于经理人的突破性工具。"它像个一站式购物商场,经理人可以在那里选购经营业务所须了解的东西。"胡德称。如果没有这样的工具,最佳实践从一家分店到另一家分店的有效传递就会受阻,而这种传递,是特许经营业务快速增长的关键要素,也是脆奶油公司胜人一筹之处。同样重要的是,该门户网站还让高层经理能更为直接而明显地观察到组织关键层面的表现。

精密的知识管理举措可能包含遍布于复杂的全球性组织中的无数做法与应用程序,但每个有效的知识管理行动,都始于相当简单的对话。知识管理大师劳伦斯·普鲁萨克解释说:"根据公司的规模,人们应当在小组、单位或事业部中坐下来问,我们拥有哪些知识?哪些属于个人的知识应当公有?哪些知识是我们想拥有但却没有的?然后,制定出运作战略,以实现目标。"

在脆奶油公司,对上述问题的集中探讨,导致了企业门户网站的诞生。作为公司知识管理的核心成就,该网站有助于加速、简化一系列经营流程,比如共享新产品信息,观看平面图,订购设备,生成财务信息。但其价值不仅限于直接店面管理,该门户网站的授权用户还能查看财务数据以及营销信息,诸如品牌建设方针、驾驶路途中的无线电通讯摘要、流动录像片段,甚至脆奶油公司营销行动背后的理念。

将知识管理融合到脆奶油公司的整个经营之中,让该公司能更加敏锐地关注全局。"我们预测并筹划下一件大事,扩张下一家分店,从而最大程度地发挥了知识管理的作用。"胡德说,"如果你试图了解某个事物为何出问题,重要的是鞭辟入里地看待知识管理。我们了解信息,更多是为了规划,使事物将来正常发展。"人们能更好地调用数据后,胡德发现他们的态度发生了理念性的转变:"我们创建了无法离开此类信息的环境。"

拼合零碎知识

在制药行业,产品直接源自于其创制者可利用到的知识。因此,能否截获快速流动的数据,并将其融入多个职能部门当中,显得至关重要。疾病研究要求人们"将极其复杂的'图板'拼合起来。"总部位于马萨诸塞州坎布里奇市的千禧制药公司知识管理总监约瑟夫·霍瓦斯说:"问题在于,这些"拼图板"并非都放在你的牌桌上,他们散落于遍布世界的牌桌上——在公共数据库、学刊文章和未发表的研究成果当中。"为帮助研究人员更方便地找到正确的"图板",千禧公司建造了能将外部文献与内部数据综合起来,从而提供整合视点的知识管理架构。在制药行业中,公司能否预测药品在遥远的下游市场的成功机率,是影响投资回报的关键因素。因此,在这样一个行业中,向科研人员提供更完整、可搜寻,甚至可计算的成套信息,对决策至关重要。

快速协调复杂信息,在千禧公司的重整、合并与收购手段中也产生了效益。上述情况往往要求公司迅速评估其信息与知识资产的价值,这些资产种类繁多,从实验室笔记、电子数据库,到较为无形的、跟以往项目、合作关系及关键技术相关的技术诀窍。若缺乏监管,这些资产会消逝掉,比如埋没在库房中或随员工离职而离去。即使须从公司外部"选购"资产,保留相关的文档和技术诀窍,对维护资产的市场价值也是重要的。

"你如何确保在人员离职之前,像从实验室冰箱里取出种种东西那样,将其内含的知识挖掘出来?"霍瓦斯问,"是啊,在制药公司,这些东西不是酸奶和午餐盒,而是细胞、试剂及难以清楚指明或归类的昂贵材料。"千禧公司运用围绕知识管理而建立的组织规程,在其近期的重整业务中尽可能完整地挖取了知识的价值。这意味着要让受影响的人员尽早参与流程,将知识留存调查纳入到离职流程中,甚至要绘制骨干人员的离职日期图。"人们关心自己工作的接任者,在生命科学中尤其如此。"霍瓦斯说道,"他们不觉得汇报工作是受了剥削——他们会觉得,公司关心他们的工作。"

将知识分类

在普华永道公司,知识管理正在帮助解决信息经济中的经理人最感

焦虑的一个问题——如何提高知识工作者的生产力。在该公司的例子中，知识工作者也就是从事公司税务、保险和顾问服务的专业人士。例如，作为此类的一项决定性措施，普华永道的中央税务知识管理小组为若干税务领域创建了网上执业社区，其工作重点是以"工具箱"的形式，定期刊登相关汇编资料。这些"工具箱"包含技术背景、专家举荐以及质量与风险管理测评，它们不仅帮助专业人士明辨重要事项，也有助于创建可能的解决方案，以满足客户需要。由于通过单一入口即可调用范围如此广泛的解决问题数据，令生产力得以提高，因此，普华永道公司预计，在使用该软件后的12个月中，这种"工具箱"至少可以带来2500万美元的利润。

但就算知识管理举措合乎公司战略，并包含了激励方案和良好的培训，你又如何确保人们会在复杂的大型组织中运用新系统呢？让人们改变其工作方式已经够困难了，而你还要引进全新的软件平台，这就令问题倍加棘手。普华永道公司认识到了这一点，将其知识管理系统建基于员工们已经熟悉的平台，为20个由顾客化搜索引擎驱动的现有数据库建立了分类体系。"目前的基础设施，让我们无法进行跨数据库查询，而只能在数据库之内查询。我们联接这些数据库，让人们可以同时搜索多个数据库，从而将系统升级到新水平。"普华永道公司美国地区知识管理的负责人克利斯朵夫·基普里阿诺说。

在一线情报的帮助之下，脆奶油公司、千禧制药公司和普华永道公司那样的领先企业正在享受诸多方面的好处，在这些方面，知识管理精简运营、支援购并交易、改善客户服务。知识管理具有"实质性的、毫不花哨的、持之以恒的好处"，总部位于马萨诸塞州坎布里奇市的摩立特集团首席知识官认为："你将看到的东西，并非称作'成功的知识管理'。你将看到的东西，会被称作'更好的执行与战略'。"

第三章

团 队
——打造高绩效知识型团队

如今很多企业不再奢望自己能够培养出许多人才，并一辈子留为已用。在这种情况下，最务实的做法乃是让人才在职的时候充分发挥自己的潜力，并把成果留在企业。将来即使员工突然离职，只要他把项目所需的技术、累积的经验、资讯与知识留下便可。而能否做到这一点的关键就在于知识管理的好坏。

最大限度地发挥知识型员工的作用

知识型员工是企业中特殊的一个群体，他们掌握着企业的核心技术和知识，在企业中主要从事管理与技术工作。对企业而言，知识型员工的重要性不言而喻，对这一群体的管理也是企业人力资源管理的重点和难点。

不可谓知识型员工
——追求自主性、个体化、多样化和创新精神的员工群体

知识型员工的特点，用一句话来概括就是：作为追求自主性、个体化、

多样化和创新精神的员工群体，激励他们的动力更多的来自工作的内在报酬本身。

企业之间的竞争，知识的创造、利用与增值，资源的合理配置，最终都要靠知识的载体——知识型员工来实现。

与非知识型员工相比，知识型员工在个人特质、心理需求、价值观念及工作方式等方面有着诸多的特殊性：

1.具有相应的专业特长和较高的个人素质。

知识型员工大多受过系统的专业教育，具有较高学历，掌握一定的专业知识和技能；同时由于受教育水平较高，知识型员工大多具有较高的个人素质，如开阔的视野，强烈的求知欲，较强的学习能力，宽泛的知识层面，以及其他方面的能力素养。

2.具有实现自我价值的强烈愿望。

知识型员工通常具有较高的需求层次，往往更注重自身价值的实现。为此，他们很难满足于一般事务性工作，而更热衷于具有挑战性、创造性的任务，并尽力追求完美的结果，渴望通过这一过程充分展现个人才智，实现自我价值。

3.高度重视成就激励和精神激励。

在知识型员工的激励结构中，成就激励和精神激励的比重远大于金钱等物质激励。他们更渴望看到工作的成果，认为成果的质量才是工作效率和能力的证明。他们愿意发现问题和寻找解决问题的方法，也期待自己的工作更有意义并对企业有所贡献。因此，成就本身就是对他们更好的激励，而金钱和晋升等传统激励手段则退居次要地位。不仅如此，由于对自我价值的高度重视，知识型员工同样格外注重他人、组织及社会的评价，并强烈希望得到社会的认可和尊重。

4.具有很高的创造性和自主性。

与体力劳动者简单、机械的重复性劳动相反，知识型员工从事的大多为创造性劳动。他们依靠自身占有的专业知识，运用头脑进行创造性思维，并不断形成新的知识成果。因此，知识型员工更倾向于拥有宽松的、高度自主的工作环境,注重强调工作中的自我引导和自我管理,而不愿如流水线上的操作工人一样被动地适应机器设备的运转, 受制于物化条件的约束。

5.强烈的个性及对权势的蔑视。

与传统的体力劳动者不同,知识型员工不仅富于才智、精通专业,而且大多个性突出。他们尊重知识,崇拜真理,信奉科学,而不愿随波逐流,人云亦云,更不会趋炎附势,惧怕权势或权威。相反,他们会因执着于对知识的探索和真理的追求而蔑视任何权威。此外,由于知识型员工掌握着特殊专业知识和技能,可以对上级、同级和下属产生影响,因此,传统组织层级中的职位权威对他们往往不具有绝对的控制力和约束力。

6.工作过程难以实行监督控制。

知识型员工是在易变和不确定环境中从事创造性的知识工作, 其工作过程往往没有固定的流程和步骤,而呈现出很大的随意性和主观支配性,甚至工作场所也与传统的固定生产车间、办公室环境迥然不同,灵感和创意可能发生在任意的时间和场合。因此,对知识型员工的工作过程很难实施监控,传统的操作规程对他们也没有意义。

7.工作成果不易加以直接测量和评价。

知识型员工的工作成果常常以某种思想、创意、技术发明、管理创新的形式出现,因而往往不具有可以直接测量的经济形态。由于现代科技的飞速发展,许多知识创新和科研性成果的形成通常非一人所能为,而需要团队的协同合作,共同努力。由上述特点决定,对知识型员工特别是个人的工作成果,经常无法采用一般的经济效益指标加以衡量。这一特点为企业正确评价知识型员工的个人价值和给予合理的薪酬带来一定的困难。

8.新工作、新任务的挑战,因而拥有远远高于传统工人的职业选择权。

一旦现有工作没有足够的吸引力, 或缺乏充分的个人成长机会和发展空间,他们会很容易地转向其他公司,寻求新的职业机会。所以,知识型员工更多地忠诚于对职业的承诺,而非对企业组织做出的承诺。

知识型员工的绩效——工作能力的各项参数

在新的环境下，企业的市场竞争越来越体现为知识型人才为核心的竞争，企业要吸引和留住知识型员工，必须在绩效考核体系上要有先进性，不仅要给予他们合理的报酬，还要从公平客观评价、个人成长空间、培训机会等对他们进行多角度的激励，才能提高他们的归属感，激发他们的工作热情和创新精神。

在企业的管理中，凡是工作的主要成果都可以定量评估的职位，绩效评估方法就不会太难，但是现在企业里还有一类员工是不能用常规的绩效评估方法来考核的。因为在他们当中，有很多人所做的工作可能不会像制造一个零件或者生产一个产品那么很快见到成果，例如企业的人力资源部、企管部、客户服务部、战略规划部、市场调研部、研发部等等。还有知识密集型企业的员工，比如媒体、咨询公司等，他们通常都在办公室里、电脑桌前，运用掌握的知识来想方设法帮助企业的产品和服务增值。

著名管理学家德鲁克提到："今后50年内，能最系统最成功地提高知识员工生产率的国家将占据世界经济的领导地位。"由此可见，知识型的员工已经成为了一个企业较为重要的资产。但是知识员工所具有的追求自身价值的实现、较强的独立性、乐于挑战性工作和创新精神等特点，使得如何建立对知识型员工的绩效评估体系成了管理中的一个难点。

知识型员工的生产要素是知识和他们头脑里的思想，因此，他们的绩效产出更多地取决于两个方面，一个是他们自身的能力，另外一个就是他们的工作能动性。因此，知识型员工工作能力参数是首先要设定的，例如在一个企业的营销战略制定部门，就需要对一个部门里的知识型员工的知识结构、擅长的领域等能力型的指标体系构建出来，这样才能够预见一个知识型的员工，未来能够迸发出多少能量，以及在工作中如何表现其协调、沟通、组织和创新能力；但是要知道员工的工作能动性也是重要的因素，因为知识型员工很容易消极怠工的——因为他们的产出不能用统一的标准去衡量。而如果员工能力也表现了，主动性也很强，那么怎么知道其结果呢。那就需要对其工作带来的影响通过多个方面来评价，例如咨询公司的研发部门，其研究出来的模型是不是被公司内的人广泛使用，是不是被客户认可，内部员工是不是做出肯定等。

综合来说，知识型员工的绩效等于工作能力参数+工作能动系数+工作成果影响力。

要点1：薪酬体系不能局限于金钱。

虽然金钱并非激励知识型员工的主要因素，但缺乏金钱的激励也万万不行。对于中小企业的知识型员工来说，报酬的高低仍然是评价衡量自我价值的尺度，即使是高出市场平均报酬一点点，也会对他们起到很大的激励作用。然而，知识型员工非常会把握自己工作努力的尺度，而且对于收入的不满，他们通常不会主动提出，要么消极面对，要么选择离开。如果报酬公平，他们会正常工作，如果他们觉得报酬要比公平报酬要大，他们可能工作更加努力。

因此，如何把握住知识型员工的薪酬体系设计的"度"就很重要。一般来说，应该和操作型岗位的薪酬结构分开，至少要高于操作型岗位的15-20%左右。

但管理者也应看到，知识型员工不仅对于物质需求有要求，还会非常关注薪资外的福利，例如弹性工作制、带薪休假、保障及购房津贴等各种福利，因此企业在进行知识型员工的薪酬设计时，眼光不能局限于金钱量化的工资制度，各种非工资性薪酬也应纳入考虑的范畴，这样才能使知识型员工的"心"稳定下来。

要点2：绩效评估的结果指标比过程指标更重要。

一般来说，绩效评估不仅仅关注结果，也关注工作过程，例如员工有没有迟到，上班是不是在认真干活等等。但是，对于知识型员工来说，这些考核不见得就是非常必要的。

某行业报不久前遭遇了媒体改革，主管部门不仅取消了财政补贴，还要求将报社推向市场，实行企业化运作。过去，该报社基本没有绩效评估

这种概念，大家都吃大锅饭，不愁发行，不愁资金，工资也比较稳定，这样一改，如何建立一套卓有成效的绩效管理和评估体系，就成为了如何留住员工并发挥他们最大潜力的问题。

报社领导班子对一些企业进行考察后，制定了一整套详细的绩效考核方案：要求所有的编辑、记者每天上下班必须"打卡"，如果在上班时间出去，一定要填写请假单，否则将会扣罚稿费；此外，员工们每天都要填写工作绩效表格，其中详细到每小时在干什么，这些表格除对采编人员的文章、版面等进行多方面的评估，还对员工们的日常行为进行评估，包括办公室、办公桌的整洁程度都成为考评内容。但是这套绩效管理体系实施仅两月余，采编人员就怨声载道，虽然每天编辑记者出勤率明显比以前高，表面工作都做得很好，但是稿件质量却大幅下降，不断有员工提出辞职。最后，总编不得不取消了"打卡"等等规定，而把绩效管理体系定为：每个记者或编辑每月必须完成多少稿件或多少合格版面，超额完成者给予一定比例的奖励，并月底评选优秀稿件和版面，完不成的则在稿费方面给予一定的扣罚。

这条规定实施后不久，采编人员的积极性高了，报纸质量也上去了。由此可见，在对知识型员工绩效管理中，结果指标比过程指标要重要得多，因为他们的工作环境带有不确定性，工作过程带有不易控制性，而他们又有较强的独立性、自主性和一定的创造性。

要点3：引进自我管理绩效体系。

知识管理专家玛汉·坦姆经过大量的调查研究后认为激励知识型员工的前四个因素分别是：个体成长（约占34%）、工作自主（约占31%）、业务成就（约占8%）和金钱财富（约占7%）。

这说明对于知识型员工来说，个人成长空间和工作自主性是非常重要的，在这个基础上，比较好的做法就是引入自我管理绩效体系，因为知识型员工一般都自认为比其他的人聪明，对于公司提出的硬性规定常常不予理睬。因此，要衡量其绩效，公司需要让知识型员工进行自我工作认知和自我管理。例如，让知识型员工按照公司的目标制定出计划，公司不硬性规定每个人或每个项目组什么时候应该完成多少工作量，而是告知最终的成果完成时间，并在每个星期要求公司知识型员工在公告版上将每个人或项目组的工作进度贴出来。

　　这么做的好处在于，知识员工的自尊心很强，他们如果看到自己落后了，不需要你再采取什么其他措施，他们自己就会努力赶上了。目前，这种方法在企业的研发部门、市场营销部门以及咨询公司等都比较奏效，到一个月完成的时候，人力资源主管把这些表格综合到一起比较，就知道大家每个人做得怎么样了，而且每个人还可以进行工作绩效的原因分析。

　　要点4：建立没有终点的阶梯状的晋升体系。

　　与其他类型的员工相比，知识型员工更重视能够促进他们发展的、有挑战性的工作，他们对知识、对个体和事业的成长有着持续不断的追求。因此，他们对企业发展目标和个人晋升体系也非常重视，有时候他们还担心自己的才能没有被企业及时发现。

　　知名的麦肯锡咨询公司的绩效管理被誉为知识型员工管理的典范，其绩效考核的体系简单描述就是"UP OR OUT"，员工进入公司通常是从一般分析员做起，经过两年左右考核合格升为高级咨询员，再经过两年左右考核升至资深项目经理，这是晋升董事的前身。此后，通过业绩审核可升为董事。所以，一个勤奋、有业绩的人在6~7年里可以做到麦肯锡董事，但是在他每一个晋升的阶段，如果业绩考核并未达到要求，就要被OUT（离开麦肯锡）。

　　作为全球咨询公司，麦肯锡有700多位董事，即合伙人。毫无疑问，他们是麦肯锡最优秀的员工，也是麦肯锡的管理者和老板，但这并不意味他们具有终生在麦肯锡工作的保障。

　　每年，麦肯锡从600多名合伙人中轮流选出十几位合伙人组成评审小组，对各位合伙人的业绩进行考查，如果未达到要求，同样要被请出局。这样，作为每一个员工即便是到了合伙人，也会继续考虑自己如何去进步，去创新，因为在这个绩效体系里面，就是到了合伙人，也不代表事业就到了顶峰。

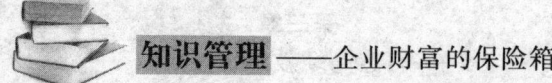

现在很多企业对于知识型员工的激励体系是有终点的,因此,很多企业的员工做到了副总、总监等职位后,多半都会跳槽或者另起炉灶,因为很多企业的绩效体系到这一个级别就封顶了,知识型员工通常觉得做到这个级别,没有什么挑战了,对自己的工作就不会再继续努力。比较理想的情况是将绩效考核的体系进行分级,例如同样是营销主管的职位,可以分为初级、中级和高级,这样就能够让那些在企业里待了很长时间的知识型老员工,也知道自己还有空间。此外,激励知识员工更需要长期激励,它能减少员工的短期行为,降低离职可能性。要长期保留和吸引优秀的高级人才,需要使知识型员工觉得自己是企业的一员,而不是"高级打工者"。

目前国内外企业界运作效果良好的长期奖励计划是"认股期权",其最大的功效在于,它可以并为他们提供一种比较优惠的税率积累资本的方法;同时把企业支付给高级人才的现金水平控制到最低,由于股票的期权性质,使企业牢牢控制住高级人才,日益积累企业的庞大资产,使得他们积极努力工作。

要点5:重视绩效,同时也要重视培训。

知识型员工对于自己的学习是比较重视的,他们在企业工作,不仅希望从企业内部学习到更多知识,还希望能够进一步的深造,例如上MBA、EMBA,或者一些短期的培训等。而在一些企业,对知识型员工的培训却存在很多误区,一些企业担心成本过高,怕培训完员工跳槽,企业不划算。另外的则认为培训只是针对那些学历比较低,文化和素质不太高的员工,而认为知识型员工本身就是一些学历高、素质好的人才,再对他们进行培训就显得有些浪费。

目前,知识管理已经成为企业建立核心竞争力的一个重要的话题,知识管理的推动,多半是企业的知识型员工来推动的。而对知识型员工的培训,可以促进知识在内部的共享,相当于一个知识型员工上了EMBA,整个团队就可以从他那里获得部分知识,知识型员工通常也比较"好为人师",他学习完,就可以和大家分享他学习到的知识。一些国际的大公司都建立自己的学院,例如宝洁、摩托罗拉、惠普、微软等等,他们通过完善的培训体系,使很多知识型的员工不断的提升自己,更好的和企业的发展结合起来。

知识型员工激励机制——制定适合的制度

今天的知识型员工一般都具有较高的个人素质,拥有较高的学历和其他方面的能力素养,不再是仅仅出卖劳动力的"机械",不仅对于专业知识,而且对于经济、管理等都有较多的认识,掌握着最新的技术。所以我们必须根据他们的特点来进行激励,首先是制定适合他们的激励机制。

首先是薪酬激励。

尽管薪酬是一种外部激励因素,但是在我国当前它仍然是一种十分有效的激励方式,也是企业和员工都十分关注的话题。因为薪酬所提供的物质生活保障,不仅是知识型员工生存和发展的前提,也是知识型员工产生更高层次需求和追求的基础;而且金钱财富的多少,还是一个人工作成就大小和社会地位高低的重要标志,使人的价值在分配中得到体现。

薪酬体系应该是包括工资、奖金、福利待遇、股份、红利等多层面、多种形式的报酬支付和价值分配制度体系。在知识社会里,知识是企业价值创造的主要源泉,薪酬体系尤其应该充分体现知识对企业价值创造的贡献率。

其次,很重要的一点是,建立完善、公正的绩效考核制度。

建立完善、公正的绩效考核制度对于稳定知识工作者队伍来说是非常重要的,因为绩效评价考核是激励的基础,如果考核评价不能反映知识工作者的实际工作业绩,那么在此基础上的激励可能不会达到想要的效果,相反可能带来负面的影响,这是企业管理层所不愿意看到的。

对技术型知识型员工的考核机制主要由考核流程与考核指标两部分构成。设计考核流程时必须考虑到考核方式、考核表格、考核周期、考核与激励相结合等相关要素。针对高级技术人员及部门、小组,可以侧重其成果奖励;针对低级技术人员,则可以侧重其技能提升的奖励。

"工作"是激励知识型员工创造、传播和应用知识的最具影响力的要素。"能力发挥"、"工作挑战"、"工作成就"等因素的满足对企业知识型员工来说都离不开工作本身。

要使知识型员工的工作行为本身就能满足其需要，对其产生强烈的"工作激励"效果，企业应侧重于两方面的工作：要培养知识型员工对工作本身的热爱；要使知识型员工了解工作的未来发展。当知识型员工从事一项自己喜爱的工作时，会不自觉地把工作看作是一种娱乐，而不是一种任务或负担，这会极大地调动其工作的积极性，从而促进工作的进展。当知识型员工充分了解到工作的未来发展与自己的人生目标一致时，他会主动地投入工作以实现自己的个人目标，在此同时企业的目标也得到了实现。

第三是建立学习型团队，创建以知识为核心，鼓励学习，崇尚创新的企业文化氛围。

谈到团队学习，就要先谈知识共享，因为知识开发后共享才是关键。知识共享是知识管理的核心部分，花大量力气将知识开发出来、提炼出来，就要让员工学到、悟到、用到。成功地实施知识共享，才能促进团队内所有成员以最高的效率共同获得最有价值的知识，即提升团队学习能力。

实践中，知识共享的实现仿佛并不顺利，其原因有个人原因和组织原因两个层面。换句话说，实施知识共享的前提是突破个人意识障碍和组织意识障碍。

1.先进的个人意识是知识共享的前提。

一般地，团队中的个人存在着严重的意识障碍，主要表现在强烈的垄断意识和匮乏的奉献精神。知识所有者在工作过程中获取的工作输出、经验总结、理论成果、时间安排技术、假想、技巧、人际沟通技术、管理技术、思维定势、心理体验等都必须付出一定的金钱和精力。更有甚者，为巩固自己的地位或获取精神上的满足，宁愿花费更高成本去获取别人尚未掌握的知识。当开发者无法通过正常利润补偿成本时，他们往往限制知识的传播，提高知识的价格，以获取高额的垄断利润。对于这类人，知识与同事共享之前总要弄清两个问题:给了别人超过自己怎么办？奉献有必要吗？能在共享后得到什么利益呢？

因此,这两个问题告诉我们,知识垄断意识和奉献精神的匮乏严重地阻碍了知识共享的实现。

2.切实重视知识管理是知识共享的保证。

无庸置疑,多数公司只是在口头上重视知识共享。首先它们缺乏资源投入,知识共享的全过程包括知识获得、知识的编选、组合和整理、知识的分类、知识共享途径的建立、就知识对雇员的教育和补偿等,无不需要大量的资金和精力。另外是制度建设力度薄弱,很多企业相关奖励制度不配套,最后导致只是推崇和鼓励拥有独特技能的人才,实行专家主义,对贡献知识的员工缺乏有效的激励,忽视集体知识对公司运作和发展的意义。

知识共享成功实施的前提是解决好两个层面的事情。

首先,个人层面,即转变个人对个人知识的认识偏差,认为个人知识是"私有财产",引导个人以提高个人核心竞争力为第一行动指南。

合作意识——员工个人必须清楚,不仅是工作需要团队合作,学习更加需要。如果缺乏危机意识而只是看中内部交易谈判,甚至讨价还价,那么可能会丧失合作机会。

比较优势意识——员工相信自己无论如何在某一方面会具有相对比较优势,对方的弱点并不能对自己造成威胁,但优势却能相互共享。如果由于对方存在弱点而瞧不起对方,最后拒绝合作,则只会丧失被对方帮助的可能。

发展意识——不断追求进步,保持学习的欲望,时刻建立自己的相对优势及奉献知识的能力。单纯依靠现有的相对优势生存并期望能得到团队帮助,则无法适应团队发展。

时效意识——任何优势都是有时效性的,趁你的优点还有价值,赶快行动,去寻求内部交易,若失去了对别人存在的价值,也就没有了合作的资本,就没有人愿意和你交换。

其次,让组织把"重视知识管理"落到实处。

　　培育共享的价值观和团队精神——传统企业文化崇尚个人成就,漠视和逃避合作,视个人对知识的掌握为个人资本。要求员工进行知识共享,无异于让他们承认自己在某些领域逊色于人或将自己引以为傲的资本拱手让人,抵触情绪的产生是很自然的。

　　实际上,人具有创造知识的无穷能力,而知识不同于传统的资产,它只有在共享时,才会不断地增长,知识被越多的人共享,知识的拥有者就能获得越大的收益。

　　在知识交流中,如果员工为了保证自己在企业中的地位而隐瞒知识,或者企业为保密而设置的各种安全措施给知识共享造成了障碍,对企业的发展都极为不利。观念的转变要循序渐进,长期以来形成的观念不可能一下改变。文化的变革应该渐进,突然的变化得到的结果可能是消极应付。困难是可以想象的,因此在变革过程中要有高涨的积极性和坚韧的精神。

　　从领导层开始——领导要身先士卒,通过表率管理,使企业的价值观从观念形态转变为可以感觉的现实。不断强化共享意识,使知识共享成为日常工作的一部分,不断鼓励员工进行共享活动,摒弃信息利己主义,形成有利于员工进行合作的文化氛围。

　　创建学习交流平台——很多企业内部员工的知识共享活动多数只是通过企业的内部刊物、通知、通告或计算机信息系统完成,面对面交流特别是第一线员工与最高领导的互动交流很难进行、隐性知识共享困难。员工长期处于一个固定的小圈子里,交流对象有限,知识较难发展,公司的知识共享长期处在较低层面上。

　　我们希望有这样一个平台,其等级观念弱化,层次结构简单,以人为本的观念,使员工平等地传播和反馈知识,形成开放性的、学习性的、成长型的知识共享机制。鼓励员工建议和批评,增强员工互动对象的流动性,使知识共享保持活力。这样的平台,有利于员工相互影响、相互交流和沟通,有利于增强企业的团队合作精神,有利于企业知识更新,有利于企业适应环境变化。企业可以通过技术图书馆、出版企业内部刊物、定期公布企业内部重大信息、定时召开通报会、公布企业经营情况、建立企业系统知识平台。组织者可以推动多种形式的学习,如在线学习活动、集体学习活动、信息交换会议、专题会议制度、技巧讨论、深度会谈、电子邮件、电子公告栏、电子论坛等非正式交流来帮助学员交换实践体会。而个人也要养成好的总结习惯、积极发表论文、积极参与培训教学活动,促使企业结构扁平化、简单化,形成平等畅通的互动渠道。

知识型员工激励手段
——肯定他们的价值,引爆他们的潜力

通过采用以上几种制度和方法,我们可以完成知识型团队初步建立的工作,即完成了知识型团队框架结构的搭建,但要使团队正常运行并发挥最大潜力,仍然需要多种多样的激励手段。

手段一:用赞美来证明他们的高自我价值感

技术、知识资源的稀缺性和市场需求高增长的矛盾,使得企业知识型员工自我价值感很高。如果从人力资本投资的角度看,知识型员工在积累知识的过程中曾经支付了较高的成本,既包括学习费用,也包括学习期间没有收入的机会成本,还存在学习很艰苦的心理成本。之所以付出这些成本,是因为他们对将来获得高收益有一定的预期,本着付出与回报相对应的心理,知识型员工常常有较高的自我价值。知识型员工选择职业或跳槽的过程实质,也就是为了寻求投资收益最大化的过程。

美国口才学专家威廉·詹姆士曾说:"人性最深刻的愿望,就是恳求别人对自己加以赏识。"确实如此,美国前总统华盛顿喜欢人们称呼他"美国总统阁下";凯瑟琳女皇拒绝接受没有注明"女皇陛下"的信函;就连驾驶员也不愿意别人叫他"车夫"。

赞美是清泉,可滋润下属干涸、焦虑的心田;赞美是定心丸,会安抚下属不安、躁动的心。作为管理者,给下属1分钟赞美比批评下属10分钟要管

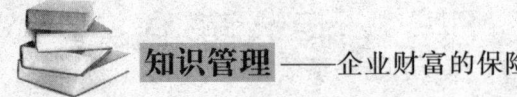

用。多一次赞美,企业就多一份定力。以"丰富女性人生"为己任,致力于创建一个"全球女性共享的事业"的玫琳凯,传奇一般地摘得《福布斯》杂志评选出的200年来20位全球企业界最具传奇色彩并获得巨大成功的人物桂冠!究其原因,这和玫琳凯的管理有关:适时而真诚地称赞员工,告诉员工"干得不错"。这个秘密武器是其企业管理哲学中的不二法则。

在公司内部,玫琳凯制订了一系列运用"赞美"的举措:如果员工第一次卖出100美元的化妆品,就会获得一条缎带作为纪念;每年一次盛况空前的"玫琳凯年度讨论会",会邀请从阵容庞大的推销队伍中推选出来的两万多名代表前来参加。而且,成绩卓越的推销员会穿着代表最高荣誉的"红夹克"上台发表演说,而后给推销化妆品成绩最好的美容师颁发镶钻石的大黄蜂别针和貂皮大衣——这是代表公司最高荣誉的奖品。不仅如此,在公司发行的通信刊物《喝彩》月刊上,每年都要把公司各大领域中名列前茅的人的名字登载出来……

就这样,在她的带领下,公司大大小小的一线员工都学会了这一法则,并且能够很好地加以运用。一次,有个美容师在前两次的展销会上都没卖出什么东西,直到第三次才卖出35美元的东西。然而这位美容师的上司却十分热情、开心地对她说:"你在美容课中卖出35美元的东西,那实在太棒了!"此时恰逢玫琳凯经过,于是这位员工拉着那位美容师走过来说:"让我介绍我们的新美容顾问给您。昨晚,她在美容课中卖出了35美元的产品!"然后稍作停顿又接着说,"她前两次的美容课都没卖出什么,但昨晚她竟然卖出35美元,那不是很棒吗?"玫琳凯听后,微微一笑,感到十分欣慰,那位美容师也显得格外开心。

之后,那位美容师取得了可喜的成绩。其上司也因为善于运用"赞美"激励下属而得到玫琳凯的重用。

后来,玫琳凯在回忆这件事情时说:"我认为,直接告诉你的下属'You are very good!''Good job! Well done!'是激励下属的最佳方式,也是上下级沟通手段中效果最好的,因为每个人都需要赞美。只要你认真寻找,就会发现许多运用'赞美'的机会就在你的面前。"从这件事情上,我们可以得到一些启示：一句称赞也许就是成功的灵丹妙药。赞美不仅可以培养员工、提高员工的自信心，还可唤起员工乐于工作的激情。艾伦·休格爵士(Sir Alan Sugar)是英国最懂得赞美之道的人之一。他常对着一些有前途的选手粗暴地咆哮"干得好！"而选手们顿时会笑逐颜开——正是这种反常的赞美，激励了那些选手。

每个人的成长、成功都离不开鼓励，就企业而言，鼓励就是给员工锻炼、证明自己能力的机会。在鼓励的作用下，员工会认识到自己的潜力，并不断发展各种能力，成为生活中的成功者。就管理者而言，鼓励员工可以为自己树立良好的个人威信，使上下级关系更为融洽，沟通更为便捷，也能够提高员工的工作效率。如果管理者都能用鼓励的办法领导员工，那么，企业的管理水平势必会上一个新的台阶。

那么，管理者该如何把"干得不错"及时有效地传达给知识型员工呢？

1.要称赞具体的事情。

英国著名的小说家毛姆曾说："人们嘴上要你批评他，其实心里只要赞美。"这说明每个人都喜欢称赞，无论是老板还是下属。

具体的赞美要比笼统地表彰他的能力更有效。这能使被赞美的下属更清楚地意识到自己因何事而得到了赞美，从而把这件事做得更好。而且，针对某件事的赞美还可避免其他下属产生嫉妒心理。

当然，有针对性地表扬员工的工作，然后再提出自己的建议，不可不说是精明的管理者所应掌握激励下属的重要方法。这样的做法，不仅可以激发员工的工作激情，而且还能达到圆满完成任务的效果。

2.公正、公开、及时地去称赞。

所谓公正，就是要做到一碗水端平。要做到公正地称赞员工，就要做到对有缺点的员工公正，对超越自己的员工公正，称赞自己喜欢的员工要适度。同时，传达"你干得不错"时，可以选择非常公开的方式对单独的一个人进行表扬。这样不仅可鼓励被称赞的员工，让他意识到管理者对他的肯定和赞赏，也可以给其他员工树立榜样，鞭策其他员工努力工作、干出成绩。另外，赞美是对一个人的工作、能力、才干及其他积极因素的认可。

及时的赞美,可使员工了解自己行为的结果,是一种对自我行为的反馈,而反馈必须及时才能更好地发挥作用。

3.别开生面的书面致谢。

网络的便捷取代不了书信的意义,以书面的形式向员工致谢是不可忽视的赞美方式之一,这恰恰也是激励知识型员工最好的"礼物"。美国企业家艾科卡在其自传中曾提到自己处理人际关系的准则:"如果要责备人,我只是口头说说;但是如果要赞美人,我一定将它用文字表达出来,通过信函的方式送给这位值得赞美的人。"将赞美的话语用文字表达出来,似乎更有永恒的鼓舞价值。

艾森曾经领导过一家规模庞大的国际性保险公司。他对员工有个十分特别的称赞方式——当任何一位下属达成或是超越基本业绩的要求时,便寄给他们一封赞美信!

在第一封信中,艾森还会附上一个印着红色"成功档案"醒目字样的档案夹,然后才是信的内容:"将这封信,以及日后不论是我、公司其他领导、保户或是任何人写给你的赞美信函全部存放在这个档案夹中。在未来的日子里,你也许会遭遇失败、挫折,也许会对自己丧失信心,但是不论遭遇到如何不如意的事,请你拿出这个档案夹,重新阅读这些写满赞美的信函。这些历史性的信函证明了你曾经是成功者,是个令人赞叹的实力派人物——你绝不是个泛泛之辈。你曾经登上成功的高峰,现在,你一样可以做得更棒!"

这一特殊的称赞方式,得到了很多员工的理解和支持。他们喜欢这样的表扬方式,也默默努力着,希望收到更多这样的信函。一些员工反映,每当他们反复地阅读这些信函时,似乎真的可以克服业绩不佳及事事不顺心时期的沮丧心态。

这些"成功档案"中的信函,调适了员工因挫折而产生的消极心态,并且为他们输入了一股新的力量和勇气,使他们充满自信地面对问题、接受挑战。

手段二:用批评逆向挖掘潜能

如果说赞美是抚慰灵魂的一缕阳光，那么批评就是照耀灵魂的一面镜子，能让人更加真实而深刻地认识自己。管理者恰如其分的称赞会让员工有春风拂面、信心倍增之感，而有分寸的批评则如和风细雨般涤荡心灵，同样能让员工甘愿敞开心扉、诚心接受、引爆潜能。

但是，知识型员工不同于其他员工，他们希望从批评中获得的更多是引导性的意见和建议，如果运用不当，只会用尖刻的语言奚落、讽刺、挖苦员工，就会使员工体会不到工作的乐趣，自信被打击，工作质量降低。"哀莫大于心死"，时间长了，对员工、管理者、企业的发展都不利。

艾克森每年都会受邀参加某单位的图书评审工作，这个工作虽然报酬不多，但却是一项荣誉，很多人想参加却找不到门路，也有人只参加一两次，就再也没有机会了。因此，大家对此都羡慕不已。是什么原因让艾克森年年有此殊荣呢？

直至艾克森年届退休时，有人问他其中的奥秘，他才微笑着向人们揭开了谜底。

原来，他之所以能年年受邀，并不是因为他的专业眼光和职位关系，而是他能热情地给他人以激励，委婉地给他人以批评。当他发现某些错误时，他会在会议结束之后，找来图书的编辑人员，私底下告诉他们编辑上的缺点。这样，不仅保住了图书编辑人员的面子，还使得承办该项业务的人员都很尊敬他、喜欢他，当然他也就能每年都当评审了。

艾克森的这种批评方式间接地鼓舞了那些编辑人员，不能不将其视为一种高明的激励手段。虽然批评是一件令人十分难为情的事情，但是艾克森却能将它把握好并自然运用。

因此，对知识型员工的批评不应伤害对方，而是通过批评激励他，使对方做出更好的业绩。管理者需要掌握一定的技巧。

1.掌握一定的批评原则

可以说，一名优秀、成熟的领导者总是善于在表扬中一箭双雕：既鼓励了员工的先进和优点，又指出了其落后和缺点。这种婉转的、间接的批评，是一种引导与鞭策，往往比直接的批评更有说服力，更有利于激发落

后者的内在动力。而要达到这样的目的,就要掌握几个批评的策略。

幽默式批评原则——管理者批评自己的下属时,可以使用一些富有哲理的故事、双关语、形象的比喻等,以此缓解批评时紧张的情绪,启发受批评者思考,从而增进相互间的感情交流,使批评不但达到教育对方的目的,同时也能创造出轻松、愉快的气氛。

伏尔泰曾有一位懒惰的仆人。一天,伏尔泰请他把鞋子拿过来,鞋子是拿来了,但却布满了泥污。于是伏尔泰问道:"你怎么不把它擦干净呢?"

那位仆人说:"用不着,先生。路上尽是泥污,两个小时以后,您的鞋子又要和现在的一样脏了。"

伏尔泰没有讲话,微笑着走出门去。"先生慢走!食橱上的钥匙还没给我呢,我还要吃午饭呢。"

"朋友,还吃什么午饭?反正两小时以后你又将和现在一样饿了。"

在这里,伏尔泰巧用幽默的话语批评了仆人的懒惰。如果他厉声呵斥他、命令他,就不会有这么好的效果。

启发式批评原则——要使对方从根本上、从内心深处认识到自己的错误,需要管理者从深处挖掘出现错误的原因,晓之以理,动之以情,循循善诱,帮助员工认识、改正错误。

"抓大放小"的批评原则——所谓的"大"指的是原则、价值观、绩效目标等,而"小"指的则是习惯、想法、思路等小节。作为领导者,不可一味地盯着一些细枝末节不放,这会使员工感到厌倦甚至反抗。

2.不可不学的成功批评要点

批评与责备有很多讲究,对不同的对象要采用不同的技巧,也要选择不同的时机。作为领导者,一定要讲究艺术,把握好尺度,这样才能让你的批评艺术更具魅力。下面是成功批评员工的一些要点。

批评一定不要公开——有些管理者总觉得批评、责备人是件严肃的事,于是总会下意识地找个正规的场合,用比较严肃的语气和表情进行批评。这里需要提醒的是,如果你希望批评能够产生效果,并不使对方产生反抗情绪,就要让批评"秘密进行"。

批评必须是善意的——有句话说："我们的批评应该是善意的，而非恶意的；我们的批评应该是激励，而不是打击；我们的批评应该是维护人的尊严，而不是辱没人格；我们的批评应该是爱而不是恨，是藏在严峻外表下深沉的、炽热的爱。"是的，由于批评本身就不是一件令人愉快的事情，如果领导者的批评再不是善意的，批评只能成为制造员工与领导者冲突的导火索。所以，领导者应注意自己在批评员工时的态度。

只对事不对人——"对事不对人"的批评要点不仅容易使员工客观地认识到自己的问题，让他们心服口服，而且可防止让员工认为你对他们有成见，更重要的是还可以在部门内形成一个公平竞争的环境，使员工不会产生为了自己的利益去溜须拍马的想法。所以说，在批评员工时，要尽量对事不对人。

批评的方式要委婉——委婉式批评也称间接批评。一般采用借彼说此的方法，声东击西，让被批评者有一个思考的余地。其特点是含蓄、婉转，不伤害被批评者的自尊心。

"经营之神"松下幸之助一次在公司餐厅招待客人，一行六个人都点了三明治面包。等六个人都吃完主餐，松下幸之助让助理去请烤三明治面包的主厨过来，他还特别强调："不要找经理，找主厨。"

助理注意到，松下幸之助的三明治面包只吃了一半，心想一会儿的场面可能会很尴尬。

主厨来时很紧张，因为他知道请他的客人是松下幸之助。

"是不是有什么问题？"主厨紧张地问。

"烤三明治面包，对你已不成问题，"松下幸之助说，"但是我只能吃一半。原因不在于厨艺，三明治面包真的很好吃，但我已80岁了，胃口大不如前。"

主厨与其他的五位用餐者面面相觑，大家过了好一会才明白是怎么一回事。"我想当面和你谈，是因为我担心你看到吃了一半的三明治面包送回厨房，心里会难过。"松下幸之助的这一委婉式批评，可以看作是对主厨的激励，这样做的好处是既顾及了员工的面子，又对员工起到了很大的

鞭策作用。如此,员工也会体谅你的立场与好意,从而以积极的工作热情来回应。

手段三:适度授权,让知识"流动"起来

知识共享的推动早期主要通过行政命令、利益诱导的形式,此时知识共享很难自然而然地产生,只有当人们意识到和感受到有必要贡献自己的才能,或者是能够得到更多的时候,知识共享才能较顺利地进行。实践中,对团队学习有突出贡献的人要舍得适度授权。

授权既是一种领导方法又是一种领导艺术,运用得当,能充分调动起员工的情绪,使其完全投入到工作当中去。在现代企业里,领导者不可能事事都亲力亲为,毕竟一个人的时间、知识和精力都是有限的。领导者想让工作更富有成效,想激发出知识型员工无限的潜力,首先必须学会向员工授权。

但是,出于各种原因,总有些领导者不愿或不敢授权,喜欢事必躬亲。常见的表现就是分不清哪些是战略决策的事,哪些是战术操作的事,更分不清哪些是应该自己做的,哪些应由下属去完成。这也在一定程度上侵夺了员工的成长权、成就权。久而久之,必不得人心。

沃尔玛创始人山姆·沃尔顿说过:"一名优秀的经理,最重要的一点就是懂得授权和放权。"他们往往乐于并且善于将权力分配给自己的下属,他们懂得该放手时就放手,为下属创造一个施展才华的舞台。迈克尔·波特也认为:"领导者唯有授权,才能让自己和团队获得提升。"

是的,授权是领导者激发员工潜能的前提,也只有授权,领导者才能去做更重要的决定以及思考企业的远景、方向。而员工则从被动的执行者,成为具有判断、创新能力的人才,并发挥高效的执行力。所以说,授权不仅是权力的赋予,也是让员工学习和成长的开始。

詹森维尔公司是一家典型的美国式家族企业,规模不大,但是自1985年以来,企业发展却相当迅速。这是什么原因呢?原来,公司实施了权力下放的措施。管理层将制订预算的任务交给了现场的工作人员,而这项任务在之前是由公司的财务人员去指导完成的。此措施实施了一段时间之后,现场的工作人员学会了预算,财务人员就只负责把关了。这样不仅极大地提高了工作效率,也调动起了员工们的工作热情。就这样,在自行制订的预算指导下,工作人员自己设计生产线,需要添置新设备时,他们会在报告上附上一份自己完成的现金流量分析文件,以证实添置设备的可行性。

不仅如此,为了让每一位员工更有权力,CEO塞塔尔大胆地撤销了人事部门,成立了"终身学习人才开发部",支持每一位员工为自己的梦想而奋斗。每年向每位员工发放学习津贴,对学有成效的员工,公司还发给奖学金。

自从实行权力下放以来,公司的经营形势一片大好,销售额每年递增15%,比调资幅度高出整整一倍。这远远超出了公司之前的预料。

后来,塞塔尔深深地体会到:"权力要下放才行。一把抓的控制方式是一种错误做法,最好的控制来自人们的自制。"

从这个事例中我们得知:企业规模小的时候,领导者可以通过自己的勤奋一件件打理。但是等企业规模大了以后,如果还要事事都亲自去打理,那就会出现"按下葫芦浮起了瓢"的局面。所以说,只有通过用人并授之以权的方法来解决,才能使自己抽身,才能解脱自己,最重要的是才能激发员工的潜能。

如今,这一方法越来越多地被世界上的成功企业总裁所使用,他们善于通过用人、通过授权去延伸自己的力量、激发员工的潜能。

美国环美家具跨国集团的总裁莫里老先生喜欢下中国象棋,在闲暇时间里他总喜欢和公司的员工对弈几盘。在莫里老先生的营销理念里,有许多和棋弈相通的亮点。他曾对一位高级主管说:"用人就像下象棋,车往右走一步,棋就可能输,而往左一摆,就赢了。同是一颗子儿,只要放好了位置,就能充分发挥它的能力和作用。"近40年来,莫老先生没有亲手签过一张支票,其实这只是他"充分授权"用人之道的一个小侧面。他曾经幽默地说:"具体的事情,如果我做错了,连骂都没得骂,而让别人去做,我还可以保持骂的权力。"

只会自己包揽做事的领导者充其量是个将才,而非帅才。而将权力下放给员工,运筹帷幄、稳当坐镇、指点江山者才称得上是称职的领导者。这样的领导者才能实现企业的蜕变,提高自己的管理水平,引爆员工的无限潜能。

管理者授权时应注意以下两个问题。

一是授权时的心态

1)敢于承担风险和责任。领导者下放权力给下属时应有承担风险和担当责任的心态,一旦员工工作上出现了失误或者有了缺陷,你也许就会背上"用人不当"的"罪名"。当然,领导者敢于承担责任,对于员工来说,也是二次激励,他们会在感激你的同时,更能拿出百分百的努力去完成你布置的每一项任务。

2)要对授权对象充满信心。当你把权力下放给员工后,没想到下属并没有很好地完成。当他垂头丧气地出现在你面前时,你不可大发雷霆,甚至对员工之前的努力完全否定,而应说:"没关系,慢慢来,不用太责备自己。我对你还是有信心的,不如我再给你另一个重任……"或者说,"你做的已经很好了,只差了一点点,你不妨这样做……"这样通用公司前总裁杰克·韦尔奇曾经说过:"一个员工如果永远不犯错的话,那他一定不是一个好员工,因为他们只会接受力所能及的事情,不敢超越自我,何谈有更大的潜能来完成工作。"

因此,领导者不可不分青红皂白地就否定员工,而应给其充分的信任感,以使其真正地调动起工作热情来。一番感人的话,会让员工的积极性最大限度地激发出来。

3)认清自己的领导者身份。第二次世界大战时,有人问一位将军:"什么人适合当头儿?"将军这样回答:"聪明而懒惰的人。"这的确是精辟的论断。那么,领导者的主要工作是什么呢?找到正确的方法,找到正确的人去实施。作为领导者你应尽可能地授权,把你不想做的事,把别人能比你做得更好的事,把你没有时间去做的事,把不能充分发挥你能力的事,果敢地托付给员工去做。只有这样,你才能不被"琐碎的事务"所纠缠,而员工才能充分地释放自己的潜能。

4)要有积极的想法。作为领导者,不仅要有统率全军的能力,还要有鼓励员工超越自我的胸怀。不要害怕授权给不适合的人导致事情的失败,也不要有"功高盖主"的想法。即使员工提升了,自然也是你的提升和功劳;即使员工占了你的位子,迎接你的将是更大的发展空间。抱着积极的想法,大胆地下放权力,这样才能将员工的潜能真正地发掘出来,公司也会不断地培养出更多的人才。

二是授权的形式和方法

掌握一定的授权形式和方法,不仅可以鼓励员工创造性地开展工作,还是培养、激励员工的过程,同时也是提高自己的管理水平和能力并有助于公司发展的做法。那么授权的形式和方法有哪些呢?

1)柔性授权。领导者不作具体工作的指派,仅给出一个大纲或者轮廓,以使被授权者有更大的空间进行创造性的工作。

2)模糊授权。这种授权有较明确的工作事项和职权范围,领导者在必须达到的使命和目标方向上有要求,但是对如何实现目标并不需要作出具体的要求。这可使员工在实现手段方面有很大的自由发挥和创造的空间。

3)特定授权。这种授权是领导者对被授权员工的职务、责任、权力均有十分明确的指定,员工需严格遵守,不得渎职。这种硬性的授权,会让员工产生一种动力,从而使工作更快、更好地完成。

微软公司经常赋予员工很大的自主权,由他们自己决定如何完成工作。在这样的氛围里,微软公司的员工总能怀着高度的热情投入到工作中,并以极高的工作效率来回报企业对他们的信任。其实,授权不仅是给予员工权力,而且通过授权,领导者可指导、监督、锻炼自己的员工,使他们快速地成长。同时,还能让自己有更多的时间去做其他的事情。这也是"授人以鱼,不如授人以渔"的写照。

授权是领导者职责的一个重要内容,也是一种激励员工的艺术,更是领导者必须学会的"秘籍"。要想做一名能够轻松地引爆员工潜能的领导者,就要常常问自己这样一个问题:"今天,我授权了吗?"这样,就能让自

已时时处于一种激发员工潜能的状态,使员工的创意、潜能自然地被激发出来。

作为领导者,最终目标是实现对员工的完全授权,让他们自动、自发地去承担工作,并在工作中获得自我管理、自我实现的成就感。授权的好处已经显而易见。如果经理人离岗后,他所带领的部门的绩效没有变化,各项工作进行得也有条不紊,说明这个部门已经不再需要这个经理人了,总部会把他晋升到更高的岗位上;如果部门的绩效忽高忽低,工作勉强维持运作,总部会认定他只能担任这个职级的工作,回来以后会同级调动;如果这个经理人离开他的团队以后,他的团队业绩明显下滑,总部就会认定他不是一名合格的主管,培训结束以后降级使用。从这里不难看出,一名经理人所带团队表现的好坏,与其管理手段是有很大关系的。那些在领导者不在时,依然能够有条不紊地做各自工作的员工,我相信必定是其经理人有很好的授权手段,才能使得领导者走后,员工继续保持一贯的做事态度。这才是"管理型"领导者而非"保姆型"领导者。这样的领导者工作起来才是轻松的、有效的。

测试:你是否善于管理知识型员工

所谓知识型员工,是指"掌握了符号或概念,运用知识或信息工作的人",这类型员工的共同特征是思想有深度、行为较主观。按照这个定义,当前很多中层经理、专业技术人员都属于知识型员工。那么如何才能管理好他们同时又不束缚其才华与创造力呢? 通过下面的测试来看看你是否善于管理知识型员工吧!

1.知识型员工喜欢各抒己见,有时会向同事指出你的缺点,你知道后的一般反应是:

A.表现得非常不高兴

B.假装不知道

C.虚心接受并与其探讨如何改进自己的工作

2.你是否喜欢让员工揣摩、迎合你的意思：

A.是的，这样才有高高在上的感觉

B.喜欢员工能跟着自己的思路走

C.喜欢员工提出更合理的建议

3.你认为对知识型员工最有效的奖励方式是：

A.奖金

B.当众表扬

C.为其提供学习、培训机会

4.你觉得采用什么方式能更好地体现你对知识型员工的尊重：

A.一视同仁

B.使用敬称

C.为其创造能够展现个人才能的机会

5.知识型员工对公司提出的发展建议中常会夹杂着抱怨，面对这种建议你会：

A.予以制止，避免其造成负面影响

B.与其谈心，消解其心中不平

C.与其共商公司发展战略

6.知识型员工喜欢按自己意愿而非上级指令行事，但为了贯彻执行你会：

A.强令其执行命令

B.与其沟通，但不勉强

C.与其讨论时晓之以理，说服其按命令执行

7.对知识型员工的批评，你的态度是：

A.该批评时就毫不客气

B.常常担心批评会损伤其面子

C.有理有据地批评

8.知识型员工创新性较强，常不满于企业对其所作的考评，这时你会：

A.让他们知道不满意也得接受

B.对其特殊照顾

C.强调制度的公正性比合理性更重要

9.知识型员工一般不轻易相信任何事物,对指令或同事常抱不信任态度,对此你:

A.不论其是否理解,都强制其执行

B.给其时间,理解后再执行

C.注意维护下级自尊,帮其与同事建立信任关系

10.针对知识型员工常有的好高骛远,你的做法是:

A.强调一切从实际出发

B.告诉其公司愿景

C.指出其加盟公司之举至今仍是明智之选

测评方法:

选A得1分,选B得2分,选C得3分,最后将分数加总。

测评结果:

10—16分:你的气质和个性中刚性很强,为人处事不喜拐弯抹角,希望下属服从指挥,做事不拖泥带水。但对追求自由、个性、创新的知识型员工来说,刚性太强的管理有可能会束缚其才华、学识的发挥。

17—23分:你很珍惜知识型员工,从你的管理行为中可以看出你常常对其进行特殊照顾;但管理应该讲求公平原则,不应对其过于纵容。知识型员工也有虚荣、主观、多疑、敏感等弱点,要将其个人想法融入公司理念,使其得以在公平环境中尽施所长。

24—30分:你很善于知识型员工的管理,很有可能你本身的知识层次较高,因此对知识型员工的思想、行为特征能有比常人更充分的理解,管理起来更得心应手。你不仅能让他们将才华尽情挥洒在正确的事情上,而且在其心目中也是一个好榜样。

知识型团队的打造
——应更侧重于"理"而非"管"

知识型员工难管、难留是现在越来越多的企业所面临一个问题。

人才是企业最大的资本,如果员工工作不踏实,三天两头的有公司骨干离职,何谈企业竞争力呢?所以,必须根据知识型员工的需求和特点制定管理策略。

知识型员工流失的原因和风险

在当今竞争日益激烈的知识经济时代,科学技术飞速发展,技术成为决定一个国家或企业是否具有竞争力的一个重要因素。而技术创新与进步是由人来完成的,因此,技术的较量归根到底是人才的较量。知识型员工作为掌握科学技术知识的人才,日益成为各企业争夺的对象。这种知识型员工的供需缺口,以及全球化和信息化的不断深入,为知识型员工的流动创造了需求并提供了可能。知识型员工日益频繁的全球流动,成为当今社会人才流动的一大特点。尤其在我国加入WTO之后,国内企业不可避免会面临实力雄厚的跨国企业对人才尤其是知识型人才的争夺。如何减少本企业知识型员工的流失,降低流失风险,成为我国企业管理者所要关注的一大课题。

首先分析,知识型员工流失的原因是什么?

一是知识型员工的个人因素。

知识型员工重视自身价值的实现,重视自身知识的获取与提高。他们追求终身就业能力而非终身就业饭碗,为了更新知识,他们渴望获得教育

和培训机会,因此他们希望到更多更优秀的企业学习新的知识,通过流动实现增值。这种个性特征使知识型员工本身就有较高的流动意愿,不希望终生在一个组织工作。据哈佛企业管理顾问公司的离职原因调查显示,"想尝试新工作以培养其他方面的特长"被列于众多原因之首。

二是企业因素。

知识型员工可能更多地忠诚于他们的专业而非他们所在的组织,他们不断追求对知识的探索,追求事业的发展。而企业要求他们能够创造价值,这就产生了企业与知识型员工在目标方面的不同。如果企业不能有效地统一两者的目标,使知识型员工在实现企业目标的同时实现自身的目标,那么就可能导致知识型员工的不满,进而造成他们的跳槽。

从企业实践来看,造成知识型员工流失与企业相关的因素主要有:

薪酬不能反映他们的贡献或不公平的薪酬;

看不出企业的长远目标和战略意图;

缺乏教育培训和事业发展的机会;

得不到充分的尊重、信任和认可;

承诺不能兑现;

缺乏融洽的人际关系和良好的沟通。

三是社会环境因素。

知识经济使知识更新加快,即知识的陈旧周期缩短。据美国的一份调查,1976年的大学毕业生到1980年时,它所掌握的知识已有50%陈旧老化,到1986年完全陈旧过时。知识陈旧周期的缩短使知识型员工为了在瞬息万变的知识经济中能更快获取新知识而加快了流动。另一方面,知识经济对知识型人才的需求很大,而目前知识型人才仍是稀缺的。以新兴行业的信息产业为例,据国际数据公司介绍,2000年全世界共有160万个左右的职位空缺。于是,一个出色的人才通常被几家公司争夺。人才的稀缺程度越高,人员流出的拉力越大。

其次,要识别知识型员工流失的风险。

在企业中保持一定的员工流动率能够为企业不断输入新鲜血液,引进高素质员工,淘汰不合格员工,使企业保持活力。但是,如果员工流动过于频繁,企业缺乏一个比较稳定的员工队伍支撑,尤其是如果没有对组织保持忠诚的知识型员工的支持,企业必然会因缺乏人才而面临被市场淘汰的风险。

所说的知识型员工流失风险,指的是知识型员工的流失给企业带来损失的可能性。流失风险识别就是识别其流失可能给企业带来哪些风险。

掌握核心技术或商业机密的知识型员工的离职可能导致企业赖以生存的核心技术或商业机密的泄露。

一旦发生这种情况,带给企业的将是极大的损失,尤其是当这些知识型员工跳槽到竞争对手企业或另起炉灶时,企业将面临严峻的竞争压力。

世界著名的英特尔公司曾经历过类似的一个教训。公司创业初期,天才设计师费根设计的第一代微处理器一炮打响,该产品给公司开创了巨大的市场。意想不到的是,费根在关键时刻离开了公司,并带走了另两名重要的技术人才,在外面重组了一个新公司,推出了比英特尔还要先进的新产品,很快将英特尔的市场抢去。这个沉重的打击,使英特尔几乎一败涂地。若干年后,英特尔才重新崛起。

知识型员工的离职可能导致企业关键岗位的空缺。

由于知识型员工掌握某种专门的技能,所以一旦他们离职,企业可能无法立刻找到可替代的人选,那么这一关键岗位在一定时期内会空缺出来,这势必影响企业的整体运作,甚至可能对企业形成严重的损害。更糟糕的是,如果出现了知识型员工的集体跳槽,那么企业面临的风险将是成为一个没有血肉的空壳,假如不及时补充,面对的必然是死亡。

知识型员工的离职使企业必须重新招募和培训新员工以满足对人员的需求。这就需要支付相应的招募和培训费用,有时还要支付赢得新客户所需的成本。知识型员工属于稀缺人才,需要企业花费更多的成本来获取,而且招聘来的新员工是否胜任工作,是否能融入企业都具有不确定性,这些都是企业面临的风险。

知识型员工流失风险管理策略

通过上述对知识型员工流失原因的分析和流失风险的识别,我们可以有针对性地提出一些管理策略,将流失风险限制在可接受的范围内,这可以通过两个途径来完成。一是避免风险事故(这里指知识型员工的流失)发生或将风险事故发生的概率降至最低,即采取风险的防范措施;二是风险事故发生之后,将损失控制在最低限度,即采取风险的控制措施。

1、风险防范

这是一种旨在减少风险事故发生的概率而采取的一系列预先的积极主动的防范措施。它强调积极的激励,减少员工的流动意愿,从而降低流失风险事故发生的可能性。这就需要运用现代激励政策,充分发挥知识型员工的积极性和创造性,让其尽心尽力为企业服务,建立知识型员工与企业间的新型忠诚关系。

1)树立企业与员工是合作伙伴关系的理念。

该理念承认知识型员工在企业中的地位,能够对知识型员工产生持久的激励效应,从而降低其离职意愿。比如,作为战略合作伙伴,知识型员工可以与企业经营者一同参与企业决策过程,从而使他们感受到企业的认可与尊重;在报酬方面,除了工资收入外,作为合作伙伴关系的知识型员工还需要参与企业剩余价值的索取和分配,具体可以采取员工持股或股票期权的激励方式,使员工自身利益与企业长远利益结合起来,从而提高员工对企业的忠诚度,降低员工的离职意愿;作为合作伙伴关系,知识型员工还可以自主安排工作时间,实行灵活机动的弹性工作时间,这在一定程度上满足了知识型员工的自主权要求。有了这一理念,诸如参与管理、股票期权、自主管理等激励方式也就有了理论基础。

2)营造一个充分沟通,信息知识共享的环境。

建立一个知识信息共享的电子化互动平台,使知识型员工能够自主方便地了解到各种所需的信息和知识,一方面增加了知识型员工的知识,另一方面加强了员工之间、员工与管理者之间的交流。通过这种开放式沟通,还可以随时了解和关注员工中存在的各种问题,有利于对员工流失的防范。

3)为知识型员工提供更多的学习培训机会,建立一整套面向未来的培养计划。

知识型员工追求对知识的探索,追求提升自身所具有的知识资本以及高层次的自我超越和自我完善。因此,建立合理有效的培训机制,为知识型员工提供受教育和提升自身技能的学习机会,满足了知识型员工的学习发展需求,使知识型员工不必跳槽到其他企业也能不断获得新知识,从而减少了知识型员工流失的可能性。

4)帮助知识型员工自主进行职业生涯管理。

开展职业生涯管理,可以使知识型员工清楚地看到自己在组织中的发展道路,而不至于为自己目前所处的地位和未来的发展感到迷茫,从而有助的降低知识型员工的流失率。例如,惠普公司在因特网上为员工提供技能和需要自评工具,帮助员工制定详细的职业发展计划。这是该公司员工流失率远远低于其主要竞争对手的一个重要原因。由于知识型员工的自主管理能力较强,可以考虑在企业内部创建公开的内部劳动力市场,以便知识型员工控制自己的职业发展道路。企业只在必要时,提供给知识型员工相关信息,协助他们更准确地评价自己的特性和价值观,使他们准确定位,发现自己"心目中的职业生涯路径"。

5)实施内部流动制度。

某些知识型员工本身就有较强的流动倾向,其流动具有某种必然性,他们或者是由于对原有工作失去兴趣,或者是想尝试新工作以培养新技能。针对这种情况,企业可以采取内部流动的方式来迎合这种需求,减少离职倾向。比如,通过实行工作轮调,可以帮助员工消除对单调乏味工作的厌烦情绪,使工作内容扩大化、丰富化;或者通过内部劳动力市场的公开招聘,使愿意尝试新工作或愿意从事更具挑战性、重要性工作的知识型员工能有机会获得新的职位,从而满足了其流动意愿。如索尼公司定期公

布职位的空缺情况,员工可以不通过本部门主管直接去应聘,如果应聘成功,则可以得到新工作;如果应聘不上,则仍从事原工作,同时等待下一次机会,而且不必担心会受到原主管的偏见,因为整个应聘过程是保密的。事实证明,内部流动能在一定程度上减少员工的流出数量。

6)招聘新员工时挑选与组织相适配的知识型员工。

近来的研究显示,几乎80%的员工流失与招聘阶段的失误有关。同时,失误的主要原因不是流失的员工不能适应工作要求,而是因为他们不适合该企业的文化。为了减少流失率,在引进新员工时就应严格挑选程序,注意知识型人才的态度、个性和行为要与组织相适配,进行基于文化的招聘过程。之后还要通过告诉新员工怎样工作,怎样与员工相处,怎样获得帮助等,使他们更快地融入企业,避免因知识型员工的价值观与企业文化相冲突而造成的流失。

提醒:企业要为知识型员工提供协作和事业发展的平台

知识型员工都有思想、有个性,很看重成就感、团队精神和待遇公平。他们希望与志同道合的人协同工作,注重个人的职业生涯规划与发展。现实中员工除了抱怨薪酬不合理之外,也很担心自己将来的发展,所以才纷纷离职。因此,管理这类员工关键在于提供一个完整的协同工作和事业发展平台来稳定和激励他们。

有的公司在创立之初就制定了一套管理制度:总体的招聘计划、细致的培训课程、合理的薪酬体系和动态的绩效追踪,让企业能够不断引进新员工,搭配资深员工,有目的、有计划性地帮助个别员工发挥自己的潜能。

第一,要以工具进行人力成本追踪,合理分配福利待遇

薪酬体系是死的,团队和人员是活的。合理的薪酬体系培养的应该是一种"同舟共济,协同作战"的精神,所激发的应该是"一分耕耘,一分收获"的结果。虽然我们可能通过比较得知行业同等岗位的薪酬,但要做到合理的分配,重要的是合理评价员工贡献,这一点必须由企业内部的相关数据得出。

绝大多数企业人力资源早已被每月的考勤、绩效考核和薪酬处理搞得焦头烂额,哪有时间研究员工贡献与收入是否匹配呢?

第二,要建立活泼的企业文化,通过感情留住员工

留人要留心,如果企业能让员工感觉到真正的关怀与尊重,员工就会像家人一样对企业与团队这个家产生强大的凝聚力与归属感。企业对员工的关怀应该以什么方式体现呢?

每个员工都追求成就感与荣誉,对员工来说最大的荣誉莫过于晋升和人才交流与培训。但很不幸的是,这本该造成企业和员工互惠的局面,很多企业,因为地域、时差甚至于文化上的隔阂,在执行职位晋升和人才交流方面捉襟见肘。因此需要建立完整的人才库,公平地进行晋升和外派的人员评选。

第三,薪酬在企业中应该公平体现

中国有句古话叫做"不患寡而患不均"。虽然目前很多企业都强调员工薪酬保密,但世上没有不透风的墙。员工之间相互打听,干得多少,薪资多少一目了然。知识型员工更讲求公平,干得多拿的少的员工难免心理不平衡。企业无论知识型员工是否占多数,都需要建立相对公平的薪酬体系,并且这个体系还需要有一定的透明度。

知识型员工具有独立自主、创新性等特征。他们有较强的成就欲望,薪资的多少对他们是重要的,但并不是唯一的追求。他们更追求自我价值的实现和可持续发展的能力,所以他们更多的忠诚于自己的职业生涯发展,而不是企业。但他们对于企业的发展、壮大又有着不可忽视的作用,因此加强他们对企业的忠诚度成为企业人力资源管理工作中相当重要的一块。

另外,针对知识型员工的心理特点,一般来说,还需要关注以下几点:

1)建立开放的工作环境,营造充满信任的文化氛围。

使知识型员工实现个人自主能动性的开发,避免企业与员工个人之

间由于"信息不对称"而带来沟通障碍与工作效率低下。充分发挥知识型员工的工作积极性与能动性,提高知识型员工的工作效率。让员工在企业中有平等感与责任感,心甘情愿地为企业的发展奉献自己的忠诚与才能,成为企业竞争的核心力量。

2)建立以人为本的激励机制,并保证这种机制所做承诺的顺利兑现。

对知识型员工的认可和相应回报是企业管理者对其他知识型员工兑现承诺的证明。比如,当知识型员工认为他已被企业许诺将有较高的薪水、提升机会、职业培训或丰富化的工作的时候,就会为企业发展贡献自己的技能与忠诚,作为一种对企业的回报,同时也是一种与企业的平等交换。

3)塑造有价值的"远景",提供可以发挥才能的平台。

为知识型员工描绘出企业与个人发展的远景,确立企业与个人的前进方向与奋斗目标,促使员工不断以心理期望来审视自己与企业的发展,促使知识型员工在动态环境变化中不断调整自己的行为,以保持与企业的良好关系,将个人职业生涯发展与企业的发展紧密地联结在一起,从而提高对企业的忠诚度。

2.风险控制

风险控制是在风险事故发生之后,为了减少事故所带来的损失而采取的控制性措施,即当知识型员工流失时,采取一定的策略以减少知识型员工的流失给企业带来的损害,使损失最小化。

具体措施可以考虑以下几个方面。

1)加强人力资源信息管理。

建立一个电脑化的人力资源信息系统,将企业内外部有关人力资源的信息集成一个信息包,可以方便和增强管理者对这些信息的管理。企业内部信息包括在职人员信息、离职人员信息、人才储备信息、员工工作动态跟踪信息等。通过这些信息,企业可以随时了解知识型员工离职率变动情况以及离职原因,从而有针对性地及早采取相应措施。比如,根据企业以往的平均离职率,可以预测这一阶段的离职人员数,根据这一情况,提前从人才储备库中挑选后备人员进行培训,这样就降低了离职发生时岗位长期空缺的可能性。离职原因信息还可以帮助企业更好地制定用人、留人政策。企业外部信息主要包括同业人员信息、同业人才需求信息、人才供给信息等。通过对人才供给状况的了解,企业可以快速有效地为知识型员工流失后的空缺岗位补充优秀人才;而同业人员信息中,了解其他企业特别是直接竞争对手企业中知识型员工的薪资福利水平和政策以及行业平均薪资水平,可以帮助企业更好地制定本企业薪酬政策,防止因薪资问题而导致知识型员工的流失。

2)做好人才备份工作。

这一工作有利于保证企业不会因某些关键知识型员工的流失而中断新产品研发和市场开拓。做好人才备份,一方面要强化人才的储备和技术培训,使某项关键技术不会只被一两人独占;另一方面,同一尖端技术岗位至少要有两至三人同时攻关。像海尔集团,同一产品,不仅国内有研发小组,在国外也有很多科研机构同时开发,即使有几名技术人员流失,也不会对企业产生太大影响。对于非技术岗位的某些重要职位,可采取设立后备人员的培养计划,让"替补人员"提前熟悉将来的工作,一旦发生这些岗位人员的流失,候选人能在最短的时间内胜任工作,从而降低由于员工空缺而造成的损失。

3)重视运用工作团队,建立工作分担机制。

项目开发通过运用工作团队来完成,整个项目的运作过程是团队中每一成员共同努力的结果。通过这一机制的建立,可以有效降低因知识型员工流失而导致关键技术泄露的风险,因为每个成员都不可能单独完成整个项目和掌握全部技术,所以,即使某个员工跳槽到其他企业,也会因缺乏这样的团队而难以对企业构成真正威胁。对于某些掌握大量客户和业务的职位和部门,应建立一种相互监督制约的工作分担机制,获取客户和业务的某些重要环节和关键权力由公司统一管理。如进行客户关系管理,客户的各种信息统一录入公司数据库,并对客户进行后续的服务和维

护。这样就避免了因某个知识型员工的流失而随之造成大量重要客户的流失。

4)合同约束。

合同约束即在员工进入企业之前，采用契约的形式规定员工对企业的义务、约束其行为，目的是为了防范由于员工流失而给企业带来损害。如企业可以与知识型员工事先签订"竞业禁止"协定，要求员工在离开企业后的一段时间内不得从事与本企业有竞争关系的工作。企业还可以在合同中规定如果员工离开企业，需要继续为本企业保守商业秘密、技术秘密等，同时规定相应的补偿措施。在这一方面，企业应十分重视运用已有的《专利法》《劳动法》《反不正当竞争法》等法律手段保护自身的合法权益。

5)担保。

这是一种将知识型员工的流失风险转移到企业外部的有效方式，其实质是保证人承诺对被保证人的行为不忠、违约或失误负间接责任。具体来讲，当职业介绍机构、猎头公司或推荐人向用人企业推荐知识型员工时，使其承诺对所推荐员工在应聘、工作、离职过程中的弄虚作假、失误或违约等行为负间接责任。针对知识型员工的流失风险管理来说，比如可以要求保证人承诺员工在规定期限内不得随意辞职，否则由保证人支付赔偿金。当然，为了取得这种承诺，员工要付出一定代价(如向担保人支付一定的担保费)。这样企业就把由于员工流失或行为不确定带来的风险损失转移到了保证人，即职业介绍机构、猎头公司或推荐人身上。需要注意的一点是，在具体操作时必须遵守劳动法有关员工权益的若干规定。

知识型团队成员的六种表现

当我们评价一支团队时，首先应该关注的是团队之中的成员。如果他们具备了以下六种表现，展现在我们面前的必定是一支杰出的高效知识型团队。

人人保持诚实与正直

高效建立在团队成员高度协同的基础上，而协同的根本在于大家能够相互信任和理解，信任则建立在诚实和正直之上。

事实上，无论是谁，都希望自己置身于一个值得信任和公平、公正的团队之中。谁也不希望与一些不讲信用的人一起工作。在取得成功的团队之中，几乎所有的成员都是值得信赖的，他们能够按照计划完成自己分内的工作，同时严格要求自己履行每一个承诺。

但是在另一些团队之中，诚信和正直往往被遗弃，几乎所有的人都言行不一，同时也不值得去信赖。更为糟糕的是，他们往往会在团队内部搬弄是非，这样的团队结局可想而知。

诚实和正直不仅是打造高绩效团队的基础，还是我们为人处世的根本，谁丢掉了它们，谁终将为人们所摈弃。

始终保持积极沟通

良好的协同来自于积极有效的沟通，我们在研究团队绩效的过程之中发现，几乎所有的失败都与沟通有关。很多团队因为沟通不畅，导致内部争执不休，最终错过良好的市场机遇；也有一些团队因为始终没能取得一致的方向和目标而碌碌无为。类似的情况依然在很多团队之中发生。

沟通主要包括两个方面：积极主动地表达和耐心细致地倾听。高绩效团队之中，成员们总是能够做到这两点。他们在获得一个实施目标的方法之后，总是会主动与团队中的其他成员进行沟通，而其他人会以一种耐心而客观的态度倾听，一旦发现这是一种有益的方式时，所有的人都会全力投入到其中。

人与人之间最有价值和意义的事便是沟通，如果没有了沟通，任何目标都无法实现。

人人勇担责任

团队的绩效取决于所有成员的责任意识。许多情况下，一个人的疏忽会造成整个团队的失败。因此，要取得高绩效，团队中的每一个人都必须保持高度的责任心。

现实当中,不负责任的员工随处可见,很多企业为"如何赢得员工的责任心"而倍感头疼。优秀的经理人知道如何行动,他们不但明确传达团队的目标,还清晰地告诉每一个成员所应该承担的具体工作。最重要的是,他们总是以身作则,带头行动,成为团队之中的榜样。当然,在每一次取得成功之后,他们总是不会忘记庆祝。

一支人人勇担责任的幸福团队必定会实现高效率,而一支无人愿意承担责任的团队只能以失败告终。

时刻散发激情和自信

激情和自信是一个人取得成功的根本,同样,成员们是否具备激情和自信决定着团队的成败。

那些对自身工作充满激情的人一定能够将工作做好,但是,很多经理人往往只知道一味地追求结果,而忽略了团队激情的培养和激发。我们调研了很多团队,发现其中一些团队的气氛异常沉闷,每个人都表现得非常疲惫,他们从工作中获取不到一丝丝的乐趣。这样的团队通常无法取得预期的结果,更别说取得高绩效了。

成功的经理人将塑造员工的工作激情和自信心视为自身的重要任务之一,他们在成功之后总是不断激励大家以取得更大的成功。在团队遭遇失败时,他们会引导团队成员换一个视角,将失败视为通向成功的一个过程,并与大家一起探讨走出失败的策略和方法。

人人积极主动完成任务

几乎所有的企业都在强调员工的主动性,每一位管理者都在向员工们灌输"积极主动"的重要性,因为他们知道团队的绩效取决于团队成员的绩效。然而,现实中真正具备主动性的员工依然不多见。为什么?原因很简单,仅仅传播一些口号是没有用的,要使员工保持积极主动的心态投入到工作,必须拥有一套完善的激励机制。

高绩效幸福团队通常拥有完善的激励措施,经理们将每一次成功视为团队协作的杰作,使团队的每一位成员都能够感受到成功的喜悦。而团队中的佼佼者则成为无可争议的榜样,一旦如此,每一位成员都期望成为最受尊重的那个人。由此，主动性将成为团队成员固有的特质。

人人乐于分享

著名咨询公司麦肯锡有一个重要的工作法则：不要重新发明车轮。意思是当资料库内拥有相同或类似的资料时，应该拿来应用，而不要再浪费时间和资源重新创造。这一方式适合于所有追求高绩效的幸福团队。

要做到这一点，最好的方式是分享。在研究对象中，我们发现成功的团队都反复强调一个共同点：分享，不停地分享。甚至有一些经理人认为"没有分享，就不可能有高效率！"

延伸阅读：规范化管理破解高新技术企业知识管理应用难题

近年来，知识管理的理念备受高新技术企业管理者的关注和青睐，不少企业开展了知识管理以及知识管理软件落地的工作，但是企业在推行知识管理并形成知识库之后，却面临着如何把已经积累的知识进一步的提炼与服用这一难题。

某高新技术企业，历经数十年的发展和积累，内外部拥有一定数量的专家人员以及项目成果，越来越需要对以往的知识进行有效的管理，并通过体系化的建设，保证未来的知识能够得到有效的沉淀。于是在三年前，该企业开始实施知识管理，从咨询规划到软件落地，进行了系统的设计与实施，整个知识管理工作从无到有逐步开展起来了。经过三年的发展，内部的知识库已经存储了大量的知识，并还在持续不断的增加中。该企业进行知识管理的决心和执行力相对较好，这也保证能够在较短的时间内，在组织内部整体的推行知识管理。

但伴随着知识库中的内容越来越多，以上提到的这个问题就变得越来越重要了：怎么把知识活用起来，而不是仅仅存储在库中？

知识管理专家团队通过实地调研及分析研究表明：可以从规范化的角度来进行知识的提炼与复用。在之前进行知识管理工作时，该企业就特

别强调知识与业务流程的结合，可以说之前实施的知识管理已经做到了业务流程和知识点的紧密融合。这只是实现了知识可以在业务过程中有效的积累与沉淀，还没有提升到如何把知识活用的高度。但结合他们研究院的业务特点和实际情况看，每年都会有大量的创新性的课题和项目在做，有很好的知识复用与提炼的客观基础。

进一步的提升可以从三个规范化来加以考虑：

1、产品/专业规范化

每年可能会研究并生产几类固定的产品，相对而言，结合以往的积累，可以把前面已经归档的知识文档，由专人进行拆解，形成针对组织内部需要的专项知识点集合。在此基础上，可以汇总整理成若干知识地图集，并借助系统的自动推送功能把相关的知识点/知识地图推送到需要的人那里。同时，在若干产品文档中，找到比较典型的比较好的文档，形成内部最佳实践的范例集合，这样既保证有原汁原味的范例集，又能够形成专项的知识集合。

2、项目管控的规范化

对于研究机构而言，每年大量的工作会以项目的形式存在，但对这些项目，如果采用传统的项目管理思路来进行管理，可能会出现一个很大的矛盾：因为无法对过程进行精确的预估，可能引发项目过程中的"人、财、物"多个因素都会出现不可控的情况，从而导致项目质量的不稳定及计划的不确定。而在知识管理工作中，恰恰可以通过知识成果的归档或提炼总结，来标示某项工作的完成情况，这样将知识管理与项目管理结合，采用更为柔性的方式来进行内部管理，对知识密集型企业而言，不失为一种折中方案。这样，知识管理将不仅仅局限于技术、知识的范畴，而与业务管理结合的更为紧密。

3、专业培养的规范化

对于大量的技术人员而言，组织内部需要他们有较好的能力提升，但这种提升并不能完全依赖于个人的自愿与自觉，从组织角度，也需要给予一定的支持。如果可以将知识管理过程中沉淀、提炼出来的成果与个人技术提升相结合,比如每年每人需要做几次技术交流,交流的主题可以通过以往的知识积累提炼,交流的成果可以作为个人知识产出,这样将知识库作为个人提升的一个有效保障资源,而最终产生的成果又归档到知识库中。同时,如果过程中考虑到与人力资源考核结合,设置某些引导性的考核激励指标,也会调动员工的积极性,促进该工作的推进。

第四章

领　导

——知识管理需要什么样的领导力

　　企业的领导,能使经济资源的效率由低转高。领导力,则是领导的特殊技能(包括精神和技巧)的集合。或者说,领导力是指组织建立和经营管理企业的综合才能的表述方式,它是一种重要而特殊的无形生产要素。

　　作为企业的领导者,他们在知识管理过程起着至关重要的作用。他们是知识管理的倡导者、策划者、推动者、实施者。那么,知识管理需要什么样的领导力呢?

知识导向的产业结构
决定了需要相适应的领导力

　　早在20世纪90年代,管理学大师彼得·德鲁克就提出:因为信息科技的发展,使得企业组织的变革由"管理权与所有权分离"的第一次变革,到"指挥控制型组织"的第二次变革,发展成为"知识型组织"的第三次变革。知识已经成为管理行为的基石,如果企业领导不能以知识作为决策的基础,在面对专业知识工作者时,会不可避免地陷入难以知识共鸣的困境,也会发生知识对话的落差以及相互沟通的障碍。

"职位权力"正逐步被以知识为基础的"知识权力"所取代

创办奥美广告的大卫·奥格威曾经说过:"著名的医院会做两件事,一是照顾病人,二是教导资浅医生。奥美也在做两件事,一是照顾客户,二是教导年轻的广告人。在广告的领域里,奥美就好比一所教学医院。"在奥格威的身体立行下,奥美建立了具有特色的教学型组织文化,成为了一个成功的知识型组织。

曾国藩有句话说得好,"风俗之厚薄奚自乎!自乎一二人心之所向",社会风俗的淳厚或则暴戾,通常和最高领导者的价值观紧密相关,社会进步的力量,通常也来自于先驱者对于新思维模式、价值观的塑造和扩散。对于企业这个组织而言,同样如此,在个人与组织整合互动的过程中,最具有动态影响作用的因素便是领导,领导者个体行为常常会深刻影响着组织的群体行为。但是,"瓶颈永远发生在瓶子的上端",在目前知识导向的产业结构与企业变革压力下,如果组织领导者们不能认识到这种变革趋势并体现出相适应的领导力,则其所领导的组织必将会在这个浪潮中落伍。

根据企业管理者"对业绩的关心"和"对人的关心"程度的组合,可以将领导分为五种主要类型:

贫乏型领导者:对业绩和对人关心都少,实际上,他们已放弃自己的职责,只想保住自己的地位;

乡村俱乐部型领导者:对业绩关心少,对人关心多,他们努力营造一种人人得以放松,感受友谊与快乐的环境,但对协同努力以实现企业的生产目标并不热心;

中庸型领导者:既不偏重于关心业绩,也不偏重于关心人,风格中庸,不设置过高的目标,能够得到一定的士气和适当的产量,但不是卓越的;

专制型领导者:对业绩关心多,对人关心少,作风专制,他们眼中没有

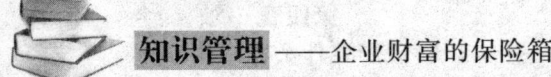

鲜活的个人,只有需要完成任务的员工,他们唯一关注的只有业绩指标;

团队型领导者:对生产和对人都很关心,对工作和对人都很投入,在管理过程中把企业的任务需要同个人的需要紧密结合起来。既能带来生产力和利润的提高,又能使员工得到事业的成就与满足。

显然,团队型领导风格相对来说是较为完美的领导方式,尤其是随着知识经济时代的来临所导致的领导权力动因的转移,使团队型领导风格更显重要。传统领导理论强调的是"职位权力",主要体现为合法权和奖惩权,前者是一种经过正式任命的权位权力,后者则是领导者对其下属的资源控制、奖赏、调职、减薪、降级或解雇而让部属不得不接受其领导的权力。

然而,"职位权力"正逐步被以知识为基础的"知识权力"所取代。

被尊称为领导力学院的通用公司就是一个典型的以"知识权力"为导向的教学型组织,曾研究过韦尔奇的密西根大学商学院教授指出:"成功致胜的组织是被刻意设计成教导型组织,所有经营流程、组织结构及日常营运机制,全都是基于促进教导而建立的。"而韦尔奇作为成功的企业领袖,身体立行地在通用电气内部营造出一种良性的教导循环。韦尔奇在他的回忆录中曾经说到,"说到底,教育是我一生的抱负。我一直热衷于教学,得到博士学位之后,我甚至前往几所大学进行面试。在我早年的通用岁月里,我定期在午餐期间为一名技工讲授数学。"

这种韦尔奇身上所体现出来的"知识权力"主要来源于两个方面:一是专家权,这是领导者本身拥有的相关专门技术和知识,它既有助于推进组织任务,也可赢得部属对其尊敬;二是典范权,这是一种领导者个人的独特人格特质,通过言教身教而获得的部属认同。可以说,"知识权力"下的领导行为更多是一种素质影响力,它依赖于领导者的素质品格,使得部属心悦诚服的接受其领导,并完成其指派的任务。

这样的领导行为要求领导者既要是"教练",又要是"榜样",还要是"啦啦队"。

作为"教练",首先要能给员工指出愿景。愿景是一种希望,也是一种能量,它是组织战斗力的目标;其次,要成为团队训练者来帮助员工培养技能,对于知识型员工来说,领导者不善教导就难以领导。

作为"榜样",领导要起到感召的作用。大家都说"榜样的力量是无穷的",员工为什么愿意跟随领导朝着一个共同愿景去努力奋斗,根源还在于员工对领导者行为和人格的信任。只有当领导者的做法让员工感到信任和尊重时,他们才会自觉自愿地追随领导者的做法,这就是榜样的力量。

作为"啦啦队",领导要给员工动力,要为员工喝彩。奥格威说:"当员工有令人激赏的表现时,明确地表达你的赞美。"当然,赞美并不排斥责备,领导要善于为员工设立相应的工作标准,员工没有达到时同样需要予以适当的责任。因为,领导者容忍员工二流的工作成果最容易损伤团队的士气。

从野牛到雁群:知识型领导力认知转换

随着知识型员工的逐渐增多,人们对平等和自我价值的需求将更为强烈。那些无视规则,或是将自身视为规则的管理者都将遭遇灭绝性的打击。人们可以为某种规则放弃自身的追求,但绝不会因为某个人而放弃。

野牛群中的领导者

1954年,管理学之父彼得·杜拉克是这样描述经理人的基本任务的:

决定目标,分配工作——经理人需要决定目标应该是什么,分析达成目标所需的活动、决策和关系,将工作分门别类,并分割为可以管理的职务,然后将这些单位和职务组织成适当的结构,选择合适的人来管理这些单位以及需要完成的工作。

分层管理,制定衡量标准——经理人必须保证组织中每个人都有适用的衡量标准,衡量标准既把重心放在整个组织的绩效,也关注个人的工作效率,并协助个人达到绩效目标。同时,经理人需要与部属和上司沟通

这些衡量标准的意义和结果。

评估员工,奖罚分明——经理人通过管理、与部属的关系、奖惩措施和升迁政策,激励员工努力工作。同时,经理人通过管理方式,激发他们的潜能,强化他们的操守,训练部属以严肃负责的精神完成任务。

应当说,彼得·杜拉克的观点是在20世纪的管理工作中非常熟悉的。这种普遍的,在今天仍有广泛影响的观点将领导力视作某种方法或技能,将领导者与被领导者的关系视作井然有序的层级关系,将经理人对员工的领导等同于一台工业机器的设计者,对于每一个齿轮和螺丝钉的安排……

我们不能说彼得·杜拉克的观点是错误的,但是,如果我们一成不变地、简单而僵硬地使用这个理论,那么我们就无法适应今天这个多变的、信息化的世纪。举例来说,如果每一家企业的每一个新产品研发的决定都来自少数的管理者,那么,在用户需求越来越多样化,需求变更也越来越快的今天,恐怕很少有几家企业能长期得到用户的青睐;如果每一位员工都在严密的组织结构和严格的考评制度中按部就班地完成分配给自己的工作,那这个世界上就不会出现像众多充满创意的产品。

新的世纪需要新的领导力,新的世纪需要我们使用一种更加平等、均衡,更加富有创造力的心态来认识、理解和实践领导力。

长久以来,人们总是相信那些古老的领导典范,它让你知道工作需要计划、组织、指挥、协调以及控制,使你把组织运作得像一群野牛。野牛这种动物,对其首领绝对忠诚,不论那头位居领导地位的野牛要其它同伴做什么或去哪里,他们都会亦步亦趋。

在许多公司中,领导的角色就像是那头位居领导地位的野牛。谁都喜欢在组织中运筹帷幄、决胜千里,毕竟是应用才能来建构这个组织。多数领导者希望人们完全都照着他所告诉给下属的方式去执行,并且忠心耿耿、全心奉献。

但是企业并非如你所期望的那般运作,因为野牛群只会效忠于一个首领;它们会围在首领四周,等候它表现出该行之事;一旦首领不在,其它

牛群就会等到它出现为止。这就是为什么早期的移民能轻而易举的大量猎杀野牛群,只要先杀死那头野牛首领,而其它站在原地等着首领指示的野牛们,终究难逃被屠杀的命运。

在许多类似野牛群的组织中,有许多只会静待其变的员工。最糟的是人们只会去做首领所交代的事情,其他一概不动,只会继续等着下一步的指示。

的确,身为领导真是件棘手的工作。他必须做出所有的命令,一天花上十二至十四小时负责最重要的工作。在这期间,如果领导者对各种变局无法迅速应变,会使得公司在市场竞争中被对手杀得片甲不留。所有领导者对于这些责任需要一肩担负,却又在令人深感沮丧的工作中渐渐落伍,甚至陷于其中,未老先衰。

学雁群飞翔

作为一名管理者,李开复曾先后在苹果、微软和谷歌等多家富有激情和创造力的IT企业任职。在他从事领导工作的时候,他很少会按照彼得·杜拉克的思路,用一种自上而下的方式为我所领导的每一名员工安排工作。反之,他更习惯于将自己与员工放在一个平等的位置上,把自己视作激励者、协调人或沟通桥梁,而非传统意义上的领导者、督促者或命令中心。

李开复认为,"今天的经理人仍然需要具备彼得·杜拉克所说的那些有关决策、组织、评价、奖罚等任务的基本技能,但21世纪为经理人提出了更高、更全面的要求。"

为了从一个传统的"管理者"转变为一名成功的"领导",我们需要做的不是完成既定的任务,不是设计好团队的组织结构,也不是熟练地发号施令,而是为所有员工营造一种充满激情和创新的环境——其实我们真正希望在组织中看到的,是一群既负责任又能相互依赖的员工。

正如同雁群一般,可以看到他们以V字形编队飞行,其中的领导权时有更替,不同的雁轮流掌握领航权。每只雁不论同伴们飞往何处,都能负责行动中的某一部分,依情势所需而变换角色,可能是带头者、跟随者。当任务转换时,雁群们即调整整个任务结构以适应新情况,就像是他们以V

字型飞行,但是以波浪型方式着陆。每只雁都会经历担任领袖之职。

在此之后我们应清楚地看出,想成功的最大阻碍,就是那如同野牛群领袖般的化身。必须改变形象,做一个全然不同的领导者,这样一来每个人才都能够胜任领袖的角色。

推陈出新,胜负立现

领导者必须放弃古老的"野牛领导"典范,而发展出一种新的"雁群领导"典范。以十分严格的同步领导经验所制定的新典范,建构于下列的领导原则之中:

领导者应把工作责任归属权,转移给那些实际执行者。

领导者应创造出一个适合每个人都能各尽其职的环境,共享责任归属权。

领导者应指导员工开发个人能力。

领导者应自我鞭策加紧学习,并且鼓励他人一起求得进步。

"领导力"是每个人都应该培养的一项技能

一个领导者只有善于赋予团队以愿景、感召和动力,而不仅仅是过程控制、资源协调,才能真正实现从单纯管理者到真正领导者的转变。而且,"领导者"这个头衔并非专属于那些看似高高在上的人,我们每个人都会在特定时间、特定地点置身于作为领导者的境地,因此,"领导力"是每个人都应该培养的一项技能。

第一个能力是前瞻力。

就是要比别人看得清、看得远。比如汉语里多处讲叫看见、看到,这是说普通人,但是对于领导者来说,就是要看透、看明白,这是领导者和一般普通人的区别。简单地说,前瞻力必须达到这样一种状况,就是看见别人看不见的东西,趋势也好,危机也好,都要提前看到。但是你要用老百姓的语言讲出来,你看了讲不出来,那你就不能有组织的去变化。我们中国话里面讲得很好,宁静而致远,静就是摒弃心中的很多杂念,一些不健康的世界观、价值观一定要把它摒弃,保留一个正确的价值观,这样就可以看得远。再一个就是高瞻远瞩,就是你站得高看得远,不是说你钱多就站得

高，而是说你的境界、你的趋向，是超乎眼前的蝇头小利的。中国还有句话叫"不识庐山真面目，只缘身在此山中"，你要跳出一个范围，才可以看得远。所以我认为前瞻力很重要，就是你要能够看透、看清、看远。

第二个能力是决策力。

当你最困惑的时候，就是取舍的时候，不知舍就不知得。所以"舍"、"得"每天都是我们要想的事，利害也是我们每天要权衡的事。决策需要我们的经验，因为当我们面对一种状况，短期内信息是无法一下子很清晰理顺的，是一种模糊状况，这时候决策靠感觉。但你面临突发事件的时候，还要靠经验、勇气、性格。

第三个能力是亲和力。

亲和力包括两方面：一方面是沟通的能力，另一方面就是包容的能力。沟通就是能力，领导力里面沟通最重要，如果你不知道倾听、不知道表达，而且使你跟员工、股东、客户所有的外部环境保持一个壁垒森严的状态，你就不知道真实信息，这时候你就很危险。但是你沟通以后，自然会有好听的，有不好听的。比如会有客户对你们投诉，而你就要包容。如果你没有沟通能力，你就不能包容。反过来，如果你不沟通，你包容的东西那就是空的。谈到沟通和对员工的想法关心等方面，我们确实应该学习。我注意到在一些大的跨国公司，1/3是股东、1/3是客户、1/3是员工，他们对员工的关注，比我们中国的创业者多得多。中国要改进这方面，要使我们对员工更加关注、更加了解。否则你训斥员工一下，他变得特老实，你觉得你很有成就感、很有尊严，实际上绩效是在下降的。

最后一个能力就是毅力。

一个领导带领一个组织的时候，所面对的困难是非常大的。很多成功的人，忍耐力和毅力都是非常好的。当你奋不顾身的时候，就是古人说的有坚忍不拔之志，才有坚忍不拔之力。

测试:你的领导能力

1.你大声说话吗？

经常☐

有时☐

从不☐

2.当会议主席征求意见或评论时,你第一个发言吗？

总是☐

偶尔☐

从不☐

3.当发现愚蠢的错误时,你会大发脾气吗？

经常☐

有时☐

从不☐

4.关于你的同事或下属能否胜任的问题,你会表达强烈的意见吗？

经常☐

偶尔☐

从不☐

5.你曾经用讥讽的话去批评别人吗？

经常☐

偶尔☐

从不☐

6.在平时的谈话中,你会使用极不恭敬的话吗？

经常☐

偶尔☐

从不☐

7.当你的下属企图向你解释某冗长事情时,你会打断他吗？

经常☐

有时☐

从不☐

8.你曾经利用职位或身份上的优势去压迫职位比你低的人吗？

经常☐

偶尔☐

从不☐

9.当某一同事做了一件困挠你的事,你曾经冲到他的办公室将对你的看法告诉他吗？

经常☐

偶然☐

从不☐

10.代表身份地位的宽大办公室、高级轿车等对你的重要性如何？

很重要☐

重要☐

不重要☐

11.你是否相信"攻击是最好的防御"——特别是在受到责难时？

是的☐

偶尔——但我宁可倾听与保持沉默。☐

从不——那不是我的风格。☐

12.你喜欢对下属展示你的权威——发号施令、惩戒、考核绩效、决定加薪？

是的——那是工作满足的重要因素。☐

也不尽然——我可以从良好的工作团队中获得更多的满足。☐

不——我觉得这种事令人讨厌。☐

13.当你有困难待解决时,你曾听取有经验的同事或干部的忠告吗？

很少——那是弱者的表现。☐

经常——他们常有不错的策略。☐

总是如此——他们的构想常比我的好。□

14.当你在会议中或与人交谈时觉得乏味,你会明显地表达出来吗?也就是说不时打哈欠、胡写乱画,或者敲击桌子?

经常——我不高兴时间被浪费掉。□

很少□

未曾——我会做白日梦。□

15.你会对人失去耐心吗?

经常□

偶尔□

从不□

16.你曾经在与同事争论后,走出房间砰然关门吗?

经常□

很少□

从不□

17.你曾经愤然挂电话以终止争论吗?

经常□

很少□

从不□

18.你认为一个表现极差的演说者应该公开受辱吗?

是的——下次他才会更加注意。□

只有在他故意误导听众时才如此。□

不□

19.你曾因下属穿了一件你认为不适合的衣服,或者你不能接受他的发型而惩戒他吗?

经常□

很少□

从不□

回答"是的"、"总是"、"经常"等给3分,而回答"偶尔""有时"者给2分。

分数51~55分

你极具侵略性而且准备踩着别人的肩膀出头,你这样无情只会妨碍你的前途——现今的人希望由一个能够受人信任与尊重的人来领导他们,而不是一个圆滑的老油条。

分数36~50分

有时在严重的压力下,你能够"超越巅峰",或者表现出马上可能会后悔的行为。总体而言,你被认为是一个"坚毅的人"。

分数15~35分

你有点散漫,常常无法在必要时表现出自己的权威与自信。你可以接受一些领导技巧训练,对你现在一直逃避的那些状况,说不定有迎刃而解的功劳。

分数15分以下者

你就像是门前的"擦鞋垫",愿意让人们踏着你而过,除非你把自己整合起来,开始做出领导者的样子,否则你的生存希望也是很渺茫。

管理知识型员工的几大问题——如何让"大象"一起"跳舞"?

在对知识型员工的管理上,未来的领导者将面临几个难以回避的问题:

个体兴起之后,如何维持企业组织的整体性?当人们不再为了寻求生存,而是为了体现个体价值而工作时,领导者如何设定一个目标使员工同心协力?

未来是一个知识型社会,知识型员工将拒绝一切人为管理,领导者又如何使员工保持高度的责任心和积极性?

企业的生存是因为市场的需求,但没有优秀的员工就很难满足市场发展的需求,这两者之间如何进行平衡?

根据以上三个问题，我们制定出相应的领导策略。

第一，要保持组织完整性。

保持企业的完整性，或许在许多领导者眼里不能称作为问题。但是，一旦你的企业规模足够庞大、员工的个体意识高度复苏，同时面临激烈的市场竞争却难以迅速作出应对措施，这时你就得把维持企业的完整性作为一项重要职责。而这一切对于一家发展中的企业似乎无法避免。

中国有句俗语"前事不忘，后事之师"，文雅一些的说法是"以史为鉴"，总之都是强调历史的重要性和指导意义。一些学院专门开设历史管理学和商业案例学，目的也是于此。

对于如何保持企业完整性，郭士纳在保持IBM的完整性或许会给我们一些启发。

在四处寻求拯救者时，众多董事似乎已经决定将IBM这头大象支解。他们认为将IBM拆分为几个独立的单位或许是拯救IBM的唯一方法。郭士纳却认为规模和分布在世界各地的分支机构正是IBM独特的竞争优势，将它们"分裂成一个一个独立的电脑零部件供应商——如大海中的一条小鱼一样微不足道"，这无疑是"一种罪过"。

但是，其他企业如微软、英特尔等公司纷纷选择电脑行业中的某一专项服务而成为成功者，这对于IBM的员工和董事会成员有着极大的诱惑。郭士纳顶住了来自他们的一切压力，从而制止了"公司走向分裂——也可以说是走向毁灭"。

郭士纳在其自传《谁说大象不能跳舞》中认为："保持IBM的完整性，是我的第一个战略决策，而且我相信，也是我所做的最重要的一项决策——不仅仅是在IBM，也是我整个职业生涯中最为重要的一项。"

通过对整个电脑行业的分析，郭士纳坚持了以下观点：

(1)每个产业都会有一个整合者。他认为电脑产业一定会出现一个统筹者，担负着将所有产品部件转换成价值的责任。同时，他认为IBM正是这样一个整合者。"如果说IBM有什么独特的位置和行动能力的话，那么，它就应该是那个最后的整合者。"

(2)IBM拥有整个行业所能够提供的技术和服务能力，这是IBM的优势，而不是劣势。在电脑行业尚缺乏统一的产业标准时,惟有IBM具备制定这一标准的能力。

(3)客户并不希望出现多个只提供局部服务的供应商,他们更期望获得一个能够解决一切问题的供应商。

总之,他认为分解IBM"是一种罪过",把IBM分裂成一个个独立的电脑零部件供应商,在某种程度上就是让IBM"成为大海中的一条条小鱼,而且微不足道。"

在这些见解的指导下, 他毅然停止了一切会导致公司分裂的内部活动。如果郭士纳不能够保持IBM的整体性,IBM将被分散为众多细小的个体,这些个体将脱离IBM作为一些人自我的俱乐部。

尤其是在个体复兴的时代, 这些情况更易发生在以知识型员工为基础的团队里。因此,能否保持企业的整体性,是未来领导者必须面对的挑战之一。

第二,明确方向。

领导者最为重要的两项工作是明确方向和实现目标。明确方向给予员工清晰的未来,使他们明白自身所做的一切是具有价值和意义的。而实现目标则是价值的具体体现。

我们回顾一下德鲁克对领导者的定义:"一个拥有跟随者的人"。指明方向正是让他人跟随的第一项领导能力,没有人愿意跟随一个缺乏"方向感"的领导者。

作为企业的领导者,制定方向并非易事。制定个人的发展方向似乎并不复杂,但是,制定一个团体的目标,而且这一目标还要获得团体的每一个成员的认可并不容易。在个性复兴的时代里更是如此。

曾对众多的成功和失败案例进行分析, 结果发现决定成败的核心因素便是领导者为企业制定的方向。当企业发展的方向违背了行业发展趋势与市场需求时,失败将接踵而至。能否为企业指明一个拥有未来的发展方向是评价领导者优秀与否的重要标准。

领导者首先必须是一位战略家,拥有出色的前瞻能力,并能够将把未来的构想转化为现实的执行。制定企业发展方向必须注意以下三个核心因素。

因素1:适应行业发展趋势。

一旦某个企业脱离(或是背离)其所在的行业,结果可想而知。例如,目前许多产业已经开始向服务型转变,如果经营者还死守着制造不放,面临淘汰是必然的。如果郭士纳没有引导IBM走上IT服务产业,恐怕很难引领这头大象走出深渊。

因素2:符合市场发展需求,为顾客创造价值。

企业得以存在的根本在于市场需求,如果企业所提供的服务和产品不能够适应消费者的需求,将无法继续生存下去。如今,满足市场需求已经成为几乎是所有企业的发展宗旨,但是,真正敬畏顾客,以实现顾客价值为核心经营原则的企业却屈指可数。愚弄、欺骗顾客的现象仍然随处可见,但随着消费观念和意识的不断提升,可供消费者选择的机会越来越多时,那些无视顾客价值的企业将遭遇无人问津的结局。

因素3:适应企业发展需要,创造企业可持续发展。

许多领导者在制定企业发展战略时容易犯两个错误:一是符合企业短期利益,却以丧失未来为代价。二是制定的方向脱离了企业经营实际,根本没有走向这一方向所需要的资源。因为这些错误失败的企业数不胜数,因此,平衡长期与短期利益,并对企业自身拥有的资源有一个清晰的认识,是领导者必不可少的功课之一。

领导者的一个错误决策很可能会葬送整个企业,尤其是那些决定企业发展方向的决策。因此,在为企业制定方向时,必须严谨慎重,同时尽量让员工参与进来。往往处于服务一线的员工对行业和市场的发展拥有更为清晰的认识。而且,随着知识型员工逐渐成为企业主体,他们要求企业的发展方向能够体现自身的价值,对参与企业方向制定必将充满兴趣。未来的领导者不仅要依据战略规则制定出明确的企业发展方向,还需要将这一方向与员工们的社会价值联系起来,使企业全体员工成为一个整体,走向共同的方向。

第三,树立共同的价值观。

斯巴达克斯是公元前71年的奴隶起义领袖,他率领起义军曾两次给罗马大军以沉重的打击,但是,最终在对方长期的围攻之后被击败了。我想我会永远记得他们被包围后的那些镜头,对方首领克拉苏对斯巴达克斯部队的幸存者说:"你们曾经是奴隶,将来依然是奴隶,但是我们慈悲为怀,只要你们把斯巴达克斯交出来,就不会被钉到十字架上。"长久沉默之后,斯巴达克斯站起来说:"我就是斯巴达克斯。"紧接着,他身边的另一个人站起来说:"我才是斯巴达克斯。"立即又有一个人站起来说:"我才是斯巴达克斯。"……几乎在一分钟之内,所有的人都站了起来承认自己就是斯巴达克斯。

而在《勇敢的心》中,当梅尔·吉普森所饰演的华莱士被诱捕后,经过再三劝说不愿投降,最终被送上了绞刑架,当行刑者给他最后一个机会时,他用尽了最后的力量,大喊:"自由……"

我们没有必要去追问这两个故事的真实性,其传达的意义却是深刻的。所有的领导者都能够从中学到一些领导艺术。

在《斯巴达克斯》中,当每个人都愿意站起来受死时,他们内心想的是什么?仅仅是忠于斯巴达克斯吗?自然不是。他们所信奉的是斯巴达克斯所象征着的自由,即使是他们所有的人都死了,只要自由的愿望不灭,人们(或者说奴隶们)就不会放弃抗争。正如《勇敢的心》的结尾,在华莱士自由精神引导下的苏格兰人民发动起新的自由革命。

关于自由的主题,我们还可以想起法国大革命期间,浪漫主义画家德拉克罗瓦的举世名作《自由引导人民》,自由女神被摆置在构图的中央,成为人民所追随的对象。

无论是《斯巴达克斯》、《勇敢的心》,还是《自由引导人民》,自由并非是一个简单的概念,通过斯巴达克斯、华莱士以及法国大革命的领袖们,自由已经成为人们所共同信仰的价值观,自由已经成为人们生命中极其渴求的一种状态,甚至失去性命也会勇往直前。

价值观是人们内心深受感召的一种力量。它能够使人们为之发掘出全部的力量。卓越领导者总是能够在人们内心中树立起价值观。

价值观是一个组织的核心,它能够将所有的组织成员凝聚在一起,并制约着所有人的行为和观念,向着同一个方向进展。因此,对于组织来说,价值观必须是共同的。如果每个人内心中都拥有一个属于自身的价值观,彼此却不分享,这绝不能够形成一个整体的组织。

个人梦想不等于公司(组织)远景。许多企业领导者对此存在误解,他们将自身的愿望强行灌输到企业内部,最终,这一愿望根本无法激发起员工们的积极性。那么,这一愿望也就永远无法成为企业的价值观。

未来是一个协作的社会,任何个人都无法仅仅利用自身能力来体现自身的价值。因此,人们渴望参与一项共同的创造,希望能够归属于一项重要的任务、事业或使命,这就是共同的价值观。许多企业的成功正源于拥有共同的价值观,如在微软全体员工心目中,用软件改善全人类的生活是他们的共同价值观。而乔布斯和他的伙伴们则希望用他们的电脑赋予人们更多的创新力量。

但是,共同价值观不是自然产生的,它需要有人探寻和摸索并进行概括,承担这一职责的正是领导者。

价值观产生之后,企业将产生一个根本性的改变:它不再是他或他们的公司,而是我们的公司。在企业遭遇困境时,所有企业成员都将以主人翁的心态积极参与挽救工作。正如当克拉苏要求人们交出斯巴达克斯时,所有人都愿意代替斯巴达克斯被钉上十字架。

尽管许多领导者已经将树立共同的价值观视为核心工作,但大多数领导者还没有意识到价值观的重要意义。他们依然依靠提升待遇、增加奖金以及搞个人关系增加员工的工作热情,他们将会发现这些方法在以后的经营中逐渐失去效果,最终还是选择价值观的营造。

比尔·盖茨无疑是一位卓越的领导者,早在微软创业初期,他便提出了"让全世界的办公桌用上电脑"的愿望,他将这一愿望转化成微软公司全体员工的价值观,使微软获得了商业史上前所未有的成功。今天,随着

外界需求的变化,他对微软的价值观进行了重新修正,既没有放弃以往伟大的愿望,又注入了新的时代内涵:"用我们的软件改善人类的生活!"

知识型员工对领导力的要求

过去我们往往将领导力视为某种方法或技能,认为领导者与被领导者之间是井然有序的层级关系,经理人对待员工,就如同一台机器的设计者对待齿轮和螺丝钉。然而,在今天这个多变、平坦和信息化的时代,这种观念已经不合时宜。

今天的经理人仍需具备决策、组织、评价、奖惩等传统的管理技能,但时代提出了更高的要求。要从传统的"管理者"转变为成功的"领导者"。我们最需要做的不是完成既定的任务,不是设计组织结构,也不是熟练地发号施令,而是为所有员工营造一种充满激情和创新精神的环境。

愿景比管理更重要,信念比指标更重要

在吉姆·柯林斯著名的《基业长青》一书中,作者指出那些真正能够留名千古的宏伟基业都有一个共同点:有令人振奋、并可以帮助员工做重要决定的"愿景"。

愿景就是公司对自身长远发展和终极目标的规划和描述。缺乏理想与愿景指引的企业或团队会在风险和挑战面前畏缩不前,他们对自己所从事的事业不可能拥有坚定的、持久的信心,也不可能在复杂的情况下,从大局、从长远出发,果断决策,从容应对。

一些人错误地认为,企业管理者的工作就是将100%的精力放在对企业组织结构、运营和人员的管理和控制上。这种依赖于自上而下的指挥、组织和监管的模式虽然可以在某些时候起到一定效果,但它会极大地限

制员工和企业的创造力,并容易使企业丧失前进的目标,使员工对企业未来的认同感大大降低。相比之下,为企业制定一个明确的、振奋人心的、可实现的愿景,对于一家企业的长远发展来说,其重要性更为显著。处于成长和发展阶段的小企业可能会将更多精力放在求生存、抓运营等方面,但即便如此,管理者也不能轻视愿景对于凝聚人心和指引方向的重要性;对于已经发展壮大的成功企业而言,是否拥有一个美好的愿景,就成为了该企业能否从优秀迈向卓越的重中之重。

优秀的领导者会与员工分享企业的愿景,如果可能,还会让员工参与到愿景的规划。如果能让员工充分理解管理者对企业长期发展方向的思路,让与自己一同工作的所有人拥有相同的努力目标,那么该企业就会拥有无穷的源动力。

李开复自述:"以前我在苹果公司工作的时候,曾向公司领导建议,从不同部门调集多媒体及相关技术的精英,组成一个新的团队,研发一系列极有潜力的多媒体产品。当时,公司的资深副总裁批准了我的请求,并要求我的主管副总裁帮助我抽调人员,组建这个团队。但主管副总裁担心新产品的风险较大,他一方面要求相关人员必须亲自表达意愿才可以加入我的新团队,另一方面又告诫大家我要研发的新产品有不小的风险,希望大家慎重选择。照他的意思,我们只要做一个问卷调查,看看60多位技术人员中有多少甘冒风险的就可以了。而当时在公司年年裁员的压力下,如果采用他的方法,这个新团队的计划就可能无法实现了。"

"在这样的情形下,我决定利用愿景来激励这些工程师与科学家。我找来这60多位技术人员开会。在会上,我描述了未来互联网与多媒体相结合后,相关新技术和新应用的巨大发展空间,与他们分享了我关于新产品的规划和设计,以及我为新的产品部门制定的愿景。然后,我鼓励他们分成小组,讨论这个愿景的可行性,以及自己的潜力将会如何因这样的愿景而得到更充分的发挥。最后,我给所有人念了美国诗人罗伯特·弗罗斯特的一首诗《未选择的路》。全诗的最后几句深深打动了大家:

一片树林里分出两条路,

而我选了人迹更少的一条，

从此决定了我一生的道路。

"我对他们说：'这条路没有人走过，但是我们恰恰应该为了这个理由踏上这条路，创立一个网络多媒体的美好未来。'会后，90%的人都决定冒这个风险，离开相对稳定的研究部门，随我加入全新的互动多媒体部门，而这个部门也正是苹果公司后来的许多著名网络多媒体产品(QuickTime，iTunes等等)的诞生地。"

这表明，制定并与员工分享美好的愿景，可以充分激发员工的参与感和积极性，可以让整个团队保持激昂的斗志和坚定的方向，是领导艺术的重要组成部分。

就像每个人都离不开正确的价值观指引一样，每个企业也需要拥有正确的、符合公司的价值观。在这里，价值观其实就是企业长期坚守的，影响企业行为，判断是非对错的根本信念。拥有正确的价值观是成功的企业能够保持基业长青的秘诀。

每一个企业的领导者都应当把坚持正确的信念，恪守以诚信为本的价值观放在所有工作的第一位，不能只片面地追求某些数字上的指标或成绩，或一切决策都从短期利益出发，而放弃了最基本的企业行为准则。相比之下，正确的信念可以带给企业可持续发展的机会；反之，如果把全部精力放在追求短期指标上，虽然有机会获得一时的成绩，却可能导致企业发展方向的偏差，使企业很快丧失继续发展的动力。

成功的企业总是能坚持自己的核心价值观。例如，谷歌公司的核心价值观之一是"永不满足，力求最佳"。谷歌创始人之一拉里·佩奇指出："完美的搜索引擎需要做到确解用户之意，切返用户之需。"对于搜索技术，谷歌不断通过研究、开发和革新来实现长远的发展，并致力于成为这一技术领域的开拓者。尽管已是全球公认、业界领先的搜索技术公司，谷歌仍然矢志不移地坚持"永不满足"的信念，不断实现对自己的超越，奉献给用户越来越好的搜索产品。

同时，公司整体的信念或价值观也必须在员工身上体现出来。毕竟任何一家企业都是由该企业的所有员工组成和推动的。

通用电气公司前董事长兼CEO杰克·韦尔奇在论述员工评价标准的时候指出,对员工绩效的考察必须与对其价值观的考察结合起来,并着重看该员工的价值观与公司的价值观(尤其是坚持诚信的信念)是否吻合。这其中一共有四种可能:

绩效达标,价值观与公司吻合——很简单,公司将毫不犹豫地为他提供奖励和晋升的机会。

绩效没达标,价值观与公司不吻合——也很简单,马上请他走人。

绩效没达标,但与公司的价值观吻合——再给他一个机会,考虑为他重新分配工作。

绩效达标,但价值观与公司不吻合——这是那种足以杀死一家公司的人。现实证明,很多公司就是因为雇用了这些工作能力出色,但品格很差,或个人信念与公司背道而驰的人,才走向崩溃的。

因此,无论是公司还是个人,坚定的信念,正确的价值观在任何时候都是不可或缺的。

人才比战略更重要,团队比个人更重要

在21世纪,无论怎样渲染甚至夸大人才的重要性都不为过。21世纪是人才的世纪,21世纪的主流经济模式是人才密集型和知识密集型的经济。拥有杰出的人才可以改变一家企业、一种产品、一个市场甚至一个产业的面貌。例如在谷歌,公司最顶尖的编程高手曾发明过一种先进的方法,该方法可以让一个程序员在几分钟内完成以前需要一个团队做几个月的项目。他还发明了一种神奇的计算机语言,可以让程序员同时在上万台机器上用最短的时间完成极为复杂的计算任务。毫无疑问,这样的人才对公司来说是有非常特殊的意义的。

对于21世纪的企业管理者而言,人才甚至比企业战略本身更为重要。

因为有了杰出的人才,企业才能在市场上有所作为,管理者才能真正拥有一个管理者应有的价值。没有人才的支持,无论怎样宏伟的蓝图,无论怎样引人注目的企业战略,都无法得以真正实施,无法取得最终的成功。

因此,企业管理者应当把"以人为本"视作自己最重要的使命之一,不遗余力地发掘、发现人才,将适合企业特点的优秀人才吸引到自己身边。通常,一名经理人如果不能将10~50%的工作时间投入到招聘人才的工作中,那么,他就无法让自己的团队获得持久的动力,他就不是一名合格的经理人。当然,这里所说的"招聘"并不仅仅限于直接的面试和聘用行为,它也包括更多地结识业内的朋友,建立自己的人际关系网络,以便从中发现更多、更好的人才。

好的管理者重视员工的成长,给予人才最大的发展空间,为人才提供足够的培训和学习机会。

李开复开始创立微软中国研究院和谷歌中国工程研究院时,雇用的人才中有很大一部分都是刚刚走出校门的毕业生。这些毕业生都非常聪明,拥有很好的发展潜力,都是来自中国各名校的顶尖人才。但是,他们普遍缺乏工作经验。于是,李开复对他们采取的是"指导培养"的原则。每一位新员工加入后都会经历3个月的培训,他使用自己亲自为他们设计的课程,一节课一节课地为他们讲解各种相关的知识、经验。而在谷歌中国工程研究院,培训的时间更长:包括各种课程、到总部3个月的培训、甚至公司还愿意出学费让员工到斯坦福大学读硕士。

当然,公司安排的培训并不是纯粹的课程学习,同时也要求员工很快投入到具体的项目工作中。在员工刚加入的初期,优秀的领导者会尽量分配给新员工一些不是特别紧急的项目,并允许他们在项目中犯错误、积累经验。经过这种实践与学习紧密结合的培训,几乎每一位新员工都得到了长足的进步,很快就适应了实际工作的需要。

很不幸,今天有不少企业对人才的思维方式仍然保持在上个世纪的水平,他们认为员工只是企业这台"大机器"中的零件或劳动力,不愿意花大力气培训员工,生怕他们接受培训后就跳槽、走人。这是非常短视的看

法,这种不重视员工成长的做法只会让更多的员工选择跳槽、走人。

　　只要拥有人才,企业就可以实践任何宏伟的战略。反之,如果没有人才,再壮丽的企划也只能是一纸空文。人才固然重要,但在任何一家成功的企业中团队利益总要高过个人。企业中的任何一级管理者都应当将全公司的利益放在第一位,部门利益放在其次,个人利益放在最后。

　　这样的道理说起来非常明白,但放到实际工作中,就不那么好把握了。例如,许多部门管理者总是习惯性地把自己和自己的团队作为优先考虑的对象,而在不知不觉中忽视了公司的整体战略方向和整体利益。这种做法是非常错误的,因为如果公司无法在整体战略方向上取得成功,公司内部的任何一个部门,任何一个团队就无法获得真正的成功,而团队无法成功的话,团队中的任何个人也不可能取得成功。

　　好的管理者善于根据公司目标的优先级顺序决定自己和自己部门的工作目标以及目标的优先级。例如,出于部门利益的考虑,也许某个产品的研发无法在短期内获得足够的市场收益,部门管理者似乎应该果断放弃对该产品研发的投入,否则,部门在该年度的绩效数据(如果仅以市场收益衡量的话)就有可能不是那么出色。但是,如果从公司整体的角度出发,假设该产品是帮助公司在未来二到三年内赢得潜在市场的关键因素,或者该产品的推广对于提高公司的企业形象有重要的帮助,那么,对于该产品的投入是符合公司整体利益的,部门对于该产品研发目标及其优先级的设定就应该符合公司的整体安排。

　　团队利益高于个人利益。作为管理者,还应该勇于做出一些有利于公司整体利益的抉择,就算对自己的部门甚至对自己来说是一种损失。

　　例如,李开复在苹果公司工作的时候,曾经管理着一个实际效果非常糟糕的项目。该项目的项目经理是他当时老板的朋友,而这个项目也是他的老板最为看好的一个项目。当时,李开复清楚地知道这个项目有多么糟糕,该项目的项目经理也不是一名好经理,但因为他的老板重视该项目,李开复始终没有勇气来处理这个问题。此外,他也担心,如果解散了这个项目团队,对自己的工作其实也是一种否定,因为他已经花了一年多的时间来管理这个团队。

终于有一天,李开复决定在一段时间后离开公司。那时,李开复觉得公司多年来对自己不错,应该在离开前对公司负责,做一件对公司有益,却为了自己一直犹豫不决的事情。于是,他决定把这个项目和该项目的经理裁掉——大不了,这种做法会让他的老板不满,但它的确对公司是有好处的。

可当李开复真正裁掉这个项目后,出乎他意料的是,公司内部的绝大多数员工并没有表示不满,反而告诉他,他们是多么认可这个决定,他们认为他有勇气、有魄力。公司领导也没有责备李开复,反而认为他勇于承认并改正错误的做法非常值得赞赏。

也就是说,当公司利益和部门利益或个人利益发生矛盾的时候,管理者要有勇气做出有利于公司利益的决定,而不能患得患失。如果你的决定是正确、负责任的,你就一定会得到公司员工和领导者的赞许。

此外,管理者应该主动扮演“团队合作协调者”的角色,不能只顾突出自己或某个人的才干,而忽视了团队合作。

公司里的一个团队和篮球场上的一支篮球队其实是一样的。打篮球时,后卫不能脱离整个团队独来独往,不同位置的队员需要按照战术安排紧密配合,互相支持,这样才能赢得比赛。在我们的工作中,市场人员需要帮助产品部门寻找产品的合适定位,要为销售部门提供潜在的客户信息,而管理者会承担起教练的角色,为整个团队制定合适的战术。你们能够想象,篮球教练在布置战术时只是一对一地与每个队员单独讨论吗?那样的话,后卫不知道前锋在想什么,前锋不知道后卫的助攻策略,球队不输球才怪!

最后,公司的中层管理者要善于把握自己的角色定位,让自己成为老板和员工之间沟通、协调的桥梁,而不要让自己与老板或员工对立起来。例如,有一些管理者很容易陷入对自身角色的误解,他们要么把自己和“雇主”等同起来,与“雇员”做利益上的对抗,或者把自己视作普通员工,与老板对立。这两种极端的做法都是不可取的。其实,中层管理者既代表公

司利益,也代表员工利益,他们应该:

认识到自己的中间角色,不要和员工一起盲目、片面地指责公司,也不要成为高高在上的监管者,对员工指手画脚。

以公司的整体利益为先,主动扮演协调人的角色。既考虑公司发展的需要,也为员工的个人需求着想,解决好二者之间可能存在的矛盾,让公司的整体协作效率达到最高点。

自己做了决定后,就要勇于承担相关的责任,不要把责任推到员工、老板或公司身上。

平等比权威更重要,均衡比魄力更重要

在企业管理的过程中,尽管分工不同,但管理者和员工应该处于平等的地位,只有这样才能营造出积极向上、同心协力的工作氛围。

1.平等的第一个要求是重视和鼓励员工的参与。与员工共同制定团队的工作目标。

这里所说的共同制定目标是指,在制定目标的过程中,让员工尽量多地参与进来,允许他们提出不同的意见和建议,但最终仍然由管理者做出选择和决定。

这种鼓励员工参与的做法可以让员工对公司的事务更加支持和投入,对管理者也更加信任。虽然不代表每一位员工的意见都会被采纳,但当他们亲身参与到决策过程中,当他们的想法被聆听和讨论,那么,即使意见最终没有采纳,他们也会有强烈的参与感和认同感,会因为被尊重而拥有更多的责任心。

多年以前,李开复接管一个部门时,为了提高效率,在一个星期内定下了团队的工作目标,并召开会议宣布了所有决定。但没想到,会议进行得很不顺利,有的员工一片茫然,有的没精打采,有的则对计划百般挑剔。李开复一下子明白过来:自己选择目标时过于武断和草率了。于是对他们

说:"很显然,我对未来太天真了。现在,让我们重新来过,一起制定出大多数人认可的团队目标。"

李开复当场撕掉计划,然后宣布成立三个员工小组,分别解决部门面临的三大问题。一个月后,这三个小组各自呈上他们的报告,然后李开复和三个组长一起定下最后的目标。这次,全体员工欣然地接受了新的目标。

有趣的是,新的目标与旧的目标之间,除了存在措辞方面的差异外,几乎一模一样。李开复的助理因此抱怨说:"我们浪费了一个月的时间,又回到了原地。"但李开复对他说:"不是的,此前我是靠直觉选择了目标,没有调查数据的支持,无法令员工信服。现在,经过一个月的工作,大家都有了信心。更重要的是,旧的目标因为没有经过员工参与,即使实施起来,他们也很难全身心投入。"

2.平等的第二个要求是管理者要真心地聆听员工的意见。

作为管理者,不要认为自己高人一等,事事都认为自己是对的。应该平等地听取员工的想法和意见。在复杂情况面前,管理者要在综合、权衡的基础上果断地做出正确的决定。

不善于聆听的领导无法获得员工的支持和信任。

例如,李开复在苹果公司工作时,公司一度面临经营上的困难,需要调整方向。当时,董事会新请来了一位以有战略眼光著称的首席执行官(CEO)。这位CEO刚来公司时,就告诉所有员工:"不必担心,这家公司的境况比我以前从鬼门关里救回的那些公司好多了。给我一百天,我会告诉你们公司的出路在哪里。"

但是,这一百天里,他只和自己带来的核心团队一起设计公司的"战略计划",而从不倾听广大员工的心声。一百天后,他果然推出了新的战略计划,但是,公司员工对该计划既不理解也不支持,他自己的声望也开始走下坡路——因为员工觉得他虽然能干,但是很自大,不在乎员工的想法,所以员工们并不真正信服他,也没有动力去执行他提出的战略计划。

半年后,公司业绩继续下滑,这位CEO召开了一次全体员工大会。他

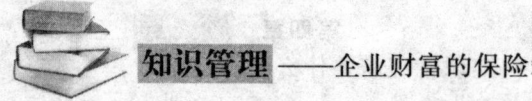

不但不从自身找原因,反而在台上指着所有员工说:"你们让我很失望,大家没有努力执行我的计划,今后,我绝不允许你们再犯类似的错误。"结果,这次大会后,他失去了大多数员工的支持,不久就被董事会解雇了。后来,有人这样评价他:"他以为他可以用智慧和经验改变公司的一切,他做了战略决定后就直接开始执行,却没有花时间寻求所有员工的支持。其实,他的战略方案不无道理,但他做事的方法是完全错误的——他不是一位懂得倾听、懂得理解的好领导。"

3.平等也意味着管理者和员工在平等的环境里顺畅地沟通。

李开复在2000年被调回微软总部出任全球副总裁,管理一个拥有600多名员工的部门。当时,作为一个从未在总部从事领导工作的人,李开复更需要倾听和理解员工的心声。为了达到这样的目标,他选择了独特的沟通方法——"午餐会"沟通法。

他每周选出十名员工,与他们共进午餐。在进餐时,详细了解每一个人的姓名、履历、工作情况以及他们对部门工作的建议。为了让每位员工都能畅所欲言,他尽量避免与一个小组或一间办公室里的两个员工同时进餐。另外,李开复会要求每个人说出他在工作中遇到的一件最让他兴奋的事情和一件最让他苦恼的事情。

进餐时,李开复一般会先跟对方谈一谈自己最兴奋和最苦恼的事,鼓励对方发言。然后还会引导大家探讨一下所有部门员工近来普遍感到苦恼或普遍比较关心的事情是什么,一起寻找最好的解决方案。午餐会后,李开复一般会立即发一封电子邮件给大家,总结一下"我听到了什么","哪些是我现在就可以解决的问题","何时可以看到成效"等等。

使用这样的方法,在不长的时间里,李开复就认识并了解了部门中的每一位员工。最重要的是,他可以在充分听取员工意见的基础上,尽量从员工的角度出发,合理地安排工作——只有这样才能使公司上下一心,才能更加顺利地开展工作。

很多人错误地认为,做领导就必须高调、有魄力,像一个精力充沛、一呼百应的将军一样。其实,这样的领导也许很适于一个19世纪的工厂,但

他不是一个21世纪的好领导。

在著名企业管理学家吉姆·柯林斯的《从优秀到卓越》一书中,作者通过大量的案例调查和统计,讨论并分析了一家企业或一位企业的领导者是如何从优秀上升到卓越的层次的。该书的重要结论之一就是:最好的领导不是那种最有魄力的领导,而是那种具备了很好的情商,能够在不同的个性层面达到理想的均衡状态的"多元化"管理者。

柯林斯指出,优秀的公司和优秀的领导者很多,许多公司都可以在各自的行业里取得不俗的业绩。但如果以卓越的标准来衡量公司和个人的成绩,那么,能够保持持续健康增长的企业和能够不断取得事业成功的领导者都非常少。一位企业的领导者在成功的基础上,要想进一步提高自己,使自己的企业保持持续增长,使自己的个人能力从优秀向卓越迈进,就必须努力培养自己"谦虚"、"执着"和"勇气"这三个方面的品质。

谦虚使人进步。许多领导者在工作中唯我独尊,不能听取他人的规谏,不能容忍他人和自己意见相左,这些不懂得谦虚谨慎的领导者也许可以取得暂时的成功,但却无法在事业上不断进步,达到卓越的境界。

执着是指我们坚持正确的方向,保持矢志不移的决心和意志。无论是公司也好,还是个人也好,一旦认明了工作的方向,就必须在该方向的指引下锲而不舍地努力工作。在工作中轻言放弃或者朝三暮四的做法都不能取得真正的成功。

成功者需要有足够的勇气来面对挑战,任何事业上的成就都不是轻易就可以取得的。一个人想要在工作中出类拔萃,就必须面对各种各样的艰难险阻,必须正视事业上的挫折和失败。只有那些有勇气正视现实,有勇气迎接挑战的人才能真正实现超越自我的目标,达到卓越的境界。正如马克·吐温所说:"勇气不是缺少恐惧心理,而是对恐惧心理的抵御和控制能力。"

此外,均衡的、多元化的管理者尤为重视对自己的情商培养。在领导力方面,情商远远比智商更重要。许多人可能认为领导力最重要的是战略、运营、技术等,其实,这些"硬技能"固然重要,但是以情商为核心的"软

技能"更加重要。在这里,我们可以把以"情商"为中心的"软技能"定义为一种艺术,它包括了与人相处、团队合作、以诚待人、以身作则、同理心等等至关重要的组成元素。

均衡的、多元化的管理者善于用理智的、全方位的思维分析复杂的情景,并针对不同类型的团队,或团队的不同发展阶段灵活选择管理方式。例如,当员工表现不佳或是新手时,企业碰到重大危机时,可以更多地亲身参与管理,更多地使用命令的方式;当企业改变方向时,或员工因不理解方向而士气不高时,可以多与员工分享企业的愿景;当员工对工作能得心应手时,或发现部门协调有问题时,可以更多地强调和鼓励团队合作;当员工懂得较多,或没有危机时,可以更多地让员工以民主讨论或投票方式来做出选择;当员工能力很高又是专家,且员工积极自主时,可以尽量授权给员工;当员工有动力但是能力和经验不足时,应当尽量考虑员工的长期发展,安排有启发性的工作,慷慨地做员工的"教练"。

理智比激情更重要,真诚比体面更重要

管理者应该对自己的能力有充分的认识和理解,清醒地知道自己的长处和不足,明白哪些事情是自己擅长的,哪些事情是自己办不到的。只有充分地自省,才能在各种复杂情况面前做出正确的判断,才能在与同事或下属合作时,得到他人充分的信任。

在发生危机或面临挫折的时候,管理者要能够充分自控,并在理智、冷静的基础上做出审慎的选择。这里所说的自控包括:

第一:在高压的环境中,能够控制自己的反应,并且让自己和自己的团队镇定下来,冷静处理问题。

第二:理解自己的位置和影响力,懂得自己随时都在被他人(上级、下属、其他部门乃至客户)关注。

第三:利用各种机会,通过自己的一言一行影响团队。

　　除了自省和自控,管理者也应当时刻保持自律,无论在什么时候,都要以身作则,不能有特权阶级的作风。

　　例如,谷歌聘请的CEO施密特刚刚加入公司时,谷歌所有员工都没有自己独立的办公室,但员工们还是觉得有必要给他一个相对安静的办公场所,就给他安排了一个比较小的独立办公室。有一天,一个工程师自己来到施密特的办公室说:"别人都是共享办公室,我那边太挤了,所以我想坐到你这儿来。"施密特很惊讶,问他:"你有没有问你的老板?"那位员工去问了老板后回来说:"老板也觉得我该坐在这儿。"于是,他们就共享一个办公室,直到公司后来购买了更大的一栋楼。即便是在新的大楼,施密特还特别要求"我的办公室应该尽量小",以避免被误解"特权阶级"的出现。

　　真诚是所有卓越的管理者共同的品质。管理者应当学会以诚待人,尊重员工,让员工知道你理解并且感谢他们的工作。一些领导为了"面子",处处维护自己所谓的"权威",不愿将自己的真实一面暴露给员工。殊不知,这种遮遮掩掩的领导是很难得到员工的真正信任和支持的。

　　1.真诚意味着管理者善于从他人的角度出发考虑问题。

　　例如,管理者应该多给员工回馈,在人前多感谢,在私下批评,并多和员工沟通。这并不是说在人前就不可以批评。如果是对事,还是应该坦诚地在人前讨论,但如果是对人,那就不要当众伤了他的自尊。

　　对管理者来说,体现同理心的最重要一点就是要体谅和重视员工的想法,要让员工们觉得你是一个非常在乎他们的领导。在工作中不会盲目地褒奖下属,不会动不动就给员工一些"非常好"、"不错"、"棒极了"等泛泛的评价,但是要在员工确实做出了成绩的时候及时并具体地指出他对公司的贡献,并将他的业绩公之于众。这种激励员工的方式能够真正赢得员工的信任和支持,能够对企业的凝聚力产生巨大的影响。

　　2.真诚意味着管理者需要对员工充分信任。

　　不要对员工指手画脚,也不要任意干涉员工的行为方式。既要坦诚地面对自己,也要坦诚面对他人,努力赢得同事或下属的信任。信任是一切合作、沟通的基础。如果一个团队缺乏合作,或者欠缺效率,那么,最重要

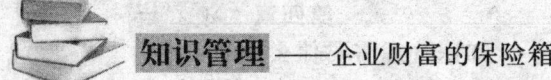

的原因很可能就是团队成员之间缺乏信任。

有一次,李开复发现自己的团队彼此不够坦诚的时候,就把他们带到了郊区,开了两天的会议。首先解释了信任和坦诚的重要,然后希望每个人轮流谈谈自己对团队最大的贡献和自己最大的不足, 以及自己想从哪些地方弥补不足。

为了打开僵局,李开复自己先坦率地讲出了自己的贡献与不足,而且暴露了他自认为最大的缺点。然后要求他的团队对他提出他们的看法和补充。大家看到李开复的真诚,也就开诚布公地做了非常好的讨论。会后,不但大家都更愿意敞开心扉,也都愿意信任他人,为团队互信建立起了非常好的基础。

在互相信任的基础上,团队也需要有建设性的冲突。中国人传统上喜欢避免冲突,息事宁人。但是,一个好的团队必须坦诚地面对各种问题。如果大家都能够对事不对人,那么,公开的辩论会更有效率。只有把所有的信息放到桌面上,一个团队才能够更快、更有效地做出最好的决定。一个领导在带领团队的过程中, 应该鼓励每一个人积极地听取并接纳别人的正确意见,鼓励建设性的冲突和辩论,引导团队达到共识。当共识无法达成的时候,则引导团队做一个智慧的选择,而不是为了安抚大家而做简单的折衷。

从本质上说,信任就是相信别人的出发点是好的。在充满信任的环境里,我们不必隐藏真面目,可以敞开自己的心扉,坦然承认自己的缺点和失败,或者声明自己需要帮助。一个领导者需要创立一个充满信任的环境,不但自己坦诚面对员工,也要鼓励员工坦诚地面对其他人。

3.真诚意味着管理者和员工之间可以在平等的环境中,直接了当地沟通。

21世纪的步伐非常快,如果犯了错还不知道,结果会非常严重。在企业内部沟通的过程中,如果什么事都要打太极拳、猜测别人的想法,不直接沟通的话,那么,整个公司就会丧失效率,并最终走向失败。

在直接沟通这方面,管理者不但要以身作则,而且必须反复向员工灌

输直接沟通的优越性,用实际行动鼓励员工直接了当地表达自己的观点。领导对员工的直接反馈也一样重要。发生问题时,管理者要及时地给员工清晰的反馈信息。对自己的员工,管理者应直接说出自己的想法,而不要通过第三者传话。当与下属沟通不顺畅时,应当多改进自己的沟通方式,使用不同的方法,在信任的基础上与下属交流。

延伸阅读:十个经典故事教你做好领导

看看以下的十个经典故事,也许你会领略到另一种意境。

一、分工

一位年轻的炮兵军官上任后,到下属部队视察操练情况,发现有几个部队操练时有一个共同的情况:在操练中,总有一个士兵自始至终站在大炮的炮筒下,纹丝不动。经过询问,得到的答案是:操练条例就是这样规定的。原来,条例遵循的是用马拉大炮时代的规则,当时站在炮筒下的士兵的任务是拉住马的缰绳,防止大炮发射后因后座力产生的距离偏差,减少再次瞄准的时间。现在大炮已不再需要这一角色了,但条例并没有及时调整,出现了不拉马的士兵。这位军官的发现使他受到了国防部的表彰。

[分析]:管理的首要工作就是科学分工。只有每个员工都明确自己的岗位职责,才不会产生推诿、扯皮等不良现象。如果公司像一个庞大的机器,那么每个员工就是一个个零件,只有他们爱岗敬业,公司的机器才能得以良性运转。公司是发展的,管理者应当根据实际动态情况对人员数量和分工及时做出相应调整。否则,队伍中就会出现"不拉马的士兵"。如果队伍中有人滥竽充数,给企业带来的不仅仅是资金的损失,而且会导致其他人员的心理不平衡,最终导致公司工作效率整体下降。

二、标准

有一个小和尚担任撞钟一职,半年下来,觉得无聊之极,"做一天和尚撞一天钟"而已。有一天,住持宣布调他到后院劈柴挑水,原因是他不能胜

任撞钟一职。小和尚很不服气地问:"我撞的钟难道不准时、不响亮?"老住持耐心地告诉他:"你撞的钟虽然很准时、也很响亮,但钟声空泛、疲软,没有感召力。钟声是要唤醒沉迷的众生,因此,撞出的钟声不仅要洪亮,而且要圆润、浑厚、深沉、悠远。"

[分析]:本故事中的住持犯了一个常识性管理错误,"做一天和尚撞一天钟"是由于住持没有提前公布工作标准造成的。如果小和尚进入寺院的当天就明白撞钟的标准和重要性,我想他也不会因怠工而被撤职。工作标准是员工的行为指南和考核依据。缺乏工作标准,往往导致员工的努力方向与公司整体发展方向不统一,造成大量的人力和物力资源浪费。因为缺乏参照物,时间久了员工容易形成自满情绪,导致工作懈怠。制定工作标准尽量做到数字化,要与考核联系起来,注意可操作性。

三、体制

有七个人住在一起,每天共喝一桶粥,显然粥每天都不够。一开始,他们抓阄决定谁来分粥,每天轮一个。于是每周下来,他们只有一天是饱的,就是自己分粥的那一天。后来他们开始推选出一个道德高尚的人出来分粥。大家开始挖空心思去讨好他,贿赂他,搞得整个小团体乌烟瘴气。然后大家开始组成三人的分粥委员会及四人的评选委员会,互相攻击扯皮下来,粥吃到嘴里全是凉的。最后想出来一个方法:轮流分粥,但分粥的人要等其他人都拿完后剩下的最后一碗。为了不让自己吃到最少的,每人都尽量分得平均,就算不平,也只能认了。大家快快乐乐,和和气气,日子越过越好。

[分析]:管理的真谛在"理"不在"管"。管理者的主要职责就是建立一个像"轮流分粥,分者后取"那样合理的游戏规则,让每个员工按照游戏规则自我管理。游戏规则要兼顾公司利益和个人利益,并且要让个人利益与公司整体利益统一起来。责任、权利和利益是管理平台的三根支柱,缺一不可。缺乏责任,公司就会产生腐败,进而衰退;缺乏权利,管理者的执行就变成废纸;缺乏利益,员工就会积极性下降,消极怠工。只有管理者把"责、权、利"的平台搭建好,员工才能"八仙过海,各显其能"。

四、表率

春秋晋国有一名叫李离的狱官,他在审理一件案子时,由于听从了下属的一面之辞,致使一个人冤死。真相大白后,李离准备以死赎罪,晋文公说:官有贵贱,罚有轻重,况且这件案子主要错在下面的办事人员,又不是你的罪过。李离说:"我平常没有跟下面的人说我们一起来当这个官,拿的俸禄也没有与下面的人一起分享。现在犯了错误,如果将责任推到下面的办事人员身上,我又怎么做得出来。"他拒绝听从晋文公的劝说,伏剑而死。

[分析]:正人先正己,做事先做人。管理者要想管好下属必须以身作则。示范的力量是惊人的。不但要像先人李离那样勇于替下属承担责任,而且要事事为先、严格要求自己,做到"己所不欲,勿施于人"。一旦通过表率树立起在员工中的威望,将会上下同心,大大提高团队的整体战斗力。得人心者得天下,做下属敬佩的领导将使管理事半功倍。

五、竞争

一家森林公园曾养殖了几百只梅花鹿,尽管环境幽静,水草丰美,又没有天敌,而几年以后,鹿群非但没有扩大,反而病的病,死的死,竟然出现了负增长。后来他们买回几只狼放置在公园里,在狼的追赶捕食下,鹿群只得紧张地奔跑以逃命。这样一来,除了那些老弱病残者被狼捕食外,其它鹿的体质日益增强,数量也迅速地增长着。

[分析]:人天生有种惰性,没有竞争就会固步自封,躺在功劳簿上睡大觉。竞争对手就是追赶梅花鹿的狼,时刻让梅花鹿清楚狼的位置和同伴的位置。跑在前面的梅花鹿可以得到更好的食物,跑在最后的梅花鹿就成了狼的食物。按照市场规则,给予"头鹿"奖励,让"末鹿"被市场淘汰。

六、沟通

美国知名主持人林克莱特访问一名小朋友, 问他说:"你长大后想要当什么呀? "小朋友天真地回答:"我要当飞机的驾驶员! "林克莱特接着问:"如果有一天,你的飞机飞到太平洋上空所有引擎都熄火了,你会怎么办? "小朋友想了说:"我会先告诉坐在飞机上的人绑好安全带,然后我挂

上我的降落伞跳出去。"

现场的观众笑得东倒西歪,孩子的两行热泪夺眶而出,于是林克莱特问他说:"为甚么要这么做?"小孩的答案透露出一个孩子真挚的想法:"我要去拿燃料,我还要回来!"

[分析]:你真的听懂了下属的话了吗?你是不是也习惯性地用自己的权威打断下属的语言?我们经常犯这样的错误:在手下还没有来得及讲完自己的事情前,就按照我们的经验大加评论和指挥。反过头来想一下,如果你不是领导,你还会这么做吗?打断手下的语言,一方面容易做出片面的决策,另一方面使员工缺乏被尊重的感觉。时间久了,手下将再也没有兴趣向上级反馈真实的信息。反馈信息系统被切断,领导就成了"孤家寡人",在决策上就成了"睁眼瞎"。与下属保持畅通的信息交流,将会使你的管理如鱼得水,以便及时纠正管理中的错误,制定更加切实可行的方案和制度。

七、指导

有一回,日本歌舞伎大师勘弥扮演古代一位徒步旅行的百姓,他要上场之前故意解开自己的鞋带,试图表现这个百姓长途旅行的疲态。正巧那天有位记者到后台采访,看见了这一幕。等演完戏后,记者问勘弥:"你为什么不当时教导学生呢,他们并没有解开自己的鞋带呀。"勘弥回答说:"要教导学生演戏的技能,机会多的是,在今天的场合,最重要的是要让他们保持热情。"

[分析]:提高员工素质和能力是提高管理水准的有效方式。学习有利于提高团队执行力,便于增强团队凝聚力。手把手的现场指导可以及时纠正员工的错误,是提高员工素质的重要形式之一。但是指导必须注重技巧,就像勘弥大师那样要保护员工的热情。管理者必须避免教训式指导,应当语重心长的激励员工提高自身业务素质。除了现场指导外,还可以综合运用培训、交流会、内部刊物、业务竞赛等多种形式,激发员工不断提高自身素质和业务水平,形成一个积极向上的学习型团队。

八、锻炼

　　一个人在高山的鹰巢里,抓到了一只幼鹰,便把幼鹰带回家,养在鸡笼里。这只幼鹰和鸡一起啄食、嬉闹和休息。它以为自己是一只鸡。这只鹰渐渐长大,羽翼丰满了,主人想把它训练成猎鹰,可是由于终日和鸡混在一起,它已经变得和鸡完全一样,根本没有飞的愿望了。主人试了各种办法,都毫无效果,最后把它带到山顶上,一把将它扔了出去。这只鹰像块石头似的,直掉下去,慌乱之中它拼命地扑打翅膀,就这样,它终于飞了起来!

　　[分析]:每个人都希望用自己的能力来证明自身价值,手下也不例外。给他们更大的空间去施展自己的才华,是对他们最大的尊重和支持。不要害怕他们失败,给予适当的扶持和指点,放开你手中的"雄鹰",让他们翱翔于更宽阔的天空。是个猴子就给他们座山折腾折腾,是条龙就给他们条大江大河扑腾扑腾。他们的成长,将为你的工作带来更大的贡献。他们的成长,将促使你更进一步。

九、发挥

　　一位著名企业家在做报告。当听众咨询他最成功的做法时,他拿起粉笔在黑板上画了一个圈,只是并没有画满,留下一个缺口。他反问道:"这是什么?""零"、"圈"、"未完成的事业"、"成功",台下的听众七嘴八舌地答道。他对这些回答未置可否:"其实,这只是一个未画完整的句号。你们问我为什么会取得辉煌的业绩,道理很简单,我不会把事情做得很圆满,就像画个句号,一定要留个缺口,让我的下属去填满它。"

　　[分析]:事必躬亲,是对员工智慧的扼杀,往往事与愿违。长此以往,员工容易形成惰性,责任心大大降低,把责任全推给管理者。情况严重者,会导致员工产生腻烦心理,即便工作出现错误也不情愿向管理者提出。何况人无完人,个人的智慧毕竟是有限的。为员工画好蓝图,给员工留下空间,发挥他们的智慧,他们会画的更好。多让员工参与公司的决策事务,是对他们的肯定,也是满足员工自我价值实现的精神需要。赋予员工更多的责任和权利,他们会取得让你意想不到的成绩。

十、鞭策

　　拿破仑在一次打猎的时候,看到一个落水男孩,一边拼命挣扎,一边高呼救命。这河面并不宽,拿破仑不但没有跳水救人,反而端起猎枪,对准落水者,大声喊到:你若不自己爬上来,我就把你打死在水中。那男孩见求救无用,反而增添了一层危险,便更加拼命地奋力自救,终于游上岸。

　　[分析]:对待自觉性比较差的员工,一味地为他创造良好的软环境、去帮助他,并不一定让他感受到"萝卜"的重要,有时还离不开"大棒"的威胁。偶尔利用你的权威对他们进行威胁,会及时制止他们消极散漫的心态,激发他们发挥出自身的潜力。

第五章

借　力
——企业文化是知识管理的软件

> 知识经济不是以自然资源为基础,而是以不断创新的知识资源为基础。
>
> 企业实现知识管理势在必行,然而实施有效的知识管理,除了要具备必要的硬件设施,还要求企业具备良好的企业文化作为"软条件",保证知识管理有效、持久、健康地发展。

解析知识管理模式

目前,国内有越来越多的组织关注和投入知识管理,连续几年的国内知识管理调查显示:国内超过一半的企业表示对知识管理的关注和投入在增加,比如青岛啤酒、李宁公司、万科集团、龙湖地产等已经关注到知识管理,并投入建设,取得了一定的成效。而且有些企业已经不满足于当前的知识管理做法,迫切想了解全球最领先的知识管理实践,从中找到差距、激发思路,从而实现其知识管理的持续改善,将知识管理真正固化为组织核心能力构建的长效工具、方法和机制。

第一种模式:业务流程导向
——将流程管理与知识管理相结合

主要目标就是通过识别核心流程,并对核心流程中相关的输入、输出以及知识支撑进行有效梳理和固化应用, 从而提高流程执行的效率和成果质量。业务流程相关的主题专家可以从知识管理的角度对业务流程进行再思考,将可重复使用的知识嵌入到合适的流程环节。

这种知识管理模式减少了大量的时间,诸如决策、建议和寻找相关信息所需要的时间,从而为提升业务流程的执行力提供了很好的支撑。

我们也发现,在很多企业开始转向理性的流程管理之后,仍然会出现不和谐的声音,比如"我们已经做了流程管理项目,并且按照标杆实践建立了公司的流程,但却发现流程落不了地,执行中会走样!"为什么会这样?

同样的一个流程,都是从A到B再到C,但往往不同企业、甚至同一企业的不同人执行起来效果是不一样的,原因会是什么? 我想还在于A、B、C每个执行环节背后包含的知识语境。通过流程梳理,通常可以保证从A到B再到C这样的逻辑关系是合理的、优化的,它解决了横向的信息流,但并不能保证A、B、C每个环节都能得到高质量的执行,因为这其中需要高质量的纵向知识流的支撑。

而纵向知识流主要体现在两个方面:一方面是每个执行环节的员工能力状况如何。一方面是在每个执行环节是否给员工提供了必要的知识支援,比如是否针对各个环节的知识和经验进行提炼,将最佳实践沉淀为表单、模板,并进行有效的使用。

因此,我们发现"知识"是使流程得以有效执行、切实落地的重要因素。

某集团在知识管理实践中,就采用了从流程切入的思路,它从直销企业的业务特点出发,将流程管理与知识管理相结合,在企业内部实施基于流程的知识管理,为集团实行知识管理提供了理论依据。

目前,此集团知识管理系统中已建立起200多项业务和管理流程,包括行政、营销、研发等各个方面。为了提高流程对市场需求不断变化的适应能力,快速响应客户的多样化需求,企业通过知识支撑的流程管理,可以快速重组流程。

在流程的活动过程中,尽可能采用并行协同作业方式,或者交叉协同作业的方式,从而使复杂的流程活动变得有条有理,使企业在市场和客户面前保持高效快捷的良好形象,同时提高企业内部员工的工作能力。流程管理还让扁平化组织结构需求和拥有更高素质和工作才能的员工的需求得以满足。

第二种模式:知识资产导向
——更侧重组织战略视角

知识资产导向的知识管理不同于流程导向的知识管理,其关注点不在于直接支撑日常业务流程的高效运作,而是要识别组织的核心知识信息以及最佳实践。某些组织会设置专门的部门如知识管理中心,去识别和推动每一个业务单元的核心知识。同时每一个业务单元选择主题专家创建和维护可重用知识,这些知识作为组织级最佳实践的备选,这种知识管理的过程就是组织核心能力不断积累构建的过程。

应该说,知识资产导向的知识管理更侧重组织战略视角去考虑问题,通常会得到高层领导者的认可和关注。

比如,李宁的知识管理实践就很好的诠释了知识资产导向知识管理的内涵。

李宁有限公司为中国领先的体育品牌企业之一,拥有品牌营销、研发、设计、制造、经销及零售能力,产品主要包括运动及休闲鞋类、服装、配件和器材系列。李宁公司于2008年9月颁布《李宁重大项目知识管理规范》,"项目"是李宁公司业务运作中的常见形式之一,每个项目在实施过程中

必然产生大量知识,如解决方案、培训课件、案例经验等。管理这些知识不仅可以促进项目顺利完成,同时也有助于项目完成后的知识推广与分享。此规范出台以后,一直应用于公司重大项目知识梳理与管理。比如,李宁公司专门启动了"奥运营销知识梳理项目",其KCC(Knowledge Collaboration Center知识协同中心)的推动下,充分总结了公司在08年奥运营销工作的经验和教训,对于该项目,公司最高管理层给予了充分的支持。公司以此搭建了"奥运项目知识资产库",形成了复杂项目管理的框架、清晰了类似项目的操作规范、加深了对于奥运营销的认识,同时形成了一套对于新员工的成长、提高工作效率的方法论。为2012伦敦奥运会相关的奥运营销筹备工作做好了积累和准备。

第三种模式:实践社区导向
——看不见的管理才是最好的管理

组织结构是企业日常运作的基础。根据相关研究,面对市场的瞬息万变以及越来越多的信息和知识经验的累积,传统的组织结构难以满足有效的内部知识分享和流动所需,很多企业在以"功能导向"组织结构或"市场导向"组织结构,以及"团队导向"组织架构的基础上,借鉴知识管理思想,在企业内部构建了"实践社区导向"的虚拟组织结构。

国外企业已经有好多实践社区模式的成功例子,比如,三星在1996年就建立了实践社区,其主要目标是借助实践社区推行知识共享的文化;西门子内部有2200多个实践社区;宝洁等企业甚至应用和建立了跨企业的开放式创新社区平台,进行有效的外部知识引入。随着互联网的发展,国内企业也在不断引进这样模式,尤其是一些有很多分支公司、分支机构的大型集团企业,他们希望针对某个专业知识领域,能够建立跨部门、跨地域的知识交流的互动平台。比如,广东移动建成了由多个web2.0技术平台组成的综合性班组博客平台,以这样的实践社区模式推动公司信息互联和情感互联。广东移动认为看不见的管理才是最好的管理,广东移动将企业管理融入了班组的自主管理之中。班组管理是企业基础管理金字塔的塔基,已经成为广东移动企业战略与文化的落地、各项管理工作的落实推进的最重要、最高效的途径。目前,在广东移动,班组博客受到了全体员工的热烈欢迎,已经成为全公司最大的电子应用平台,登录人次1250多万,博文350多万篇。上博客发帖、回帖、浏览博文,已成为大家的一种习惯和茶前饭后津津乐道的一件事,大大激发了班组开展自主管理的热情,有力地推动了广东移动管理模式的转变。

企业文化定位:知识管理的重要性

杜拉克说:"只有一个企业的文化能够符合民族的文化,它才会真正扎根。"根是符合社会发展需要的最基本的先进文化,是企业在长期发展中积淀下来的、被实践证明了的优秀文化。根的东西不能拔,本的东西不能变。

企业文化可以让企业营造一种团结友爱、相互信任的和睦气氛,使企业职工之间形成强大的凝聚力和向心力;同时它也使每个职工都感到自己存在的价值。自我价值的实现是人的最高精神需求的一种满足,这种满足必将形成强大的激励。

将知识体系融入到企业文化中

企业不分大小,都有自己独特的文化氛围;职位不论高低,都有本身内敛的知识环境。企业文化给企业带来的影响是我们有目共睹的,在这里我们无需讨论优秀企业文化的价值,而是要探讨通过知识管理如何更好

的建立和维护良好的企业文化氛围,让其成为企业自身不断完善的工具。

超市里每日负责为顾客开门的门童发现进进出出的年轻顾客中,看似为人父母者在购买纸尿裤及其他儿童用品的同时,往往会顺便带上一些日常换洗的居家衣服。母亲通常会带上些简单的头饰,而父亲则会带上些香烟和啤酒,尽管数量不多但久而久之后的总收益还是很可观的。于是这个门童就将这个发现告诉了超市的经理,经理非常认真地听取了这个建议,并重新安排了超市产品的摆放。一段时间后,惊喜的发现超市的利润增加了很多,所有物品的种类和质量并没有发生变化,变化的仅仅是位置。这就是知识的力量。由此可见,知识并不是单纯通过学历教育可以掌握的。案例中的门童没有受过正规大学教育却可以发现这一细节并帮助超市获利,也可以称之为知识。

知识是存在于工作、生活学习的每一个环节,所谓"智者千虑,必有一失;愚者千虑,必有一得",任何人头脑中存在的东西都可以被作为知识来看待。那么,我们如何来获取、分析别人头脑中的知识呢?这是第一个问题:知识的存在是无形的、不可强迫的,是存在于每个地方的。

文化也属于精神世界的范畴,指导人们按照固有的方式思考。就像我们每天可以在街上看到的情形一样:如果某个商场门口有一块空空的场地,来来往往逛街、办事的人们总会试探着将自行车放在这块空地上。但是如果空地上没有一辆自行车的话,人们大部分会在犹豫、踌躇一会儿后还是走开了。假如这个时候有一个人将自行车放在那里的话,后面的人会不假思索的继续放下去,直到挤住商场的门口还振振有词的说:"大家不都放在这里嘛",此时商场门口是否摆放"禁止停放自行车"的标志牌根本就无关紧要。

所以,文化也就表现在人们日常的习惯上,它会让人们超越社会的价值观而做自己认为对的事情。那么,我们如何培养人们的习惯,进而形成文化力量呢?

这是第二个问题:文化既是人们约定俗成的习惯,也是允许人工建立的,是具有很大影响力的。

企业也是一个小的社会,这里面有劳动者——普通员工、管理者——管理层、所有者——决策层,这三种既联系又互相制约的关系构成了企业的三种知识环境。

一个例子可以表明这三种知识环境是完全不同的, 比尔·盖茨发现DOS有可能成为主流产品的时候,IBM的管理者和所有者都没有看到这一点,故而比尔·盖茨成为Microsoft公司的所有者而不是原来IBM的成员,尽管最早接触DOS的是IBM而不是比尔·盖茨。所以一个企业的文化氛围中必须包含一套知识体系,这套知识体系中包含三个层面的知识环境,由于知识环境是伴随着人的成长、学习和工作建立起来的,故而知识环境又反过来影响知识体系,知识体系又制约了企业的文化氛围。结论就是假设要建立良好的企业文化就必须做好知识环境,建立知识体系,让企业成员按照企业需要的思维进行工作,这就是知识管理。这样就遇到了我们的第四个问题:如何做好知识环境、建立知识体系、塑造企业文化? 套用哈佛商学院的一个观点:要想头脑风暴成为企业有力的工具,参与者必须满足几个条件。

首先,参与者必须获得所需的信息资源。其次,参与者必须具备处理分析这些信息资源的能力。再次,参与者要拥有一定的决定权,也就是需要调动参与者的积极性。我们以头脑风暴为例参考一下知识管理的思考角度。

第一、获取所需的信息资源。最初的时候人们通过烽火来传递信息,用的是视觉效果;其后人们用文字和口讯来交流,用的是视觉效果和听觉效果;随后出现报纸、广播、电视等媒体传达,用的是触觉、听觉、视觉共同的效果来获取信息。总体来讲,视觉和听觉是我们获取信息资源的主要途径,计算机网络只是增加了视觉和听觉的途径,使之更容易接受而已。那么我们所建立的企业内部信息化网络也必须满足使用者对视觉和听觉的要求,只有这样才可以增加成为知识的几率。在前面提到过,知识是不可强迫的。

第二、具备处理分析信息资源的能力。对信息资源的分析处理能力有可能来自缜密的逻辑思维和统计,也可能来自于过往的经验和成果,还可能来自于所谓的商业直觉(个人认为这一点是来自于前两者的集成,因很多商业人士都这样说,故而也作为一种可能性)。那么,很多的传统方法是通过读书、学习、讨论来加强这个方面的。应用计算机信息网络可以使这些传统方法随时、随地、声形并茂的展现。但是也要注意学习的习惯是长期养成的,并不是我们建立了计算机信息网络用户就会自然而然去使用的。在前面也提到过,习惯的影响是非常大的。

第三、一定的决定权。这是由公司的体制所决定的,并不是通过知识管理可以影响的问题。所以我们就不对这一点进行优化了。这就是通过知识管理的角度来考虑头脑风暴的关键因素。

当然,既然受众者包含三种知识环境,就应该有三种不同的方法来面向这三种知识环境,毕竟我们不能期望所有的企业员工都用决策者或管理者的思考方式来处理工作,这样就会造成了百家争鸣、群龙无首的局面。所以,知识体系的确定就是非常重要的。

让企业文化保障知识管理的成功实施

企业文化除了具备传统意义上的导向、约束、凝聚、激励和辐射功能外,还势必对企业的知识管理产生一定的影响。这些影响具体体现在以下几个方面:

第一,企业文化决定人们对待知识的态度。

企业文化对知识管理的作用是不能被忽视的,一些企业文化只认可那些经过编撰的,可以用正规化、系统化的语言来传递的显性知识;而另一些企业文化则认可和推崇存在于个人头脑中的,存在于某个特定环境下的,难于正规化的,只能通过交往才能获取的隐性知识。在只认可显性知识的企业,人们不愿意把自己特有的知识与人分享,怕因此失去在企业中的地位。而当一个企业鼓励员工贡献知识,并按员工对企业知识的贡献大小对其出让股权和进行职权的重新分配，那么企业一定能加速其技术创新和知识创新，从而在竞争中保持优势。

第二，企业文化影响员工个人知识与企业集体知识之间的关系。

企业文化包含所有不可言传的关于组织与其员工之间如何传递知识的规则，它界定哪些知识属于组织，哪些知识属于员工个人，它决定在公司中谁应有什么知识，谁必须分享这些知识，谁有权保存这种知识。企业领导层如果不能准确理解企业现有的知识传播机制，不能制定相应的战略改变这种机制，那么想改变与知识相关的行为将会十分困难。如果企业很明显地认为某些部门比另一些部门重要，那么毫无疑问会挫伤知识交流的积极性，将会导致各业务单位尽力保卫自己的知识库而不愿积极分享。

第三，企业文化决定企业对新知识的态度。

企业文化决定着企业如何对待、获取和传播新知识的行为。对于今天那些面临剧烈的、甚至威胁其生存的技术与竞争形势变化的企业来说，这个过程的动力机制反映了一个特殊的问题。如果它们希望能在这个激烈竞争的环境中生存下来，必须尽可能快地获取、验证和传播新知识，以便及时调整企业战略与资源配置。

第四，企业文化影响企业对知识的创新。

如果是积极向上的企业文化将有利于知识的创新，相反则会阻碍知识创新。

通过前面对知识管理和企业文化以及两者关系的介绍，我们可以清晰地分析出：当今企业文化的建设是在尊重知识、尊重人才的前提下进行的。

那么，如何处理好两者的关系，使其发挥尽可能大的作用呢？

首先，企业必须建立起一套完备的知识管理体系。

知识管理无处不在。从企业的人力结构上要尊重有知识的人才，发挥他们的工作优势。由于某些知识是隐性的，只能在实际工作中积累和发觉。隐性知识显性化是知识管理的难点，前面讲过，有的员工不愿意将自

己的隐性知识告诉别人以保持自己在组织中的优势地位。所以,管理人员必须把人才建设放在第一位,使员工有归属感和成就感,强化他们将自己和组织为一个发展整体的意识。这样员工会尽可能的努力工作,把自己所学积极地应用到实际工作中,为企业知识管理锦上添花。

其次,企业文化的建设并非朝夕可至,不能急功近利。

我们知道,文化不是几句口号、几份报告就可一蹴而就的。企业文化的构建必须从企业活动的方方面面着手,上至领导阶层,下至各部门员工,他们对于企业的认识是有区别的,在区别中又会有某些相同的元素,这就需要仔细分析。根据大量调研和结果分析提出初步的企业文化建设方案然后再下发全面征询意见进行修改,如此反反复复、层层推进才是正确的企业文化构建步骤。

最后,在企业文化的推广普及中更要注重知识管理。

知识是不断更新的。同样的知识在不同的时间和空间中使用可能会产生不同的结果。企业对员工的知识技能培训必须跟上时代发展的步伐,避免"落后就要挨打"的被动局面出现。

知识管理的四个保障因素

A医药集团股份有限公司始建于20世纪80年代,是全国重点的医药生产企业。随着业务的不断发展,A公司的营销网络覆盖全国,并与商业主渠道和数千家医院建立了稳定、良好的关系。同时,A公司很注重信息化的建设,先后上了多套系统,现代化的管理给企业带来了良好的效益。

可是,A公司主管信息化工作的副总裁李兴还是遇到了难题。

以新药的报批为例,其过程可以分成几个步骤:市场部门根据市场需要或者科研部门根据研发成果提出新药申请;公司的新药委员会如果认为此新药有价值,就要求研发部门进行研发;新药研发成功之后,市场部门还要做三期的临床试验;根据患者临床试验所出现的问题,科研部门予以解决之后,新药就可以进入批量生产阶段。只有在批量生产成功之后,公司才会将此新药报批。

这一过程往往需要9个月甚至更多的时间才能完成。A公司并没有将报批的流程固定下来,由于没有规范的流程,时间上也没有一定的限制。这样根本没有办法去跟踪,信息出现了滞后的现象。A公司曾经先后有两种新药去报批,竟然因同一原因使报批时间延迟。李兴说,如果这两个新药的项目经理能共享一下有借鉴意义的资料,完全可以避免这种情况的发生。而且李兴认为,由于A公司的营销成本较高,如果要提高利润率,必须要降低运营成本。要充分利用以前的知识积累,减少重复劳动,提高效率。如果所有的销售代表及所属企业都能随时随地访问到自己需要的知识、信息和专家资源,A公司就可以在成本最优的条件下支持销售业务。

从2003年年末开始,在李兴的建议下,A公司开始推行知识管理,并已经取得了一定的成效。新药的报批时间从过去的9个月缩短到了3个月。李兴说,现在公司要求很多信息必须公开,这样大家就可以互相借鉴好的经验和知识了。

没想到,知识管理的推行还是遇到了很大的阻力。尽管为员工沟通建立了多种渠道和方式,包括各种基于项目的、或基于工作流程的、或基于业务的虚拟社区,但是很少有员工来贡献知识,偶尔讨论的也往往是工作以外的话题。很多员工认为,贡献自己的知识将意味着个人价值的贬值。

李兴现在也感到很焦虑,如果员工不将自己最新最有用的知识贡献出来的话,沉淀下来的公司知识库只能是个鸡肋,知识管理终将成为一句空话。该怎么办呢?

从该案例中我们可以看到:

首先,A公司导入知识管理后,新药的报批时间从过去的9个月缩短到了3个月,已经是一项了不起的成绩了,这说明通过加强知识共享、克服了过去由于信息不对称而产生的工作障碍,在某些点上有可能见效显著。

其次,A公司建立了包括各种基于项目的、或基于工作流程的、或基于业务的虚拟社区的多种渠道和方式，可见在工具和手段方面，A公司已经具备了很好的基础条件。

但是A公司还是碰到员工不愿意共享知识的问题，这个问题实际上是许多导入知识管理后的企业普遍面临的一种挑战：花费不菲、苦心建立的功能强大的知识管理系统已经建立起来了，配套的知识管理的考核和激励制度也已经发布，知识管理的培训和宣传已经狂轰乱炸了一通……多种"法宝"用尽，可是经过一段时间后，发现一切似乎又回到了老样子。大家还是按照以往的习惯做事、原来想象中汗牛充栋的知识似乎只是一种梦境，其中惟有可怜的几篇知识，这还是各个部门为了应付差事或者碍于情面象征性地放上去的。

每个人表面上都支持"知识共享"，可是现实情况却强差人意。为什么会存在这种情况呢？大家为什么不愿意共享他们所知道的东西呢？如何让员工产生依赖性并让共享知识成为一种习惯呢？

我们总结过一个模型叫"知识共享心理障碍金字塔"，初期的知识管理导入一般可以解决员工"不知道"层面的心理障碍以及"不能够"层面的心理障碍，但是要打破"不愿意"层面的心理障碍，是需要时间的打磨，要看企业的核心价值观是否真正鼓励大家共享知识，这将涉及企业文化层面的东西。

大家都知道无论是修炼瑜伽，还是器械健身，身体初期都会有一个不适应的时期，必须咬紧牙关迈过这个"高原期"，才能体会到后面运动带来我们的快乐。企业这个时候也到了一个坎，必须坚持不懈、持之以恒，通过系统的解决方案来全面改变员工"不愿意"层面的心理障碍。对于员工而言这是一种变革管理，有时候我们也称之为"员工转变促成"。

进行员工的转变促成有系统的解决方案，但是尤其需要关注如下几个点：

奖励和提拔那些愿意学习、教导以及共享知识的人

在中国人传统观念中，有一种思想根深蒂固——知识就是权力！读书读好了可以升官发财；猫教老虎时因为没有传授爬树而最终得以保住小

命;教徒弟时师傅也大多学会"留一手"以防"教会徒弟,饿死师傅"。现代的企业也同样存在这个问题,尽管每个人都认识到在企业中分享知识是有益的,但是每个人还是担心如果贡献出自己的核心知识,自己的价值就没有了。

因此,必须找到一个能够加强知识共享的管理办法,奖励和提拔那些愿意学习、教导以及共享知识的人,并且惩罚那些不愿意这样做的人。企业要从多个方面来思考这个问题,例如知识贡献是否与绩效挂钩?能否定期公开知识贡献排名?对知识贡献大的物质奖励能否说到做到?有没有类似"知识署名制"这样的精神激励措施?员工的职业发展是否与知识相依托?

在麦肯锡等咨询公司里,你需要把自己知道的东西告诉同事,写出来,帮助其他人或教新员工,能使这些知识发挥杠杆作用,这样就能建立起你作为世界级的思想领导人的声誉,也能得到晋升。

结合日常工作及业务流程来加强知识固化和共享机制

我们可以看到,如果将日常的工作平台(特别是OA办公平台)与一些业务流程(例如项目管理流程)相结合,知识管理更多地作为一种背后无处不在的管理支撑,那样就不会担心管理后期知识的推动和应用了。例如有的公司在合同审批时必须要看到给客户的建议书、合同正文、工作范围说明书、报价等知识文档,如果没有则审批者可以驳回。同时在此流程上还会附加签约规范、报价工具、合同范本等指导书和模板,这样通过合同审批流程的启动,就将需要的知识和输出的知识都串联了起来。大家首先感觉到的是做工作,而非进行知识管理,但在此过程中,其实已经是在管理知识了。所以好的技术平台能够帮助固化流程和知识,建立一个合理的"知识漏斗"机制,让工作过程中的知识通过技术工具都能够沉淀在一个大平台上。

在技术的基础上,还需要加强面对面的交流和沟通

发展心理学家艾克森指出:"我们本能上就是好为人师的物种"。我们在一个陌生的地方问路时,一般都会得到热心的帮助。别人求助"如何用

Excel画出气泡图"的时候，如果我们知道也一定会倾囊相授。但是很奇怪，我们或许会在踢球的更衣室里提及刚解决的一个技术难题，却不愿意将解决该难题的方法写入冷冰冰的"知识库"里。因为向知识库录入知识非常枯燥，更重要的是没有任何反馈，没有一声"谢谢"，没有同伴赞叹的口气和欣赏的目光。所以在技术的基础上，不能遗忘面对面的交流和沟通。例如我们可以定期召开高层经验分享传播会。中高管理层现身说法，每人一年进行一次全员经验分享，介绍自己工作心得、感悟及专业领域的经验等；每个部门可以进行"季度路演"，就自己部门需要其它部门配合的工作、工作方法与技巧、工作接口、工作流程等进行跨部门研讨，需要邀请其他部门共同参与。同时可以定期召开诸如"知识火把"等专业知识交流分享会，结合专家库，可以请某个领域的高手做该领域的知识传递。通过这些丰富多彩的面对面交流的形式可以弥补技术的刚硬有余、柔性不足的弊端。

悉心培育一种安全、信任的氛围

如果见解和观点受到嘲弄、批评或忽略，员工觉得其贡献受到威胁和惩罚，他们会从谈话中退出。相反的，当人们能自由地问一些傻傻的问题，挑战规则或提供一些新奇的甚至是稀奇古怪的建议时，共享知识就变成了创造性的过程。

每个组织中都有小文化。不管整个的企业文化是怎么样的，经理个人和团队领导人应该可以在他们自己的工作小组或成员之间培育一种合作的气氛。最优秀的领导人通过利用必要的时间和精力达到这些目标，会让人感到安全和有价值。他们强调了人的力量，同时鼓励共享错误和教训。他们设定了明确的期望产出，并讲明了个人的角色。他们帮助所有成员认识到他们每个人给团队带来了什么。他们学着开放、接受和诚实。他们讲述团队成功和个人挑战的故事。最重要的是他们鼓励并尊重每个人的贡献。

人们天生就不愿意与还不熟悉的人共享信息，所以解决方案就要给人们创造机会让他们在各种正式或非正式安排中认识并相互影响。当到

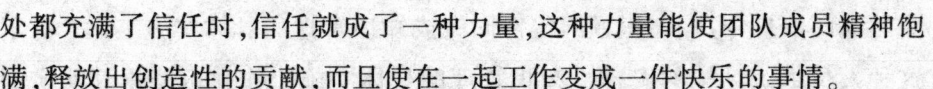

处都充满了信任时,信任就成了一种力量,这种力量能使团队成员精神饱满,释放出创造性的贡献,而且使在一起工作变成一件快乐的事情。

知识管理没有统一的模式,是根据企业自身发展的实际情况、不同需求的紧迫性而制定的符合自身文化的管理模式。知识管理是一个螺旋式上升的过程,"大而全"不一定是成功的知识管理,符合自身发展的需要、对业务运营有实质性帮助的知识管理才是某一阶段成功的知识管理,而知识管理者要做的就是随着企业的不断壮大,不断探索不同阶段的成功的知识管理模式。在此过程中,"战略层面的重视"、"组织与人员的保障"、"流程与制度的保障"以及"信息技术的有效应用"的保障作用,至关重要。

首先,知识管理的实施与有效推进,必须要得到战略层面的重视。

在通向知识管理的成功之路上位居前两位的障碍就是:缺乏商业目的;计划不周和资源不足。显然,为了让知识管理工作具有商业目的,计划周全且拥有资源基础,它的实施必须要求获得企业战略层面的认可。

知识管理是一项综合的工程,不是一蹴而就的事情。有人认为知识管理是对知识进行管理,而知识是看不见摸不着的,所以知识管理是务虚的一种管理方式。但实际上,知识管理的要求恰恰是务实。知识管理要求管理者要以战略的眼光将知识管理同业务运营紧密的结合起来,用知识管理解决业务运营中的具体问题,这样才能够使知识管理做到有的放矢。同时,如果知识管理只是某个高层领导的一家之言甚至一时的头脑发热,随着时移事易,人员以及市场的快速变化,很难保证最初支持者的注意力不会转移到其他方向上去,而知识管理最终很可能得到的就是弹尽粮绝、不了了之的结局。

其次,知识管理工作的开展需要有适当的人员与组织作为实体推进的保障,而且这种保障是实施知识管理必须具备的条件。

随着公司规模的不断扩大,实施知识管理工作的专职人员也会随之增加,因而在组织结构上也要有相应的保障机制。新华信专设知识管理部并直接向公司总裁汇报,同时设置有知识主管和专职的知识管理专员,再

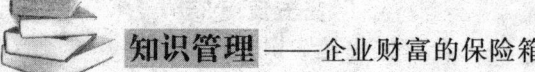

由各部门信息专员、知识顾问等协同完成知识管理的具体实施工作。有了这种人员组织结构的安排，知识管理的具体实施工作才可能得到切实的执行。虽然知识管理规划中的很多具体工作，最终是由知识管理部以外的人员完成的，专职知识管理人员重点负责的多是前期的调研与分析、方案的提出、具体工作的组织、结果的确认、效果的评估以及尽可能的多次分享等辅助工作，但是，如果没有知识管理专职人员完成这些过程来保障工作，很多知识管理方案不是流于形式，就是难以收到实效。

"公司总裁"是公司知识管理工作的终极推动者与方向指引者。"知识主管"是知识管理工作的带头人，此角色属于复合角色，他身兼协调人员、实践领导者、知识资产管理者等多重角色。"知识管理专员"是推进知识管理目标实现、公司知识库建设和维护的专职人员。"信息专员"由各部门秘书兼任，是各部门知识管理工作的具体实施人员，协助部门负责人完成部门内知识管理工作。"知识顾问"主要是各部门负责人或业务骨干，负责在本部门内积极推动知识管理工作。"知识传播者"是部门内知识管理工作的积极参与者，带动其他员工参与知识管理。"知识贡献者与应用者"是知识型员工，日常工作成果即是潜在知识内容，每个人应用知识资源的同时也参与知识的贡献。

再次，流程与制度是知识管理实施过程中必不可少的方式与手段。

知识管理是管理的一种方法论，在实践过程中，知识管理更多的关注组织的自我学习能力、利用知识的创新能力。在这种能力打造的过程中，流程管理和制度规范是知识管理必须要借助的手段。重视流程化、制度化的关键环节或关键点，建立相应的流程和制度，通过流程与制度本身的作用，轻松实现员工参与知识管理工作的目的。但知识管理过程中，奖罚应该并重，对于关键流程敷衍或忽视的行为，一定要受到负面评价。相反对于主动分享知识的行为，应采用及时有效的激励机制，适当的给予奖励。除了直接针对知识管理的制度保障外，设计其他流程或制度时，也应尽可能加入知识管理的元素，尤其是人力资源政策中，更应该有与知识管理相配套的要求与考核指标。比如员工的岗位描述、晋升标准、年终业绩考核科目等多个方面，都要体现出公司文化中对知识管理工作的肯定态度以及重视程度。

最后，有效的应用信息技术，对知识管理工作的推进会起到事半功倍的效果。

企业管理过程中，是否需要信息化，已经早已不需要再做任何讨论了。随着信息技术突飞猛进的发展，企业管理在日常经营过程中产生的大量数据，通过适当的信息化方式进行获取、存储，进而加以分析，对于反映企业发展的现状、重点问题所在以及未来发展决策都可以起到很好的支持作用。

对于企业管理信息化的优点，被提到较多的是效率的提高、生产力的提升、数据管理的易用与透明等等，但是企业信息化的过程，很大程度上是企业管理水平大幅提升的一个过程。虽然直观的体现是企业采用了信息化手段来支持业务运营，但实际上，企业管理信息化过程的背后，是工作流程的规范化与制度执行的强制性。系统的应用给用户的感觉是机器的管理代替了人员的管理，减少了日常工作中因不按流程办事而带来隐患的概率。正如联想公司认为的那样，企业信息化的实质是：消化理解先进管理思想，学习参照最佳的行业实践，梳理、优化和再造业务流程并应用信息技术规范、集成和共享信息，从而达到提高效率、降低成本、提升客户满意度和企业运作管理水平的目的。

基于以上原因，企业在应用信息技术的时候，必须特别关注自身管理水平与信息技术的匹配程度，使信息技术得到有效的应用，才能获得提高效率、降低成本的正面效益。否则，信息技术与管理不能完美结合的状况不但体现不出信息技术的优势，还很可能因为信息技术的应用不当而给管理工作带来新的难题。

如何让员工参与营造知识型企业文化

要理解"知识文化"不难,关键还是如何让员工参与到企业文化建设中来,并非每个员工天生就是知识派,机会来自哪里呢?其来自于做事的机会、学习的机会、赚钱的机会、普升的机会以及营造幸福的工作环境和人文环境。

做事的机会是前提,学习的机会是基础

有人会说招进员工就是为了让他们做事,根本不存在没事做的问题,这是很不全面的想法。每个员工心中有着太多想做的事。企业招进员工是为了让其做企业想要他做的事,从一定意义上讲,企业已经给了员工做事的机会。然而现实是有太多的员工在工作中或在工作之后还有想做其他事的念头。当这些想做事的迹象暗示或明确着的时候,人们没有足够重视和认真对待,这样也就无法激发员工工作的幸福情趣,很不利于企业的和谐发展。所以我们应该做好四件重要的事:

1)明确一个很重要的道理——企业使用员工根本目的是为了让员工尽自己最大的努力为企业做事,员工要做好份内的事才能做另外的事。企业关注员工做工作以外的事,这也是为了企业的更好发展。

2)不论何时都要尊重失败。员工要做事就存在着失败的可能,不要因为怕失败而去禁止员工做可能会失败的事。尊重失败就是要将失败视为正常,认可其存在的合理性,不为失败所怕,失败是成功的一种需要。

微软公司的成功秘诀之一就在于其尊重失败。微软对每个员工灌输正确对待失败、尊重失败的思想,甚至提出"没有失败说明工作没有努力"。因此,在微软工作的人从不惧怕失败,他们将失败看作是任何事情走

向成功的铺垫。在微软，只要遇到失败，接下来不是进行批评、斥责或者评估损失，而是"残酷无情"的剖析过程，他们认为这是对失败的尊重。这样失败的结果直接作用就是促使去尝试新的实现可能。

3)主张工作任意时间。工作是有时间规定的，这一点在中国企业是非常严格地执行着的。其实，当一位员工在工作中得心应手，解决了不少问题，做出不少成绩，受到肯定时，他更沉醉于工作的幸福中，那么工作时间也就没有了界限。在他的心中只有为某一项工作负责，工作时间不再是早上几点到下午几点。

4)为员工的个性护航。包容员工，就要包容员工的个性，为员工的个性护航。对于特别有利于员工个人发展或能促进企业的员工个性，企业应通过各方面鼓励其个性的发挥，让突出的员工个性成为榜样的力量。

一个人的竞争能力还反映在他的学习能力上，他会利用一切机会学习、吸收新的思想和方法。他会从错误中吸取教训，从错误中学习，不再犯相同的错误。企业要给员工学习的机会，让他有学习的幸福。

首先，要明确员工学习的内容是与他所从事的业务紧密相关的，从那些至关重要的业务问题中，找到所需要的能力，从而确定什么是需要学习的，在此基础上制定出有针对性的学习计划。然而企业在员工的学习计划中不应该只限于其专业和管理技能，还要给员工足够的空间，让他自己主动地了解自己目前的能力现状，明确自己发展的方向，设定自己在企业中的发展目标。

其次，企业要为企业管理者提供培训以帮助他们更新观念，提高他们辅导下属发展的技巧和能力。在员工个人学习工作中"孤立无援"时，企业要有辅导计划，通过企业相关的部门领导充当导师和其他辅导员及时与员工进行沟通，与他们分享学习，共同面对困难，给出发展建议，让员工随时随地都得到帮助。

再者，我们要注重内部的信息释放，不能将企业内部信息当成一种权力或者私有财产。在这一点上要学习微软公司，不管你是哪个部门或哪个项目小组的，不论你是上级或下级，都尽可能的将自己的目前工作状况、

项目思路、计划实施、遇到的问题等信息公布出来。这样就让员工内部互通有无、信息共享、相互协助。

最后,是要不怕累和不怕困难地开展企业全体大会及部门全员会。在这里需要注意的是,以前我们有着太多的形式主义大会,也有着"天天一小会,两天一大会",现在我们要的是有必要时就坚持开大会,在会议形式和内容上都要有完全不同的变化。比如:有些企业一年到头来可能从没有开过一次企业全体大会,有的只不过是为了什么社会活动等搞的任务式大会。我们要开的全体大会是在选择一个合适的时机、安排一个有利的场所、主张一种开放式的言谈风格基础上开展的。大会的主题只有一个那就是:学习与发展。在这样的大会上没有上级与下级的差别,没有男女老少之分,有的是经验与技术、能力与创新的亮相。这样的大会更能够提供学习交流的好机会,更能激发人们学习的欲望,带来人们学习的幸福。

赚钱的机会是根本,普升的机会是动力

员工在企业中工作获得的最直接回报就是货币与实物。这是员工在企业工作的动力基础,也是员工工作幸福的最根本性支撑点。

当待遇低、赚钱不够时,人们总是讨厌这工作,每天不是想着如何提高工作效率,提升自己的业绩,而是——

盼望自己能早点下班;

总是期望上司不要把困难的工作分配给自己,而是任务式的做着手头的事;

每当工作中出现不顺心的事,就会想着跳槽换个工作环境;

……

可见,没有物质性的回报谈任何工作幸福是徒劳的。

在实际工作中,企业往往是按照当地的工资标准来招人的。

现在的问题是:

　　员工内心赚钱的念头是任何时刻都没有停断过的，员工是永远不会满足于现在工资奖金的，而企业却在拼命地计划着如何高效用人，如何省掉员工的不必要费用。这样让员工总觉得有做不完的事，可自己身上那个小包包却难以鼓起来。这种情况在私营企业中是十分常见的。

　　给员工赚钱的机会就是要尽一切可能提供员工赚钱的各种渠道，让员工真正从物质回报中寻着工作的幸福。

　　企业的内部渠道是：

　　多劳多得

　　绩效考核

　　员工创新的奖励

　　员工节约的奖励

　　先进员工的奖励

　　……

　　外部渠道是：

　　在员工完成其本职工作之外，不干涉员工从外面赚钱，如有可能要提供员工从外部赚钱的便利。人们往往忽视这一点。其实企业给予员工的待遇确实是有限的，然而在当今物价压力下，员工能够从外面赚点外快，这有利于提高自己的生活质量，也有助于缓解企业的压力；另一方面也让员工对企业这种做法产生认同感，让员工认真负责的做好企业的工作。有人不会认同这样的观点，会说这样做弊大于利，风险太大。

　　其实任何事情都有两面性，一分为二地对待员工赚外快更能解决好问题。只要我们采取默许或明确的姿态来疏通，严格一种责任，把握好一个度，就能化其弊获其利。

　　几千年以来中国人从本质上对职位晋升有着根深蒂固的崇尚。除了金钱再也难有什么能比职位更能吸引人们的了，职位的晋升极大地影响着人们的工作幸福。

　　难题是：企业的职位是有限的，企业不可能也根本不需要提升那么多的员工来担任相应的职务。员工晋升的难度是可想而知的。要给员工晋升

的机会是指要给予员工有晋升可能的希望,提供员工晋升的便利,让员工能够实实在在的了解到感知到并为此付诸行动。

具体方面在于:

第一,企业要有针对性地给每个员工做一份职业测评,详细了解员工的工作能力、情商和价值观等。然后再根据测评的情况对个人进行深度访谈,从而对员工的岗位胜任能力状况做进一步评估。

第二,根据测评和评估的结果,对员工进行职业规划。按照规划,只要员工完成既定的工作量之后,他们都有机会竞争企业管理层职位。

第三,通过竞争,有些员工获得了职位,有些员工通过努力达到了晋升的各种条件,却因职位的数量限制及优劣再细化无法晋升,企业也要通过其他方面给予补偿。

第四,坚持用人两个原则:一是你干得好,企业现在认可你,虽然没有职位给你,但你可以向更高的职位进军,当你完全具备了更高职位的条件时,你其实已经将原先你所追求的职位上的其他人挤掉了。二是你干得好,那是你在本职工作上应尽的责任,这是应该的。你的进步属于你自己,别人带不走,不要因一时没有晋升而泄气。晋升的机会就是为你这样的人准备的,只不过时候未到而已。

建立知识管理中的分享文化

通常那些不愿意与他人分享知识与经验的员工总会被企业忽视、未被晋升或被打入"冷宫"。只有当人们的价值观建立在彼此的观点之上,并愿意与别人分享时,才能使集体知识在企业中的杠杆作用得以发挥,这在很大程度上是通过企业文化形成的。在某些文化制度下,知识被看作是力量,知识的分享可能会被看作是与个人利益相冲突的。因此,知识管理的制度化要求人力资源管理聚焦于管理企业文化和人们思想意识的转变,以增强团队合作和知识分享。

通过正式或非正式的结构将人们联系到某个团队中，这样可以使他们更高效地分享知识。比如在一家规模较大的企业中，地理位置分布较广，多重的团队组合、项目分组可能会限制大家对于精华知识的分享，然而，围绕企业核心竞争力而形成的团队组合、项目组能够克服这种限制。这是由一组知识范围(工程、销售等)定义明确的从业者组成，他们走到一起是为了获取、创造并分享相关知识，以追求事业上的优秀业绩与成功。这样的团队能够创造出最好的实践、形成较强的知识库和发展并分享相关的培训项目，以增强知识领域的能力。

那么，该如何通过人力资源管理创造一种知识分享的文化呢？

重新制定行为与奖励制度："人们并不是按照你告诉他们的去做，而是根据你用什么标准来衡量他们去做。"人力资源管理者需要创建一项奖励体系，围绕这一体系开展实践活动，用来增强企业对于知识分享的规定效果。

人们通常以增加个人职业发展机遇或发展个人业绩的方式来工作，大多数企业对于个人努力和工作业绩给予奖励。他们奖励一些在危机中完成的事项，但大多数激励政策对于避免危机发生的行为不进行奖励，而知识管理最成功的实践者总会对雇员学习、分享知识和协作精神进行奖励。要对那些为企业发展做出重大贡献的优秀团队协作进行奖励，对那些在知识获取与分享方面表现比较优秀的团队保持重视。许多公司已经发现，对这些团队进行奖励是非常有价值的，在最初的几年里，奖励可以鼓励他们以更高的热情和更强的责任感投身于团队协作以及知识分享的工作中，一旦知识分享被植入企业文化中，在后来的时间里，即使没有了这种奖励，人们依然会一如既往地开展团队协作、与大家分享知识。

人力资源管理应该成为企业文化转变的催化剂，通过文化转变的行为支持企业成为强大的知识驱动型组织，从而提升企业绩效。

绩效发展计划。绩效发展计划中应包括"知识发展与分享"，这成为了能够被监控并获得发展的关键能力之一，包括经验学习(积极地寻找其他观点、愿意讨论失败、公开地进行反馈)、发展其他人(有责任与别人分享

观点、帮助其他人成长、关注未来)、团队职责(促进合作与信任、在团队项目中展现自我并积极参与实践/网络团队发展、支持团队观点和建议)。将知识确定为关键的能力和认知,对这一能力发展出色的员工进行奖励,这可能会成为确定员工是否具有高潜力的关键因素。此外,还要将知识管理纳入培训模块。

本质上,转变为知识驱动型的企业是一个与人相关的问题。在培育和增强知识管理方面,人力资源管理被置于扮演高效推动者的地位,通过组织显著的知识分享事件和增强雇员的技能和能力发展。人力资源管理应该确定知识管理的具体过程和结构以及必要的监督体系。通过参与知识管理的每个步骤,人力资源管理已经为企业创造了价值,而且创造了增强高层管理团队战略价值的机会。

员工不愿与他人分享知识与内部交流体系欠缺是知识管理中的两大难题,尤其是前者更难解决。

通常来说,很多公司的核心技术只有少部分员工掌握,这些员工只要一离职,公司马上就会陷入困境。很多公司抱怨说,并不是自己不知道要做知识管理,而是无法提供一个让员工与他人分享的理由,没有人愿意做"小老师"。

在微软、IBM这些企业,员工有比较好的交流氛围,设计人员每天都会讨论,他们彼此信任,所以这些企业中"小老师"不难找。但是在国内,目前企业都没有好办法,很难在短时间内解决这一问题,

企业在这方面并不是完全无计可施。要改变这一状况,第一件工作便是改造企业文化,形成开放、自由的氛围,这对于知识型人才极为重要。

通用汽车公司的前总裁斯隆曾说过这样一句话:"把我的资产拿走吧,但要把我的人才留下,五年后我将使拿走的一切失而复得。"在斯隆看来,人才是超越企业任何资产的一种财富。然而,这种企业中最珍贵的财富却非常容易失去。人员的流失,尤其是核心价值员工的流失给企业造成的不仅是人力资源的损失,更是技术资源与客户资源的损失。老板们都清楚这点,也不惜花大价钱去留住核心价值员工,但往往还是很难避免核心价值

员工的离职。那么作为企业的领导者,该如何尽可能留住人员在企业工作中产生的巨大的知识价值?知识管理成为必然。

知识管理的范畴很广,从知识本身属性区分,可分为显性知识管理和隐性知识管理。显性知识指的是:用书面文字、图标和数学公式表示的知识。隐性知识指的是:尚未被言语或者其他形式表述的知识,譬如我们在做某事的行动中拥有的知识。要留住员工的显性知识并不复杂,因为其已经文档化了。然而员工的大部分知识是高度隐性化的,要将这些具有同样知识价值的隐性知识留住却很难,因为这些知识深藏在员工脑子里,比如一些经验和技巧,以及对事的直觉或者判断力等,它们非常抽象,不像显性知识那样可以直接进行积累。所以,要成功沉淀隐性知识,必须先将其文档化、显性化;将其转化为可见的并且便于共享的显性知识,这才是留住员工知识财富的关键。

分类梳理隐性知识

隐性知识显性化的第一步是隐性知识的分类梳理,梳理出在业务工作中有哪些隐性知识可以被积累。而且分类梳理的同时必须根据企业的实际业务类型来进行。比如如果是项目型的企业,其隐性知识一般可分为两大类:项目相关和职能相关。项目相关隐性知识的梳理方法是以项目的工作任务为基础切入,按照任务的阶段、类别、隐性知识点类型,系统地清点出工作中所有需要的知识。而对于职能相关的隐性知识则是以职能分解作为主要维度进行梳理。隐性知识的梳理是一项富有挑战性的工作,需要大量时间和精力,在此过程中要尽可能多的梳理知识点,但不能求全责备,而且为了更好地推动隐性知识的梳理,往往需要企业高层的亲自参与。

建立隐性知识共享工具

隐性知识显性化的第二步是建立隐性知识共享工具。前一步解决了有哪些隐性知识点的问题,但是这些知识点不会因为梳理就显性化了,它们还留存在员工的脑子里,还是未文档化的。而要将这些知识点显性化,必须通过行之有效的工具来实现。隐性知识的共享工具有很多,这里只简

单介绍最常用的三种工具以及每种工具的使用方法：

第一种工具是"行动后总结(AAR)"。

AAR是一个快速报告的方法或工具，它能为团队提供反思一个项目、活动、事件或任务的机会，通过检讨计划与实际的差距、分析原因，帮助团队获取在过去的成功和失败中得到的经验教训，以便改进未来的表现。

AAR表格

AAR名称

参与人员名单

模版填写人填写时间

AAR记录

主要工作、活动预期目标

实际完成情况

预期与实际的差距原因分析

改进建议

知道了什么是AAR后，那怎么使用它呢?首先，AAR触发机制有两种：时间触发和事件触发。时间触发是指当项目或者活动经过了一定的时间周期后，开展AAR。比如当某个项目的第一个阶段结束后或者项目进行了一个季度之后，对项目前阶段或者上季度的工作和成果进行AAR。事件触发是指当一些重大问题解决之后或者项目、活动结束之后，开展AAR。比如某一培训活动结束之后，对整个活动的工作和成果进行AAR。

其次，AAR活动的开展必须有专门的负责人员，要将责任落实到具体的岗位。比如对项目工作的AAR的责任人一般是项目的质量管理专员或者项目经理。而形式则以会议讨论的方式为最佳，全程参与过程的人都要参加讨论，并将讨论的结果整理并记录在AAR表格中。

最后，在开展AAR的过程中需要注意以下几点：一是充分准备，提前准备好AAR的讨论提纲，明确思考的角度有助于提高AAR的效果。二是坦诚交流，要毫无顾虑地交流经验与教训。三是无关绩效，AAR是对经验教训的总结，而不是对项目质量的考核。AAR的结果、过程如果与项目的绩效考核发生关系,则不利于问题或者错误的总结。

第二种隐性知识共享工具是"协同写作"。

"协同写作"是由多人针对某一个具体的论题作为一个写作对象,进行写作的一种非集中式的、非同一时点的知识共享方式。通过"协同写作"既可以帮助员工对某一议题进行集思广益,从而将员工脑子里与议题相关的隐性知识挖掘出来,同时又可以从这些零碎的观点中整理并总结出较为系统化的知识点。"协同写作"的表现形式类似于百度的"知道"或者是BBS。

"协同写作"的触发条件一般是某一个需要多人经验共同总结、整理的隐性知识点。比如项目计划的制定经验,工具使用技巧或者是系统改进意见等。"协同写作"的开展同样需要专门的负责人员,一般来说企业的知识主管可作为组织者,但并非具体议题的作者。企业开展"协同写作"的过程大致如下:先由知识主管按一定的时间周期,比如说每个季度组织各部门提出写作清单,由知识主管统一整理并发布在内网上,然后通过一定的激励与考核机制,促使公司全员参与写作。最后当一个季度结束后,由知识主管组织专员对议题的各个观点进行整理,将比较完善的无需再进一步"协同写作"的议题关闭并将结果反馈给各部门。

第三种隐性知识共享工具是"警示报告"。

警示报告是一种通过建立快速响应的机制和渠道,将经验教训、重要问题的解决方法快速在整个组织内部进行扩散的一种知识管理工具。组织中的不同团队在工作过程中经常会碰到一些实效性强,对其他团队有重要参考价值的问题与疑惑,通过警示报告可以迅速将解决方案传递到可能需要的团队那里去,能够避免组织内部不同的团队间重复解决同样的问题,避免组织犯同样的错误。"警示报告"与AAR不同,AAR是知识沉淀的过程,关注的是一个项目或者活动,而"警示报告"则是一个推动式的过程,关注的则是一个具体的问题点。

警示报告

项目名称

参与人员名单

填写人

问题描述

问题产生的主要原因

初步的解决方案

建议的参考团队

发送时间

"警示报告"是一种主动的提醒,由具体事件触发。比如"当由于系统故障造成文档内容丢失时,如何进行恢复"等。只要确认问题有必要发送,就可写"警示报告表"并发送给可能需要"警示"的对象。在开展"警示报告"的过程中,也应通过相应的激励机制来推动员工积极参与其中,鼓励他们尽可能多地对问题进行"警示"。其中需要注意的是,虽然"警示报告"要及时发送,但要保证问题得到初步解决,而不是只将问题丢出来。

搭建管理体系,推动隐性知识的显性化

隐性知识显性化的第三步是搭建管理体系,从而推动隐性知识的显性化。既然有了显性化的对象,也有了显性化的工具,那么剩下要做的就是去推动显性化工作了。隐性知识管理体系的建立与显性知识十分类似,即包括组织架构,管理制度这两方面工作。

隐性知识管理的组织架构设置关键在于设立专职的知识主管岗位并将知识管理职责落实到全体员工身上。知识主管的主要职责包括:推广和宣传知识管理理念、组织协调各个部门的知识管理工作,总结当年知识管理成效,提出下一年知识管理计划、与各部门协商讨论,提出各部门知识管理任务,组织知识管理工作的具体开展,监督知识管理相关制度的落实、对知识管理体系提出改进建议等。

知识主管是所有知识管理工作的组织者,但未必是工作的执行者,所以他也是推行隐性知识显性化的主要责任人。另外,为了提高知识管理工作的推动力,要将知识管理工作添加到各岗位的职责范围中,各部门的领导必须肩负起领导和推动各部门的知识管理工作的责任,而部门的所有员工也同样要积极响应上级的要求，做到全员参与。

隐性知识管理的管理制度的建立目的是为了将知识的梳理工作与工具的使用制度化，包括两个方面：知识运行制度、知识管理考核与激励制度。一方面，知识运行制度的设计应与企业的业务流程紧密结合，从而明确隐性知识管理工作应在业务流程中的哪些环节进行，每个环节知识管理工作的参与者是谁、应使用哪些工具、挖掘和沉淀出哪些隐性知识点等。另一方面，建立知识管理的考核与激励制度能极大地促进员工开展知识管理工作的积极性，尤其对隐性知识的显性化帮助更大。

隐性知识的分类梳理、科学的知识共享工具的建立、知识管理体系的成功搭建是企业留住员工知识财富的必经之路，但并不是全部。知识管理是一项持续不断的工作，企业只有保证知识管理工作的深入落实，结合自身的发展状况与知识管理的实践结果，对管理方法、管理工具不断调整和优化，形成持续改进的过程，才能真正帮助企业将知识管理成功地运作起来，才能真正不为核心价值员工的流失而苦恼。

弄清楚知识的"客户"

在许多公司中，老板大会小会都强调要知识共享，制度也规定要知识共享，知识管理部门的人整天在想如何建立知识共享的文化，但具体到员工、某个岗位上的员工该共享什么样的内容却没有人能够告诉他，这样他在共享的时候只能靠自己的自发自觉。表现好的会将自己觉得哪些是知识、哪些内容可能有人会用到、或者自己最擅长的内容共享出来；而大部分人因为不知道要共享什么，干脆不去共享。

看一个常见的场景：

"小王，这是一百块钱，给我去楼下的超市买点东西吧！"部门经理对小王说。

"买什么东西呢？"小王问。

"我不知道，你看着买吧。"部门经理说。

小王很能干，很快就回来了，买了一盒烟、一条毛巾、一盒巧克力、一个刷墙的刷子、一箱矿泉水。

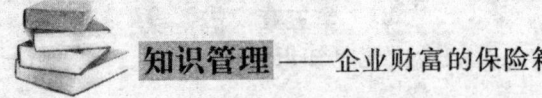

试想一下,这样的事情能够发生吗?大致不会,小王再问需要买什么的时候,发布命令的部门经理一定会告诉他买什么、买几个、什么品牌的,否则小王买回的一盒烟、一条毛巾、一盒巧克力、一个刷墙的刷子、一箱矿泉水。这都是正确的,因为你没有告诉他买什么。

而在我们的知识管理和许多管理上就存在着这样的问题,告诉小王去买东西,却不告诉他去买什么东西。

某有限公司存在的也是这样的问题,公司开展劳动竞赛,共享知识的公司给予奖励。但由于奖励措施的设计存在问题,使之成为一种福利,无法发挥奖励的作用。"最初公司考虑的是通过竞赛来提高员工的操作技能,来提升员工改进工作方法的积极性。实际上,实施了五六年之后,这个活动慢慢的也变味了。目前,这个活动从某种意义上成为了一个变相的给员工提供一点奖金的幌子。"

该公司陈总在接受了知识管理的理念后,想到用竞赛的方式去进行知识挖掘,提升竞赛的效果和价值,促进企业知识管理的发展,这无疑是一个很大的进步。通过一些活动、竞赛来促进知识共享也是许多实施知识管理的企业经常采用的方法。

如果想让这些活动真正产生价值,必须解决"要你共享,但不告诉你共享什么"的问题。如果不解决这个问题,会出现:

1.因为不知道共享什么,大部分员工无法参与知识共享,提高了知识共享的门槛和难度。

因为不知道自己(具体岗位、具体职能的人)应该共享什么,因为没有具体的要求,所以许多人就不会去共享,因为共享的内容可能是错误的,还不如不去做。在该公司出现"每个项目参赛的不过三四个人(有的甚至只有两个)"的主要原因可能就是大部分人不知道如何参与,应该共享什么么,人为的提高了参与的门槛。

2.因为不知道共享什么,没有对共享内容的产出进行控制,所以即便共享出了大量的内容,这些内容的可用性也值得怀疑。最可能的结果是内容很多,但可用的很少。

进一步说，即便上文实业有限公司的员工都像场景中的小王一样，你不告诉我买什么我就什么都买，但买的东西有什么用，谁会用也要打上一个问号。最可能的结果会是产生了许多东西，但这些东西很难在工作中真正发挥出价值，没有人使用，知识库成为垃圾库。

具体到本案例中，上文实业有限公司如果想通过劳动竞赛得到可用的知识和价值，则必须去控制知识产出的过程，去分析每一步应该产生什么知识、这些知识的表现形式是什么样的、谁会用到这些知识。如果缺乏这个要求，即便有金钱的刺激和推动，知识挖掘的任务也很难完成，劳动竞赛仍然要归于形式。而要能够弄清楚谁应该产生何种知识、这种知识的表现形式是什么样的，必须从知识的"客户"的角度去考虑。所谓知识的"客户"就是谁可能会利用到这些知识，他们的需求是什么样的。在上面场景中，部门经理就是知识的"客户"，正常的情况下小王一定要跟这个经理确定要买什么才会去买。

在企业的知识产出控制中，知识的"客户"主要包括：

自己

自己岗位的接任者

本部门的协作者

跨部门或外部的协作者

单纯从个人很难分析清楚他应该共享什么内容，一个比较简单的方法是通过他的协作者对其知识"需求"去分析应该产生什么内容，然后再结合员工的岗位、职责、流程节点去分析，"需求+职责+流程"就可以确定某个岗位的人应该共享的知识内容。

员工自己很难完成这个工作，需要管理层、知识管理部门人员和员工共同完成，需要细化到模板，这样员工在想要共享的时候只需要填写相应的模板即可完成，大大降低了他们共享的难度，让每个人都可以参与。在做员工和岗位的知识产出分析的时候，也有许多工具可以借鉴，要考虑显性、隐性知识的区别和联系，要考虑知识分布在内部还是外部等因素。

延伸阅读:知识管理的十项原则

许多公司开始觉得,雇员的知识是其最有价值的资产。它们可能是对的,但是,很少有公司在广泛的范围内真正积极地管理其知识资产。因此,无论在哲学层面,还是在技术层面,知识管理远未得到充分论述,对如何才能在日常基础上更有效地管理和利用知识的实际讨论寥寥无几。

知识管理这个主题只是最近才出现在这些机构中。但是,经验和教训已足够多,因而我们能够开始阐述和讨论某些原则和经验法则。

一、知识管理的代价高昂

知识是一种资产,但其有效管理需要投入其它资产。许多特定的知识管理活动需要投入金钱或劳动力,这些活动包括:

知识获得,即创建文件并把文件输入电脑系统;

通过编选、组合和整理,给知识增添价值;

开发知识分类方法,并标示对知识的新贡献的特点;

发展信息技术基础,实行知识分配;

就知识的创造、分离和利用对雇员进行教育。

虽然很少有公司计算知识管理的成本,但仍有一些定量估计。巴克曼实验室公司的巴克曼估计,他的公司将其收入的7%用于知识管理。麦金西公司长期以来具有将其收入的10%用于发展和管理智力资本的目标。

虽然知识管理是代价高昂的,显而易见是,不进行知识管理的代价更高昂。无知和迟钝的代价是什么?忘记关键的雇员知道什么,不能迅速回答或者根本不能回答客户的问题,或者根据错误的知识作出糟糕的决定,这会使一个组织付出多大的代价?一个组织在确定质量的价值时,必定会确定质量低劣的产品和服务的代价。同样,如果我们希望评估知识的价值,我们就会尝试衡量无知的代价。当然,这种评估可能引起政治问题,但这是知识管理的另一个原则。

二、有效的知识管理需要人员和技术的结合

《商业周刊》在最近一篇有关于人工智能的文章中宣布,"能思考的电脑几乎已出现……能像人类一样进行推理的人工智能的最终目标已近在咫尺。"对管理人员和专业技术人员来说,阅读这条大标题可能产生一种似曾相识的体会,自1950年代以来,他们就听说了基于机器的知识。但事实是,希望有效地管理知识的公司今天仍需要大量人力。人非常善于某种类型的活动,而电脑则非常善于其他类型的活动。

如果我们致力于了解知识,在更广泛的背景下解释知识,将知识与其他类型的信息结合起来,或者将知识的各种无组织形式综合起来,人是相对于受欢迎的工具。这些都是我们所擅长的知识任务的类型,我们应该被用于这些目的。

另一方面,电脑和电信系统擅长不同类型的事情。就获得、改变和分配结构十分严谨但变化迅速的知识来说,电脑比人更能干。对于根据结构不那么严谨的文字和视觉知识履行这些相同的任务来说,电脑越来越有用,虽然仍有点笨拙。但事实上,大多数人在需要有关某个特定知识领域内正在发生什么事情的丰富描述时,仍不去求助于电脑。

三、知识管理的高度政治性

"知识即权力"并非秘密,因此不应使任何人感到惊讶,知识管理是一项高度政治性的任务。既然知识与权力、金钱和成功有关,那么,知识也与游说、阴谋和密室交易有关。如果围绕知识管理的倡议没有政治活动,这就清楚地表明,该组织已认识到没有什么有价值的东西正在发生。

四、知识管理需要知识管理者

诸如劳动力和资金等关键的企业资源具有专用于知识管理的实际的组织职能,在公司内的某个群体对知识管理工作负起明确的责任之前,知识不可能得到良好管理。在这种群体可能履行的任务中,有收集知识并为知识分类,建立面向知识的技术基础,并监督知识的利用。

若干专业服务公司已经具有适当的知识管理作用。麦金西公司、安德森咨询公司、安扬会计师事务所和普赖斯沃特豪斯会计事务所全都拥有适当的"主要知识官员"。巴克曼实验室公司为其"信息系统"部门重新确

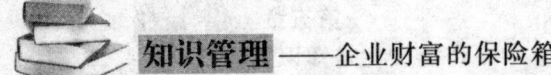

定方向,使该部门成为知识管理者,而且,现在把该机构称为知识传递部。惠普公司在该公司产品程序内建立了一个知识管理小组,在其电脑系统销售部内建立了另一个知识管理小组。

如果该组织致力于收集和控制所有知识,知识管理职能可能在组织内部引起怨恨和忧虑。这种组织的目标应该只是帮助其他人进行知识的创造、分配和利用。而且,知识管理者自身不应该通过其言语或行动暗示,他们比其他任何人更"有知识"。惠普公司的一个知识管理人员认为,这种角色最重要的资格是"无私"。

五、知识管理受益于实事求是而不是生搬硬套,受益于市场而不是等级体系

如果知识管理为知识创造一种将收集和分类支配知识的等级体系模式或结构,这是诱惑人的。但是,大多数境况较好的组织听任知识市场运作,只是提供和反映其客户看来需要的知识。

听任市场运作意味着知识管理者尝试使知识变得尽可能地吸引人和可理解,接着观察需要使用哪些具体条件,才能获得哪些知识。例如,特尔特克公司管理着一个由外部专家组成的知识网络,在该公司,需要专家指点的客户不太可能始终使用与专家们正在描述其工作时使用的同样的术语。把客户需要与可用的专家意见联系起来的职能,是利用特尔特克公司的在线检索系统"知识窗"完成的。"知识窗"实际上由3万多条技术术语组成的一幅图表或一册辞典。维护"知识窗"的是若干专职的"知识工程师",他们每月为该资料库增添500至1200个新概念,同时移走过时的概念。

每条技术术语具有首选的用法和若干可能的同义词。特尔特克公司的目的是,资料库中保存的术语正是客户使用过的术语。因此,这些知识工程师每天收到一份术语清单,清单上的术语都是特尔特克公司的知识分析家或者直接进入资料库的客户在资料库中没有找到的。许多不成功的检索者都是拼错了词汇,但确实找不到的术语被加入了资料库。

直至最近,特尔特克公司管理知识的方式仍是等级体系式的,而不是辞典式的。该公司以前的资料库被称为"技术树",这棵"树"有若干关键的

知识分支,包括科技、医学、化学等等。然而,客户和特尔特克公司的知识分析家都发现,难于通过这棵"树",因为新术语往往被加在这棵"树"的不适当的层次。特尔特克公司发现,辞典式方式更令人满意。这种方式真实反映知识世界,而不是按特定模式塑造知识世界。

六、分享和利用知识往往是不自然的行为

如果我的知识是一种宝贵的资源,为什么我应该与人分享?如果我的职位是创造知识,为什么我应该利用你的而不是我的知识,从而将我的职位置于风险之中?如果知识得不到分享或利用,我们有时会感到惊讶,但我们可能较为自在,因为知识管理者认为,隐藏我们的知识并疑惑地看待来自他人的知识,这是天生的倾向。

如果知识管理者接受这个原则,我们可能不会把分享利用知识当作理所当然的事。我们不会认为,使信息变得可利用不一定会导致信息的利用。我们可能认识到,分享和利用必须通过传统方式得到鼓励,例如业绩评价和补偿。

已有一些公司开始就知识分享和利用对员工进行评价和奖励。公司现在是国际商用机器公司的一个分公司,在对其为消费者服务的职工进行总的业绩评价时,使知识分享占了25%的份额。巴克曼实验室公司已在某个渡假胜地举行年会选择其100名最优秀的实施知识分享的员工。ABB公司对管理人员的评价不仅依据他们所决定的结果,而且还依据在决策过程中所使用的知识和信息。

七、知识管理意味着改进知识利用过程

处理和改进一般的知识管理过程是重要的,但知识是在为数不多的特定的知识动作过程中得以产生并得到集中利用和分享的。这些特定过程因公司和行业的不同而不同,但它们包括市场研究、产品设计和开发甚至诸如定价等与交易有关的过程。如果在知识管理中能出现实际的改进,这种改进必定出现在这些关键的经营过程中。

我们发现了面向创造(即研究)、组合(公布)和应用(系统发展)知识的过程。一般说来,最有效的改进方式处于对这个过程自上而下的"重新策划"

与自主的知识员工自下而上的计划之间的某个中间地带。具有创造性的知识员工需要较少的自上而下的干预，而知识应用过程需要更多一点的自上而下的干预。然而，就一些公司的重新策划而言，任何类型的知识动作过程都很少涉及主动的改进行动。

八、知识使用刚刚开始

如果知识使用已很充分，那么，美国的图书馆外面将排起长队。使用是重要的，但成功的知识管理还需要关注和参与。有人说，关注是信息时代的通货。

为了使知识消费者关心知识，他们不能只是消极的接受者。通过向他人总结和报告知识，通过基于知识使用的角色扮演和游戏，以及通过与知识提供者保持密切的相互关系而获得知识，这样便能够更主动地关注知识。如果接受知识是不言而喻的事，这一点就特别重要。

一些公司已开始帮助其管理人员和雇员使用知识。宝丽来公司一个部门的信息经理林德与一名维修部主任合作，为部门经理和专业技术人员创造一种"军事演习"式的练习。参加者进行市场研究，接着扮演竞争对手或宝丽来公司的角色，向消费者做销售介绍。这种面向销售的练习获得了巨大成功，目前宝丽来公司正在对将信息使用方式用于其他类型的知识进行评估。丰田公司和尼桑公司都把汽车设计人员派往美国，通过结交特定的消费者群体获得不言而喻的知识。

九、知识管理永无穷尽

知识管理者可能觉得，只要他们能够有控制地获得其组织的知识，他们的工作就完成了。然而，知识管理的任务是永无穷尽的。与人力资源管理或金融管理一样，永远不可能有知识得到充分管理的时候。

知识管理永无穷尽的一个原因是，所需知识的类型始终在发生变化。新的技术、管理方式、规则问题和消费者关心的事层出不穷。公司不断改变其策略、组织结构、以及产品和服务的重点。新的管理人员和专业技术人员也会对知识有新的需要。

知识环境中的这种迅速变化意味着，公司不应该在反映某种特定的知识环境或者在使这种环境模式化方面花费大量时间。等到它们完成这种工作时，这种环境可能已不再存在。而且，对知识环境的描述应该是迅速的和不遗余力的。

十、知识管理需要知识契约

尚不清楚的是，在大多数组织中，谁目前拥有或曾经拥有雇员的知识的使用权！雇员的知识是否能被拥有或租用？雇员头脑中的所有知识是否都是雇主的财产？文件柜或者电脑驱动器中的知识又如何？当顾问们提供咨询时，他们的知识属于谁？外请的雇员情况又如何？具有处理这些问题的政策的公司寥寥无几。

许多公司都把雇员的知识(至少在上班时间获得的知识)当作本公司的财产。然而，若干社会变化使这种做法变得更困难了。雇员更迅速地流向新职位和新组织。工作生活与家庭生活之间的区别变得更短暂，而且，应急的临时员工变得更多。在任何情况下，很少有公司能很好地获得或引证任何雇员以往的知识。如果知识确实正在成为组织中一种宝贵的资源，我们有望见到对知识管理合法性的更多关注。增强知识管理的最大问题或许是知识管理将引起律师人数的增加。知识产权法已经是司法职业方面发展最快的领域，并将更迅速地发展下去。

小结

随着免费自然资源和廉价劳动力的接近枯竭，商业优势的未被使用的最后资源是组织中人们的知识。知识管理目前尚处于初期阶段，所以上述原则和经验法则也将引起相当大的争议。好消息是，一个公司在管理知识方面所做的一切事情，都将是向前迈出了一步。

第六章

升　级
——知识管理的应用

管理就是不断发现问题和解决问题的过程,知识管理也不例外。可以说知识管理没有"成功",只有"成熟"这样的概念。对于国内中小企业的管理者而言:知识管理同企业的业务运营紧密结合,不但可以推动业务发展,也可以提高整体管理水平。

知识管理如何让营销业绩持续增长

从多年研究中发现,无论淡季旺季,促使员工积极参与到知识管理实施当中绝非易事,那么如何利用知识管理让营销业绩保持持续增长呢?

即使是在销售旺季,说服员工参与知识管理规划也是一件不容易的事。反而在销售淡季,员工们更愿意分享他们的所知。

几年前,当服装零售和分销商A公司开始进行知识管理时,发生了数次各种形式的抵制活动,原因很简单:首先,其1000多家连锁店的大多数员工以前在工作中从来没有使用过电脑,现在为了使用这个知识管理系统,他们不得不抽出时间登录上去,阅读其他同事共享的成功工作经验,并张贴他们自己的想法；其次，随着员工们每天都在竞争创造最高的销售额、最少的被偷窃次数和最优秀的员工等，A服装公司各连锁店的经理之间也形成了一种竞争文化。

缺乏员工的支持和使用，A公司的努力看起来将要失败了，因为知识管理系统如果没有员工的使用就会变得毫无价值。在销售业绩平平的淡季并且服装零售商竞争加剧的情况下，使用知识管理系统的风险是很高的。然而驱动这个项目的并不是来自总裁办公室的公告或者金钱，而仅仅是从一个盛夏的尝试开始。

几年前的一个夏天，A公司专卖店的一个经理不经意间发现了一种展示和促销其新款产品的方法，这种方法对购买者来说形成不可抗拒的诱惑，使其一个月的销售额提高了2000元。但是这个经理也不确信他的策略是否有效，于是就将他这个想法放到知识管理的系统上。这遭到了其他零售店经理们的嘲笑，但有一个人在他的店里仿效了他的做法，并且取得了相同的销售额上升。正是这一条信息，使公司两个连锁店的盈利上升了4000多元。公司估计，如果在这段时间内所有的连锁店内都了实施了这个展览方法，公司将增加350,000元的盈利。

以前，"在连锁店里没有共享新想法的传统"，A公司的执行副总裁王女士说到。看到了知识共享的潜在好处极大地推动员工消除最初的顾虑，激励他们试验并提出好的建议，而不是使用原来的陈词滥调。"现在他们在'新想法'市场上展开竞争"，A公司高级副总裁兼首席信息官郭先生说道。

"它变成了一个'看看我是怎么干的'陈列橱，每个人都想在这里放点什么"，A公司北京分公司自营专卖店经理李小姐说道。李小姐强调了每天至少登录知识管理系统一次的重要性，她说到她在那儿找到的经验会帮自己赚钱。据保守估计，A公司每年因主意共享而增加的额外收入至少达1000万元，从而使公司成功的在激烈的行业竞争中稳步发展。

员工采用了知识管理系统以后，可以帮助诸如A公司这样的公司从市场竞争中脱颖而出。但问题是，即使是在销售业绩很好的时期，知识共享

也不容易。"知识共享是一种不自然的行动。不能只是站着说'你应该共享知识',这没有用",A公司首席信息官郭先生说道。许多公司的经验表明,说服员工参与知识管理总是很困难。然而,公司经营业绩的好坏并不会增加这种问题的难度。相反,公司经营业绩欠佳使知识管理的广泛使用势在必行,因为下岗和退休的员工会导致关键数据和以前吸取的教训随之而去,似乎员工的知识和经验都进了下水道。

将知识管理和工作绩效直接联系起来,建立员工共享的氛围,肯定那些做出贡献的员工,这些都仅仅只是一个开始。如何让员工参与知识管理?以下是几点建议:

建议一:显示个人的投资回报率

共享知识的成就一定小于参与的价值,这一点非常直观。知识管理系统不同于其他的IT应用,就算员工已经选择使用了,也会在大多数时间里忽视它。因此,知识共享的行动包含于应用或者系统里。无论其功能如何,都必须帮助人们把他们的工作做得更好,必须将知识管理和业务绩效的增加联系起来。"人们必须立即看到巨大的收益",C集团信息主管黄经理说道,"他们必须看到、闻到、感受到和品尝到知识管理是怎样提高自身工作的。"

为了推动C集团的知识管理,公司每天下午都会在其办公室里传阅记载了所有突出建议和项目的文件。所有的员工都要求仔细阅读,如果能分享自己的关系或者行业背景的话,必须及时提供反馈。当经理们从那些素不相识但是同为公司工作的人那里得到及时的帮助时,他们就立刻看到效益了。

利用C集团营销公司1000多销售人员形成的巨大知识网,能够帮助公司更快的寻找到合适的人才、产品和渠道,并创造更大的客户价值,提升公司效益。

首先,要聘请到合适的人。C集团副总裁、营销公司总经理说道,"我们只招聘那些我们确信会对这种工作方式感兴趣的人。"这种说法有些官方语气,因为好的招聘者习惯于独自工作。当面试应聘者时,首先排除那些谴责别人的应聘者。他还特别注意候选者的言谈。

"另外,看他们写的东西,你也可以很好的了解一个人,它显示了他们在关注什么。"同时,建立一个直接以薪水为基础的补偿方案和奖励机制(这个奖励机制基于每个员工为知识共享网络做了多少贡献),这样人们便有了更大的动力去帮助别人。

建议二:知识管理与业务流程紧密结合

知识管理培训必须植根于迫切需要解决的业务问题,否则,你将会花掉无穷无尽的时间和金钱。

C集团的知识管理主管陈经理,在建立在线实践社区(COP)之前,首先会识别出业务单元最薄弱的环节。"我走到每一个单元的业务副总裁那里,说'把你最重要的五个问题给我'。然后我做出判断:如果他们在这个问题上沟通的更好一些,它还会有这么大的影响吗?"他说到。如果是这样,C集团会批评这个问题。"他们必须花微小的努力,得到一个很好的答案。"

有些时候公司会形成一个问题,然后将其推翻,这是一个自然循环的过程,他们也应该与时俱进、持续改进。C集团曾经建立了一个社区,以设计针对公司与研发公司沟通绩效改进的系统。虽然它在当时也是一个亟待解决的问题,但是因为本质性的业务问题已经得到了解决,所以社区的活动急剧下降。"我们不会从上面收获更多了,所以用户数量急剧下降。"陈经理说道。

他的团队于是重新发起了一个包含那个业务单元的所有设备。随着关注范围的拓展,使用率立马又上升了。

怎样收获成果?

从狂热者开始

让更多的人参与到知识管理中去的最好办法是:对早期的使用者进行引导,并让他们说服其他人。但是早期宣传者应该在开始时充满热情。"最坏的事莫过于花费巨大的努力去寻找早期的使用者。"C集团的虚拟团队工作主管刘总说道。C集团开始实行知识管理的一年里,热情的用户数呈指数增长。在20,000总员工里,有4,000多人自愿的注册了知识门户。

说服有影响力的人

知识管理项目像其他的公共项目一样,极容易受到消极因素的影响。在士气相比最近几年低落的情况下,小团体的负面讨论会造成很大的破坏。为了克服这种现象,C集团的黄经理寻找了一个被他称为小组"精神领袖"的人。黄经理首先确信能将一个老员工拉过来,而这个员工可以说服其他人。"他知道业务的方方面面,我告诉他不用编制如何使用这个工具的计划,只需组织召开会议,并按他自己的方式做事","我们把他包括在流程之内,告诉他怎么帮助他自己完成工作。他现在很喜欢这份工作,并且乐于将其乐趣告诉别人。"

让它不用花费什么脑筋

将知识收集和分发变为人们每天工作的一部分,在不同的公司意味着不同的事情。例如在C集团公司,招聘人员在应用系统里记录了他们为搜寻合适的人员而做的努力,这样可以使他们不必打开第二个应用并重复的获取知识。疲惫的招聘人员让应聘者进入他助手的语音邮件系统,这样就不需要键入任何字母或者网络连接,"这就可以录入自己的信息而不需要任何额外的工作。"对C集团营销公司来说,知识转移像在信封的背面胡乱的涂画一样简单。专家们可能会用铅笔匆匆的记下其意见,然后将它移交给部门输入系统,"这减少了进入壁垒的步骤"。

招聘一个知识协调人

如果资金允许,应该招聘一个全职的知识协调者。他们的任务包括检索知识并录入系统,采访内部专家,撰写成功故事,并审核录入系统的例子是否准确和时新。C集团的信息主管黄经理发现拥有全职的人员来统揽营销公司知识的协调至关重要,"我需要一个人的日常工作是专门做这些事情,兼职是不够的。"

讲故事

专家认为内隐的知识是最有价值的知识,但是挖掘内隐的知识是复杂的。内部知识管理者在工作中要记详细的笔记,然后整理成论文格式的报告。不是写一篇包含一堆观点的文章,而是让知识管理者将主题归纳成一个复杂的整体,这个整体能很好的反映这个问题上的人们内隐的知识。

知识管理推动者开始就要在保证每个参与者的会议记录不会被外人看到的前提下,建立每个人的接受程度档案。"推动者要控制会议,使其不会出现'搞错了'的情况,"黄经理参加了三个教训总结会议说道,"有了知识管理系统,你就不用寻找名字。你只需要寻找你能在下次应用的经验即可。"

识别贡献者

你不一定要付钱给共享知识的员工,但是你必须识别出是谁做出了贡献。"共享的最有效激励是同事的赞美",C集团汪总说道。C集团公司采用E-mail或时事通讯或在会议中表扬等非正式的赞赏方式。而营销公司则采用"最有价值员工"奖来答谢每个月提出最好创意的员工。这里提到大多数的公司都将知识共享记入员工的正式工作评价中。一些公司使用奖金和提升制度,而另外一些公司则将知识共享看作综合考评的要素。

建立个人知识论坛

知识共享的方法包括从企业门户、内部网、在线讨论站点到信息日程表等,但是最重要的还是能让人们面对面的讨论。

C集团的知识管理论坛不超过5个,但是它每天都能提出新想法。最近的想法来自一个叫做"我的体验"活动?这始于C集团邀请一个44岁的老员工进行的职业生涯回顾。他预期大概会有100个人放弃他们的午餐时间去听这个讲座,结果有250个人到场。为人们提供共享其所知的机会,这是管理知识的重要方面。

在营销公司，一个经历了特定区域的团队会见了另外一个致力于相似挑战的团队，例如，一个建立授权给西北区的销售团队，变成了华北区的实际团队。项目结束后，团队成员碰头分析哪些起了作用，哪些没有。然后在营销公司的知识管理系统里将其整理成册。每个工作日结束时，项目成员都会碰头，检查他们所要做的工作和已经完成的工作之间的差距。

不言自明，人的问题是技术方面最为头痛的问题。C集团估计知识管理系统每年的费用为50万元，这笔钱的大部分都用于社区成员。"所需的费用就是人力成本"，这笔费用包括每个主要在线COP的两到三个全职员工的工资。但是与它每年带来的1000多万的收入相比，这个投资很合算。

虽然知识管理的时间成本和金钱成本都很高昂，但是你不能否认它对使用者的作用。C集团的黄经理说道，"必须系统的将知识管理融入公司的文化中，不能关上门让员工使用它。在这里，相互信任的氛围至关重要。"这是企业发展的重要财富和无形资产。

建议三：前期的知识管理宣导很重要

通过案例分析，看看知识管理在企业中到底应该如何落地。

知识管理总监刚跨入公司的餐厅，营销经理就开始对她咆哮，把餐具砸向墙壁，怒气冲冲地走出去，把知识管理总监惊呆了……

很自然，这位新来的知识管理总监认为自己推行的跨部门知识管理组织将帮助这个老企业进步，但营销经理的反应显然越过了底线。如果营销经理还能留在公司，那么知识管理总监就会辞职走人。

营销经理很懊悔他的鲁莽，但是他面临的压力实在太大了。作为服务部的负责人，营销经理刚刚奔波了两个星期，在全国部署他的销售队伍。尽管预算被削减，也不能招更多的人手，他仍然努力去完成营业收入目标。可是当他风尘仆仆地赶回来，却看到知识管理总监发来的电子邮件，要求他手下最能干的两个员工至少要花一半时间在知识管理小组的工作上。这简直太愚蠢了。营销经理肩负整个公司的业务压力,而知识管理总监却在釜底抽薪。

员工小王对此事非常吃惊。虽然营销经理有点粗暴,但下属们都很热爱他。公司里的高级经理中,也只有他会和普通员工说话。公司人力资源总监则被营销经理激怒了,他抱怨说营销经理从来都不是一个好的团队成员,这次应该给他一个教训。

公司老总左右为难。营销经理是公司的业务骨干,公司的利润几乎都是他创造的。尽管总经理认为,公司在未来必须有其他利润来源,但在目前业务形势下,他并不完全支持知识管理总监的主张。他不能失去营销经理。但如果他决定停止实施知识管理总监的知识管理计划,似乎像是在纵容营销经理的行为。总经理到底该怎么办?

矛盾的焦点:知识管理总监要求营销经理"最能干的两个员工至少要花一半时间在知识管理小组的工作上",而营销经理认为,知识管理总监这样做,不仅不支持他的工作,还在釜底抽薪。之所以让企业总经理骑虎难下,是因为一切以利润为王。不仅营销经理自认为企业的所有利润是他创造的,连企业总经理也认为如此。

看来本案例问题的症结就在于大家都忽略了知识的价值,以及企业推行知识管理的目的。如何让知识管理落地?

本案例告诉我们,前期的知识管理宣导很重要,至少要让企业从总经理到各部门总监和经理,以及基层员工充分认识到知识管理的价值和作用,以及知识管理的运作机理、流程及模式。

1、如果说信息管理使数据转化为信息,并使信息为组织设定的目标服务,那么知识管理则使信息转化为知识,并用知识来提高特定组织的应变能力和创新能力。

2、企业把一种好的想法变成有市场的商品生产出来,能获得高的回报,有了回报可进一步研究开发,生产销售更多更好的商品,赚取更多的钱。这一过程就是企业的知识创新。

3、知识管理就是为企业实现显性知识和隐性知识共享提供的新途径,

知识管理是利用集体的智慧提高企业的应变和创新能力。

4、知识管理是一种组织行为,它帮助企业获得持久的竞争力,即对各种相关的知识资源进行开发、传递和利用的过程。

5、在这里,知识资源大体可分为三类:第一类是组织内部员工个人的知识,包括他们的学习成果、见闻见解、关系网络、经验教训等。针对这一类资源,知识管理的任务主要是最大程度地收集、存档并实现组织内共享;第二类是组织内部的种类文档资料。针对这一类资源,知识管理的任务主要是最大程度地实现组织内共享;第三类是组织外部的信息和服务。针对这一类资源,知识管理的任务主要是收集、筛选、存档、利用。

6、这三类资源在任何组织都是存在的,只不过有的系统,有的简单,有的得到了充分的开发利用,有的仅处在收集和重复的状态。因此,知识管理对每个组织来说不是有没有的问题,而是好不好的问题。

链接:竞争情报的知识管理应用

知识管理对竞争情报是极好的机遇。竞争情报就是知识产品的生产和增值。知识管理对企业竞争力的提高绝对不仅仅是竞争情报,但竞争情报带给企业的价值是显而易见的。这一点足以让企业有充足的动力来投入资金,投入时间,投入人员来做知识管理。

其次,知识管理和竞争情报本身关系密切,这两者的活动主题都是知识和信息。知识管理活动包括信息的获取、处理,知识的挖掘、重组、创新、交流和显性化。竞争情报活动主要包括信息的收集、信息内容重组、信息深度加工以及对发展趋势的预测及分析。知识管理和竞争情报的研究内容和范围高度交叉,融合在一起。知识管理主要研究关于环境的知识,关于竞争对手的知识,关于公司产品和服务的知识,关于用户的知识。竞争情报也一样,研究宏观经济动态、行业趋势、消费趋势、市场动态、技术研发、有关竞争对手、国际贸易等方面的情报。

知识管理和竞争情报都是以人为中心的管理。人是知识的载体和来源。知识管理考虑的是如何转化人的观念使其愿意提供知识和共享知识，以及如何方便人们交流、学习知识并最终产生新知识。而做好企业竞争情报也要发动企业中所有的人都做"情报员"，鼓励每个人为公司收集情报，并利用情报。例如，摩托罗拉公司的每一个人，不管他处于何种职位，都被鼓励为公司提供情报。

知识管理和竞争情报都得益于信息技术，信息技术在很大程度上创造了一个方便知识与情报的沟通、交流、共享、创新的环境，为竞争情报的及时获取、分析、决策提供了极大的方便。企业在实施信息化管理的过程中，完全可以将知识管理和竞争情报综合在一个信息平台上。

再次，竞争情报是信息管理和知识管理的有效结合，目标都是提高企业的核心竞争力。那么不防把对竞争情报的有效收集和利用当做知识管理的一个突出效果展现出来，竞争情报能带给企业的利益价值是有目共睹的。

所以说竞争情报是以提高企业竞争力为目的的知识管理。

知识管理在企业构建自己的竞争情报系统的过程中有着重要的启发作用。从企业竞争情报系统的"组织"、"信息"、"人"这三大主要方面，我们能够体会到知识管理思想在其中的有效运用。

1.组织结构调整

同知识管理需要设立CKO一职相似，企业竞争情报系统中，也设置了CIO(Chief Information Officer，信息主管)一职，专门负责对整个企业的竞争情报工作。作为企业管理决策的核心人物，CIO是运用自己掌握的信息资源武器帮助最高决策者制订企业发展的战略规划，通过充分有效地开发利用企业内外信息资源，来寻求企业的竞争优势，或强化企业的竞争实力。他不只是负责信息资源管理范围内的决策活动，而且必须参与讨论企业发展的全局问题。因此，CIO必须对影响整个企业生存与发展的各方面问题都有相当全面和清楚的了解，这同CKO必须了解企业内外环境的道理是一样的。

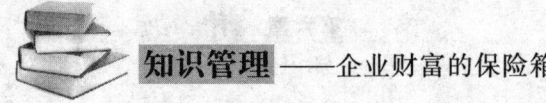

只要是有条件的企业，都应该成立由CIO领导的企业竞争情报中心。作为企业组织机构的一个组成部分，竞争情报中心的设置需要跟企业的具体实际相结合，可以考虑设在重要的战略性部门，也可在传统部门里增设竞争情报小组，还可以作为独立的核心部门，负责与企业其他各个部门沟通交流，进行整个企业竞争情报工作的协调统一。

总之，这种组织结构的调整是为了更快更有质量保证地提供企业竞争情报，提高企业战略决策能力，是"结构跟随战略"思想的一大体现。

2.竞争情报中心的信息流程

企业竞争情报中心的运作紧紧扣住情报产生和应用的收集、分析、服务几个关键过程，相应成立了竞争情报收集、分析、服务三个子系统。这个道理与知识管理中对于信息的管理思想是相通的。

在知识管理过程中，涉及到"识别企业拥有和需要的知识"、"审计知识"、"组织与存储知识"、"推广与传播知识"、"知识的应用与创新"等方面，同样与竞争情报项目的开展有着相似之处。在开展企业竞争情报项目工作的过程中，首先是明确竞争情报用户的情报需求，然后对情报资料进行收集、审核、组织、存储、加工，生成最终符合要求的竞争情报产品，再传递给情报用户，进行实际应用。知识管理强调的是知识的创新，而最有价值的最终的竞争情报产品也是通过有能力、有经验的高级情报工作人员综合提取和归纳出来。从某种意义上说，最终的劳动成果也是通过他们的大脑进行复杂加工创造出来的。

知识管理中建立起来的"企业知识库"与竞争情报系统中的"竞争情报数据仓库"是类似的。为了方便竞争情报"收集、分析、服务"三个子系统的情报人员的工作，分别为他们专门设置数据库，可以做到层次清楚，工作方便。

3.营造"以人为本"的重视竞争情报的企业文化

前面说过知识管理最重要的因素在于"人"。对企业竞争情报系统而言，这一点同样重要。杰出的人力资源管理不仅对于建立企业竞争优势，而且对于维持企业竞争优势都具有重要价值。

为了提高情报生产各个环节的工作效率，首先考虑的应当是对参与人员的培训。只有掌握了科学的方法，才能从根本上保证竞争情报的效率和质量；其次，"人"可以通过"人际网络"这一途径进行竞争情报的有效收集；另外，涉及到企业机密情报保护工作，"人"的素质无疑是决定性的；此外，对人的制度约束和取得良好绩效时的激励，也是竞争情报工作人员管理的重要组成部分。

以上无疑都是竞争情报系统同知识管理共同涉及到的"人"的作用的重要方面，但光有这些方面是不全面的。"人"在竞争情报系统中最重要的作用，实际上是通过"以人为本"，充分调动和发挥出全体员工关注企业生存状况的积极性，在此基础上还应营造出一种"全员重视竞争情报"的企业文化。

量体裁衣：知识管理要"合身"

问问任何一位企业家，他管理的企业的资产有多少，固定资产有多少，现金有多少，相信每位企业家心中都有各自准确的答案。但是如果问问他们，他的企业知识资产有多重要，知识流失的损失有多大，恐怕没有几个人能回答得上来。

通过多年在企业知识管理、知识管理理论等方面的咨询经验发现，被他们忽视的恰恰是存在于人脑中的知识经验财富，以及知识财富管理的重要性。

在对知识管理的解释中，人们通常会习惯地把"人、流程、技术"这三者与知识管理结合在一起，关注知识的生产、分享、应用以及创新的整个过程。

这个解释主要是从知识管理产生的价值及对企业经济绩效的角度来审视的，而当知识管理真正要在企业中推行时，必然会面临"管理"的问

题,更确切地说应该是整个知识管理体系的问题。

知识管理的设计要适合企业组织架构的特征,尤其是在项目型企业推进知识管理时,其特有的架构会使得知识管理的设计有所不同。项目型企业一般具备以下特点:

首先,由于其经营方式是以独立的项目作为经营导向的。这种企业通常是由集团总部负责主要的职能型工作,而由各区域公司或产品事业部独立处理和项目相关的事务,因此其组织架构往往比较分散,区域公司对于职能型工作的力度不够。

其次,项目型企业中最宝贵的知识都存在于项目的流转过程中,这些知识往往是企业的核心竞争力所在。如果能加以有效地梳理、归纳并使之得以最大限度地使用,就能加快项目进展的速度,提高项目的质量。

第三,项目型企业中的员工已经意识到知识的重要性,却苦于没有时间和专门的人员去整理,导致大量有价值的知识被淹没在浩如烟海的资料中。

量体:架构设计的挑战

根据项目型企业的特点,AMT咨询发现,要在企业内部推动知识管理,其首要目标是能够服务于项目,让知识内容在项目的运转过程中产生出可观的价值,才能体现出项目型企业开展知识管理的最大成效。由于在项目型企业中项目管理是重点,这就需要专门的适合项目型的知识管理组织架构进行支撑,并配于相应的知识管理制度加以约束,而其中组织架构是制度的基础。它能够保证企业知识管理的建设及持续发展,负责领导知识管理日常工作的开展。如果没有组织架构在背后的支撑,知识管理就是水中月、镜中花,根本无法持久地开展下去。

作为项目型企业,在其进行知识管理组织架构设计时也必须慎重对待。

第一,组织架构的设置过程也是权力和利益的再分配过程,是牵一发而动全身的事,因此对于组织人选是由企业内部的相关员工来兼任还是重新招聘专门人才,是作为一个常设组织还是临时性的应急性组织,这些都是需要经过反复思考才能决定的问题。

第二,知识管理的工作量不是一成不变的,它是和企业的业务量紧密挂钩并随时间的变化而改变的,所以设置的知识管理组织架构既要保证知识管理工作的顺利开展,又要想办法控制住员工成本,具备灵活性和有效性的双重特征,这对企业开展知识管理是一个很棘手的难题。

第三,作为项目型企业,其组织架构的设计必须同时满足集团总部和区域公司的双重需要,而且由于集团内部和区域公司工作内容的差异决定了组织架构中的人员需要具备不同的能力。特别是在以项目型任务为主的区域公司,组织架构中既要有熟知业务的员工,还要有项目管理及知识管理领域的专家,此外还需要配备技术人员,更重要的是要能协调总部和区域公司间的知识管理工作。这对于项目型企业的知识管理组织架构设计来说,无疑增加了复杂度,形成了更大的挑战。

项目型企业知识管理组织的构成

知识管理组织的架构设计通常有两种形式,集中式和分散式。集中式是指全公司只在集团总部设立负责知识管理的部门,统一管理全集团知识管理方面的事务。各子公司则不再设立相应的机构,也基本不参与知识管理的日常管理工作,仅依照集团的指示进行相关的活动。分散式是指集团内各个子公司及总部各自设立相关机构,各自推进知识管理建设,总部知识管理部门仅负责总部的知识管理工作。各子公司的推行方式、管理制度,甚至软件系统、文化理念都可以不一样。

这两种组织架构的设计方式都有各自的优缺点,根据项目型企业的特点和需求,我们建议将这两种方式融合在一起,形成一种新的混合式的组织形式,即在全集团范围内设立知识管理的管理机构,该机构的成员包括了集团总部及各子公司的相关人员,共同负责知识管理的管理工作,是一个跨公司的虚拟部门。

其中知识管理组织是由知识管理委员会及知识管理执行部门组成，分别行使相应的职责。知识管理委员会是全公司知识管理的最高管理机构，主要负责搭建知识管理的组织架构，配备专门知识管理机构和人员；推广和宣传知识管理理念；评审知识管理系统建设规划和实施方案，讨论、制定信息资源投入方案；总结当年知识管理成效及批准下一年知识管理建设计划，并评审当年知识管理贡献度奖金的总额预算及奖励名额；对知识分类体系的变更、知识管理各项制度的变更意见进行评审，等等。知识管理执行部门下设管理小组和技术小组，分别接受各分公司和总公司技术部的双重指导。

考虑到项目型企业的特点和组织的灵活性，建议知识管理组织为虚拟组织，而非常设机构。它的组成方式是一种横向方式，即在全公司范围内选出相关的人员参与到这个管理组织中，按照不同的任务共同推动日常知识管理工作。

裁衣：项目型企业知识管理组织架构的阶段设置

作为项目型企业，其不同时期知识管理的工作量是不同的，而且知识管理的重点也会发生相应变化，这都需要相应的组织架构相匹配。因此建立的知识管理组织应该是动态的，其目的就是为了适应动态的知识管理工作。也正是这个原因，知识管理组织以虚拟组织的形式存在更能满足企业知识管理工作灵活性的要求。一般情况下，知识管理可以分为三阶段：创建阶段、应用阶段和整理阶段。

知识管理创建阶段组织架构及岗位设计

在知识管理体系创建初期，项目型企业需要做大量的基础性工作，因此需要一个健全的、强有力的组织架构来推动。项目型公司在知识管理创建阶段可采用的的组织架构：总部的知识管理委员会主席组织协调知识管理执行部门和各个部门的知识管理工作，总部和区域公司都在知识主管的带领下分设管理小组和技术小组，负责管理相关的职责及技术相关的任务。

在知识管理创建阶段，由于知识管理的概念刚刚被引入公司，企业员工普遍会持一种怀疑、观望的态度来面对知识管理这个新生事物。在这个阶段企业需要用知识管理的宣传、培训开路，在员工对知识管理有了最初的认识后逐步将其引入日常的工作。鉴于项目型企业的特点是由分支机构完成和项目相关的工作，因此其大量的资料、文档、表单基本都存在于各个分支机构，所以应该由分支机构担任知识管理的主导工作，总部知识管理部门进行辅助。

作为知识管理部门主要的执行力量，分支机构的内部相关岗位由公司员工兼职担任。对于项目型公司而言，知识主管可以考虑由总部及各分公司中选择出既有技术背景又具备管理能力的中高层领导来担当，知识专家由公司内部熟知知识管理领域的内部专人来担任，管理专员与知识编辑分别由指定的项目成员和项目助理兼任，技术专员可以从信息部选人来专门落实相关的工作。这种安排的目的是让分支机构承担知识资料的梳理、知识地图的梳理、知识历程图的完善、常用管理表格的建立、产品关键属性的梳理、知识管理理念宣传及日常系统维护等主要工作，总部知识管理部门配合并辅助相关工作。在这一阶段，所有员工、项目经理、职能部门经理不仅要参与对公司现有知识的梳理工作，还要学习在日常工作中如何有效使用知识管理平台，以及如何将工作中的隐性知识及时转换成组织内部知识的方法。创建阶段知识管理的工作量是非常庞杂的，没有一定数量的专员投入大量的时间是难以完成海量资料的整理工作的。

知识管理应用阶段组织架构及岗位设计

知识管理应用阶段是指在知识管理体系成熟后，员工能熟练地利用知识管理平台并能在知识管理制度的指导下正常地开展和知识管理相关的活动。这个阶段一般处于知识管理开展后1~2年左右，此时公司的知识分类体系已经健全，历史性的项目资料也都已经分类归档，知识管理工作也已经逐步纳入员工正常的工作序列中，并与项目相关的工作有机地结

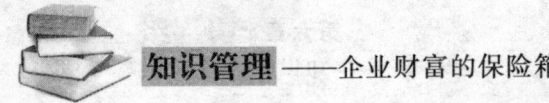

合在一起。此时,公司内知识共享的氛围也已经初步形成,个人的知识逐步变成组织的知识。

在这个阶段,知识管理组织的工作重点应转到引导上来,组织结构将逐渐收缩和集中,各分支机构的知识管理执行部门逐渐被取消,知识的采集、存储、更新等具体的知识管理执行工作都由所有员工来担当。总部的知识管理执行机构依然保存,这样既能对公司知识管理的整体方向进行把握,又能对具体细节性的知识管理工作进行监督控制,使得公司内知识历程图更新、知识地图更新、知识资料更新、产品关键属性完善、知识管理的考核与激励及日常系统的维护等主导工作能保质保量地完成。

知识管理整理阶段组织架构及岗位设计

知识管理整理阶段的工作一般在项目型公司开展知识管理相当一段时间之后,此时企业已有了较多的知识积累和沉淀。经过长时间的积累,企业已有大量数据、文档、表单等知识以不同的方式沉淀下来。知识库内的资料经过长时间的堆积,其实用性、时效性强的资料的比例会下降,也不乏一些可参考性相对较弱的资料需要审核、删选,去粗存精。

在这个阶段,知识管理组织的工作重点将会转到知识挖掘和复用推广上。知识经过较长时间的沉淀和积累,需要企业重新组织专家力量对知识分类体系、知识历程图、知识地图及大量沉淀的知识资料进行再梳理,因此分支机构知识管理执行部门会再设置知识专家小组,由知识专家组成,辅助总部的知识管理小组进行知识历程图、知识地图、知识资料的梳理和产品关键属性的更新。

知识管理的成功路径——你是"明星"还是"剩女"

按照托尔斯泰的"幸福论",幸福的企业都是相似的,不幸的企业各有各的不幸。但是从知识管理的角度来看,这句话是错的。

知识管理"不幸"的企业才是相似的,知识管理"幸福"的企业却有多种

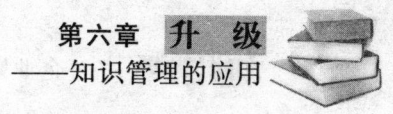

成功路径。

知识管理方面绩效卓越的企业都是因地制宜，根据主观目标和客观能力，确定最佳的知识管理建设路径。

知识管理的主观目标：

业务支撑：通过BAM、文档库等系统建设支撑业务，并打造基本的知识积累和共享平台。

能力构建：聚焦企业核心能力，构建企业知识资产库，并强化组织学习系统等来提升组织能力。

集成创新：关注分散知识的集成整合(门户)，并通过知识社区、专家体系、创新平台等推进新知识的创造。

知识管理的客观能力：

学习提升：属于初级阶段，1~2年以内未进行过知识梳理或者系统建设的经验。

经验丰富：持续地优化知识管理管理模式和流程，具有信息系统的实施经验。

专业水准：具有业界领先的知识管理思想以及实践经验，信息化经验丰富。

从知识管理的主观目标和客观能力这两个维度，可以发现知识管理的建设有几条典型路径。

路径A"宅男路线"：

绝大多数的中小企业以及相当多的大型企业，都会自动"对号入座"选择"宅男路线"，其首要任务不是"大跃进"，而是从基础入手，梳理关键业务和知识体系。短期内可以从文档库、关键业务活动BAM等系统入手，建立起最基础的知识积累和分享平台并能有效支撑业务，然后根据变革路线图，有计划有步骤地实现知识管理的提升。"宅男路线"朴实、实际、实用，避免不切实际，得陇望蜀是"宅男路线"的大忌。

路径B"帅哥路线"：

业务和管理能力都不错的企业在有了一定的知识管理经验后，通常

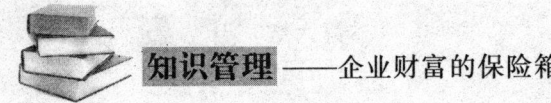

会选择"帅哥路线"。这样的企业管理基础比较健全,而且有职业化的管理者和员工队伍,但是面对新的发展机遇,由于核心能力没有有效的从个人转化到组织层面,制约着企业的规模化再发展能力。这样的情况下,基本策略是组织的核心能力所在,并根据核心能力构建目标,梳理关键知识资产体系并利用信息系统予以实现,比如龙湖的项目成果库、产品资产库、经验知识库等就是典型的"帅哥"模式。"帅哥路线"最应该避免的是没有明确的核心能力目标,以及没有核心专家人员的参与,这种情况"帅哥"往往会变形为"衰哥"。

路径C"明星路线":

行业领袖通常会选择"明星路线",他们不仅仅希望业务处于行业领先,也希望知识管理和组织能力构建处于行业标杆地位,同时也非常关注通过知识管理驱动运营和管理模式的创新。比如,万科在其知识管理实践中,在经历了初期的知识共享和组织学习阶段后,就非常关注知识创新。在"明星路线"中,知识管理所扮演的不仅仅是支撑角色,它作为一个加速器,为业务模式创新提供可能。一般来说,只有行业领导者才有资格走"明星"路线。

路径D"才女路线":

当企业有了一定的知识管理经验后,但是与行业领袖又有一定的差距,企业可以选择"才女路线",聚焦自己的差异化核心专长,通过知识管理提升企业的集成创新能力,开创一片新的事业。"才女路线"的关键成功要素是"领导必须领导"有效协调和核心专长相关联的业务单元,聚焦于差异化核心专长明晰、创新氛围的塑造以及互动创新平台的构建。

路径E"超女路线":

就如同"超女",虽然企业"才貌"一般,但有强烈的成功愿望,最重要的是,背后有亲友团或者大款的坚定支持。对于超女模式来说,希望借助知识管理来借鉴优秀企业经验、缩短经验曲线周期,实现快速追赶或超越。这种情况下,对于知识管理需要有长期目标的坚守,需要领导者倾力投入,更需要找到一个具有行业经验的可以信赖的长期合作伙伴。

路径F"剩女路线"：

某些跨国企业的在华分支机构或国内大型集团企业的区域分支机构，一般选择"剩女路线"，借助知识管理系统平台，将全球或总部的标准化流程与制度和经验复制到下属分支机构。当然，"剩女"下嫁，也不是一件容易的事，如何实现总部和区域的知识传播和管控，既让下属分支机构适应总部的统一要求，同时顾及区域当地的个性化，需要设计合理可行的集团型企业知识管理模式，也需要知识管理推动者具备高超的上传下达和横向沟通的能力。

纵观这几年的研究，大多高科技公司有以下八个共同点。也就是说，知识管理能否成功，可以用这八个C来检视：

1.连结（connectivity）：以内部网络和标准化知识管理工具、知识宝库健全员工之间的连结。例如建构知识管理的网络平台，或透过PDA提供业务人员M化的知识。

2.内容（content）：发展出自己的一套策略来管理内容，例如科技知识数据库等相关计画，编制知识资产编辑或知识支持长，专责协助忙碌的员工创造、编辑、转换知识资产。

3.社群（community）：发展出从上到下及由下往上的沟通策略，以加强内部对知识管理的共识。例如明列出多项沟通实务，让所有员工有所依循，或是发展竞争情报论坛、顾客仪表板之类的内部沟通模式。

4.文化（culture）：将知识管理当做是企业文化的一部分，鼓励员工提出任何创新的点子，持续举办研讨会，甚至明列在企业愿景中。

5.能量（capacity）：给予每位员工强力的支持，提供他们持续做好知识管理的能量。例如正式的训练计画、建置软件系统、举办知识分享活动等。

6.合作（cooperation）：强调内部合作（与员工、事业单位等）及外部合作（与产业工会、顾客、大学等研究单位）。例如一同做研究、开放议题讨论等。

7.商务（commerce）：奖励知识的贡献。例如直接提供一定数额的奖金，或是以记点的方式与企业原本的奖惩制度结合，或是年度颁发最佳论文奖、申请专利最多奖等。

8.资本(capital)：对知识管理系统做实质的投资，以改进团对工作效率，缩短学习曲线，并严格测量这些投资的报酬率。

换句话说，成功的知识管理实务能给员工提供适当的知识管理工具，易读易懂且为工作导向的内容，有充分沟通的管道，塑造以知识为主的企业文化，提供员工学习的能量，以合作的精神结合各种内外部力量，并激励员工做出贡献，还要用心测量资本投资与回收。

知识管理：企业国际化经营的关键步骤

如今，企业的主要的获利能力不再取决于它的有形资本，而是取决于该企业对于知识等无形资产的搜集与利用能力。所以，知识管理日益成为企业管理中至关重要的环节。知识管理策略的执行效果对于企业提升其竞争优势有着相当重要的影响。

而企业国际化经营所涉及的跨国知识转移不仅要考虑到组织中各个部门的组织文化差异，还要进一步考虑各国不同的环境条件以及文化所造成的影响。

众多研究显示，企业不断发展，在国外建立据点进行国际化经营，已经成为企业持续发展的关键因素之一，而国际化经营企业若能成功导入知识管理，必定能为企业带来相当大的利益。

国际化经营对知识管理策略的影响

首先，企业国际化进程不同，其知识管理策略也不同。国际化经营企业因其自身对全球整合及原地区回应这两者的重视程度不同，会展现出不同的知识管理风格。具体而言，就是处于产品成熟阶段的企业，已经能够掌握市场的消费需求,因此,在知识管理策略上比较依赖母公司的协调控制来进行全球性的规模生产,从而拥有高效率、低成本优势;而处于标准产品阶段的企业,在知识管理策略上则会大力推动对他国市场创新技术的转移来调整产品的生命周期,甚至特意分散所拥有的资源,来达成效率与弹性兼顾,从而保持理想的企业形态来保持其竞争力。

其次,企业国际化进程不同,会造成其知识转移类型的差异。当企业处于新产品阶段时,企业还在成长,环境变动快速,企业对环境的观察及对市场的敏感难以用量化语言表达。其技术知识尚未完全成型、稳定,也不易以形式化的方式表现,知识内隐程度较高,这时企业知识转移更多地依赖企业人员频繁地接触沟通来促成转移。而当企业处于成熟产品阶段时,技术成熟环境稳定,企业可以用业务资料等量化的资讯来掌控子公司,并形成制度化效率。此时企业的知识资产外显程度较高,因而在知识转移方面也可以借助明确的工作手册等书面化手段来积蓄、转移知识。

另外,企业国际化经营的产品生命周期的长短影响其知识创新的趋向。如果企业国际化经营的产品属于传统产业,生命周期相对较长,这时企业追求规模经济效益。而新技术导入不是企业首要的追求目标,往往企业会由母公司发展新技术,采取全球中心的知识创新策略,之后再将知识有效的转移,培养子公司使之成为有效率的生产据点。如果企业国际化经营的产品是电子类或软件等升级换代日新月异的产品,企业需要不断地导入新技术,因而需要多元的研发团队来支援,所以会利用各地研发据点追求不同层次的研发效益,从而会采取鼓励各地区知识创新的策略。

知识管理策略对企业国际化经营的影响

从知识管理策略的层面上看,重视全球整合能力的企业,其子公司的功能多数是生产型或单纯的销售型据点,而当企业重视各地区的差异,为了培养及时回应这些差异的能力,会建立一定规模的组织机构。这时子公

司的资源自主性较强,而各地子公司的功能趋向专门化,企业通过整合可以获得不同的区域效益。

多数国际化经营企业都力图在各地建立行销据点,积极了解各地市场并摆脱单纯的贸易形式的外销。然而,使企业知识融合各地的语言、文化、生活水平,甚至是融合东道国人际关系网络谈何容易。所以,当企业在开发一个重要的但却不甚熟悉的市场时,为了加强该市场的回应能力,企业往往会采用雇用当地人才这一最快捷的知识获取方式。而面对次要市场时,往往会外派人员且仅以贸易方式进行销售经营。

此外,知识管理策略还会影响国际化经营企业的人力资源管理策略。根据著名的知识管理八大流程来看,在知识管理推行上处于流程初端的国际化经营企业,其人力资源部门的主要任务是获取和积蓄人力资本,在组织中起到为领导者或决策者提供人力资本规划以及评估、推动知识管理的作用;而当企业同时兼具全球整合和地区回应能力时,母子公司之间的整合、协调活动频繁,此时,人力资源部门将更主动地促进全球沟通,致力于建构全球共享的政策、组织文化,它会更加积极地控制、协调知识交流而不是局限于被动地辅助知识沟通的角色。

知识管理如何实现全球落地

由美国相关机构共同主办的"最受赞赏的知识型企业"(MAKE)评选活动始于1998年,目的是选出那些以创造、分享、应用知识而成为新经济领导型的企业,为实施知识管理项目的企业提供一个可以借鉴的标准。

每年在这项评选中,西门子均是位列前20强的企业之一,它在知识管理方面下足了功夫。其知识管理主管克莱门茨介绍:"西门子很强调知识管理,现在我们有超过150个知识管理项目在全球推行。西门子的Share Net系统(社区知识管理系统)联系了遍布80多个国家的1.3万名销售人员及市场专家。"

西门子的总部位于慕尼黑，是一家德国的跨国公司。它拥有六大业务板块：信息和通信、自动化和控制、电力、交通、医疗和照明。六大业务板块又分为六大集团，每个集团都独立运营。西门子的董事会坚信，全球创新网络——包括190个国家和40万名员工——是公司的最大资产。这些员工由全球知识网络联系起来，是创新的关键，也是提供技术、切合客户的解决方案和服务的关键。

过去数年中，许多全球性企业纷纷建立了自己的知识管理系统。然而，许多投入应用的知识管理系统都失败了。与大多数企业不同，西门子的知识管理项目是一个成功的案例。西门子在知识管理领域所获得的巨大成功主要归功于其在全球最大的事业部——信息和通讯网络公司(ICN)成功实施了Share Net。

理清需求选准切入口

西门子在Share Net的概念形成阶段，就收集了将要使用Share Net的所有员工的意见。这一做法使Share Net能够考虑到不同地区公司的文化差异，为随后该项目的全球推广铺平了道路。Share Net项目团队很早就意识到：知识管理系统的开发不应该是孤立的，不应该是从上到下地部署到各地区公司中。因此，Share Net项目团队中增加了来自总部和15个地区公司的40名销售代表。团队中的所有成员要共同参与项目中问题的诊断，在诊断过程中，所有的销售代表都要求列举出一些不仅能在当地使用，也能在全球使用的解决方案和实践。

此外，选择一个合适领域作为切入口也是知识管理系统成功实施的关键之一。ICN的Share Net团队首先选择了为销售人员和营销团队建立一个知识共享系统，因为他们通过知识共享所产生的效果是立竿见影的。果不其然，Share Net系统在销售团队中取得了巨大成功，为Share Net在西门子其他部门的实施起到了很好的宣传和带动作用。

挖掘隐性知识

ICN要创建一个不仅能够共享显性知识，而且能够帮助员工将他们个人的隐性知识也贡献出来的系统。为此，ICN将Share Net设计成互动的知

识管理平台。

显性知识按照内容被划分到不同的类别中,如解决方案对象(技术性的或者是功能性的知识)、环境对象(客户或者市场知识)。Share Net把有用的文件相互联系在一起,例如,一个销售方案通常会包括对一个客户的情况调查,还有联系人,以便可以提供进一步的帮助。

隐性知识部分由紧急请求、论坛、新闻和聊天组成。Share Net的紧急请求功能可以让一个成员发出紧急信息,以提醒其他成员。对于一些非紧急的问题,需要对各种各样的想法和建议进行反馈,最好选择论坛。Share Net新闻是一个特殊的论坛,为Share Net社区提供留言板。Share Net聊天功能是基于因特网中继交谈(IRC)技术的,是Share Net成员的虚拟会议室。最后一个组成部分是Share Net成员字典,提供所有用户的联络信息、企业的详细资料和每个成员对于Share Net的贡献。

全球本土化

要通过Share Net获取全球员工所拥有的知识,西门子采取了一种既能够把全球的知识资源聚集到一起,又能够保留跨地区文化差异的方法——全球本土化的解决方案,由总部和各地分公司共同制定Share Net的战略方向,然后主要战略性维护会落到各地分公司中。

Share Net最初在四个试点国家(澳大利亚、中国、马来西亚和葡萄牙)展开,选择这些国家的原因有以下几点:这些国家都能和Share Net团队和谐相处,能很好地代表西门子在全球的业务。Share Net项目团队把试点作为迅速建立总部和地区公司之间关系的重要手段。

为了把全球本土化战略落到实处,西门子分别在地区公司里选出Share Net经理,还分别设立了共享委员会、全球编辑、IT支持人员和用户热线,他们和全球各地的投稿者一起组成了一个既注重全球总体战略,又关注各地区公司文化的全球本土化组织。在这个组织中,Share Net经理们起到了一个跨文化"黏合剂"的作用。

Share Net团队认为,其经理们的提名应当是自下而上的。Share Net项目团队给每一个地区公司寄了一封信,引起他们对知识管理项目的重视,并要求每个地区提名一位Share Net经理。另外,Share Net项目团队接触了全球每一位有可能成为Share Net经理的人。只有在那些没有人自愿成为Share Net经理的地区公司,才被要求提名一些员工成为Share Net经理。Share Net团队认为,强制性的提名会导致Share Net经理出现缺乏能力和太重视技术能力的问题。

Share Net团队认为,技术系统成本仅占整个知识管理项目成本的25%,大多数成本用在了选择和培训Share Net经理、沟通活动和培训资料上面。Share Net项目团队和咨询公司Change Factory共同开发了一系列的用户培训材料和全球推广的工具,例如培训录像带、有插图的口袋参考书等。

有关人士评价:"ICN的Share Net试图把所有的地区销售活动联系起来,以促进全球范围内的知识、全球最佳实践在地区公司的使用,以及全球问题解决能力的形成。通过节省时间和成本,通过创造新的销售机会,ICN的Share Net将实现巨大的、可衡量的商业效益。ICN Share Net将被融入到每个销售人员每天的工作中,它是一个自我形成、不断成长的系统。"

知识转化为股份

为了保证知识管理系统在西门子内部持续地使用下去,Share Net团队必须持续不断地给Share Net系统注入动力,并激励员工们向Share Net提供和获取知识。这包括外在激励和内在激励两个方面。

一开始,西门子推出了一个"上级奖励制度"作为知识共享的短期推动力。这种制度虽然初期在一定程度上刺激了Share Net的推广,但由于它没有真正地奖励那些知识贡献者,从而难以发挥长期、持续的激励作用。于是,Share Net经理们决定把重点更多地放在参与者身上,并推出了网上奖励制度。参与者会因为质量高的投稿而获得Share Net股份。

这个股份系统是一个灵活的激励方案,能够根据激励的需要做出调整。例如,知识发布和论坛反映为3到20股,每一股在价值上大约相当于1欧元。Share Net的技术系统自动根据贡献进行股份分配。在实施的前4个月里,股份激励系统产生了明显的效果。后来,这个奖励系统演变成了一个

"在线商店"。在那里,股份可以通过交易置换成一定范围内的产品,例如专业文献和西门子便携电脑等。但是数量上的成功却带来了质量上的缺陷。于是,Share Net项目团队引入了一个星级评价程序,星级乘以某个特定因数就可以计算出贡献者所能赚到的股份数量。引入这套新的评价程序推进了质量的提高。

事实上,把股份换成实物的用户较少,投稿的数量和质量等资料的公开化,使投稿者可以获得人所共知的专家地位,这一点日渐成为员工积极利用Share Net的内在动力。

Share Net用户发表评论说:"虽然得到一些这样那样的奖励能作为一种激励,促进我们与国际同事进行知识分享,但这不是最重要的方面。日常工作受到赏识、得到认可才是最为重要的事情。这才是我们受到激励的关键所在。"为此,Share Net项目团队决定把更多的激励和奖励聚焦在用户身上,把大量评论性内容放进系统,使用户积极贡献,还创造知名度。

通过这种方式,Share Net项目团队成功地把知识管理理念、信息化系统,还有作为知识管理主体的人有机地结合在了一起。大多数西门子的员工认为:借助Share Net平台,绝大多数员工之间可以自由地分享知识,更确切地说,他们被捆绑在一个全球化的公司网络内,并且有着共同的行为守则,在Share Net系统中获取和分享知识已经成为一种习惯。

向研发部门拓展

在2003年,西门子在低成本国家开发的软件花费占了5%,于是,西门子制定了一个雄心勃勃的计划:将利用大量的海外研发资源来降低成本。通过把研发分散到低成本的区域来削减成本的做法看上去很简单,但真正的挑战来自于把研发分散到全球的同时,保持其高质量。与全球的员工和合作伙伴共享知识,被视作这个计划执行的关键因素,这就强化了Share Net向研发进行扩展的呼声。

负责业务改革和知识管理的副总裁认为,Share Net向研发部门扩展,在销售和营销方面有许多值得借鉴的经验,但是,考虑到通信领域的诸多新挑战,以及研发功能模块的特殊要求,Share Net许多系统功能和实施战略必须进行调整。

在研发部门拓展ShareNet存在三种方案:第一种方案是,在整个研发社区中,简单地重复销售和营销部门的实施方法;第二种方案是,使实施过程更加贴近研发,并建立几个由研发员工组成的小组;第三种方案是,根据研发的流程定制实施过程,并逐步扩大Share Net的使用范围。相比之下,第三种方案更可取。

强化知识管理,推进中国企业国际化

知识管理能协助企业在国际化经营中掌握核心优势,减少企业损失,进而创造价值。所以,为了中国企业更好地向广阔的国际空间谋求永续的发展,我们应该从以下几个层面推行知识管理,以提升企业国际竞争力。

第一,政府在号召企业走出去的同时,应大力推行企业知识管理机制。在企业国际化经营的知识管理问题上,政府应该看到中外企业的差距,通过宣传,帮助企业树立知识管理理念。此外,政府应该成立专门机构,帮助企业搜集国际市场信息、整理国外知识管理先进经验,并促成中国企业从理论探讨进一步走向知识管理的实践。

第二,企业在跨出国门,进行国际化经营时,必须运用知识管理,提升其国际竞争力。应该在向成功的跨国企业学习的同时,摸索出适合自己的知识管理模式。具体表现为,运用现代化信息技术建立知识传递渠道,并设立专门的知识管理岗位来制定各种管理的规章、制度,从而实施行之有效的知识管理策略。

第三,学界和相关技术部门应该积极配合企业,共同开发出适合企业组织文化、资源配置的知识管理软件,有系统地、阶段式地逐步推展,帮助企业建立起知识管理绩效评估、知识管理风险防范等一整套体系,使得企业创造最大利润,取得领先契机,成为竞争中的赢家。

我们知道,企业总是处在不断变化的环境中。诸如,企业的发展规模

大小和速度的快慢、市场竞争的激烈程度及市场变化的速度等因素,决定了企业环境的变化速度和程度。

企业要继续生存发展,就必须通过不断变革,来应对不断变化的环境。

由于这一特性,就决定了作为对企业运作和支撑的强大工具的信息系统,必须也要具备能够帮助企业去应对企业环境变化的特性,即能够支持企业变革的特性。

然而企业中的现实情况,却并非像我们想象中的那样乐观。绝大多数的企业对待企业的信息化建设或者信息化系统选型,存在着错误的认知和观点。如对待企业信息化建设从不进行整体规划,信息化建设带有随意性;对于具体的信息化系统,只着眼于信息系统的业务功能是否满足企业当前需要,鲜有将信息系统"能否支持企业变革"作为对信息系统选型的重要指标来进行考量。

这样做的后果是:盲目投资,造成投资浪费;适应不了变革,提前"寿终",降低了投资回报率;造成信息孤岛,阻滞业务运作,加大了信息集成难度,需要投入超量资金等。

那什么样的信息系统才能有利于支持企业的变革呢?

从企业变革的整体来看,企业变革可分成:涉足新业务或跨业务经营、组织结构调整、业务流程重组,技术变革等几类。

那么我们的信息系统,应该在无需进行二次编程开发的前提下,能够支持起对未来企业新业务的运作。以及在企业组织结构的调整和业务流程重组后,仍能支撑企业正常运作。这样的信息系统才是有利于支持企业变革的。

下面,让我们具体地来讨论,能够支持企业变革的信息系统应具备哪些特征,或者说这种类型的信息系统是如何实现的。

信息系统的作用,从本质上来讲,实际上就是对信息的处理。一组软件功能集实际上包括:信息的输入、信息的存储、信息的加工处理、信息的查询及输出等四大最基础功能。

当企业要涉足新业务或原有业务发生变化时，这时就要求信息系统能够通过自定义或者配置等方式，生成新的功能来满足业务的需要。

第一，应该可以人为地去定义、增加或修改新数据表格或已有数据表格，及表格相关字段和字段的特性，用以存储新业务或业务变化后的数据。

第二，定义该数据表及字段与现有的数据表及字段的逻辑关系。

以上两步，用信息管理的术语来讲就是数据重构。

第三，定义数据输入界面及输入后存储的数据对应关系。

第四，定义数据的加工处理，即业务流程的定义。包括处理的输入数据、处理的条件、处理的动作、处理岗位、处理人、处理的输出数据、下一流向。这可能以多个功能集体现。

第五，定义数据的查询执行方案。如查询条件公式，查询所涉及的数据，查询结果所呈现的界面形式。如我们经常所讲的，表格、图形方式体现出来的报表显示在查询后结果界面。

第六，定义所查询结果以什么样的文件形态进行输出。

通过以上阶段，信息系统对于支撑新业务的功能已经构建，只缺少一个可以让操作者进入应用该功能的入口，即菜单。

最后，通过菜单定义功能，在功能菜单上增加该功能名称，并指向该功能入口。这样，信息系统用户就能通过功能菜单显现地去应用该功能。

因而，信息系统也就能对企业新业务或变化的业务运作进行支撑了。

在更多的时候，企业的变革，是对组织结构调整和业务流程重组来进行的。

一般的信息系统，都能对组织结构的调整进行支持，即可对组织结构进行维护，如增加、删除、转移等来体现组织结构的变化，及他们之间的层次和隶属关系。

但很少有能够自动生成组织结构图和岗位分布图，以及对组织结构和岗位的变化记录，提供跟踪分析的信息系统。而这一特性，实际上有利于企业对已往的组织结构及岗位的变化进行分析，评估是否科学合理，为未来的调整,奠定科学的依据。而能够进行业务流程重定义的信息系统也不多见,实际上只要通过上述第四点,我们就能做到,在信息系统中对业务流程进行重组,以支撑企业的变革。

除此之外,信息系统在基于组织结构重组的基础上,能够对系统的功能权限、人员权限、角色化权限、报表权限、字段权限进行定义和分配,也有利于企业的变革。而预警提醒功能或平台,包括可设置预警提醒的事件、预警提醒的对象、内容、条件、及预警提醒的方式,如手机短信、邮件、系统内部短信、通知等,也是对信息系统支撑企业变革的重要补充。而诸如操作人员通过所拥有权限的功能范围,在主界面进行个性化功能选择定制,以突现自己关注的信息、事情和工作,以便能够迅速及时的进行处理。还有系统与其他系统间的数据集成,如输出接口、接收接口都有利于信息系统对企业变革支持的补充。

综上所述,那些能够对数据重构、能够定制业务流程、定制输入界面,定制查询执行方案,对数据输出的报表进行定制,以及能对输出结果进行定义其文件类型等的信息系统,都能够非常好地对企业的变革进行有力的推动作用。

延伸阅读:企业人知识管理寓言篇

这是一个大家都有的生活体验原理,一个木桶的大小决定了装水的容量。而且,还要注意装满了水是否还能搬得动或水会盈出来的问题,是否应预留一个空间等。

引伸到企业管理中,木桶是由打造后的本板而成,所谓最短的板决定了装水的高度。就算木桶的板都是一样的高度,但若其中板的质量(如穿孔)有问题,自然孔口以下才是装水的高度。

1、源于生活的启示

凡事都有一个量与度的概念,更有一个时机掌握的问题。当你决定要增加装水的容量,你就必须检查木桶是否要回补你的短板,关键是看你有没有这份心思和这样的精力来做这件事。

同理,当市场的竞争外牵力要求本企业必须加以提升时,这时候补短板就是当前的主要问题了。若能够未雨绸缪,就像以上的管理寓言那样在还没有变成当务之急时就考虑切合自己的补短板的方法,这样才能做到有备无患。我们可以设想,当原来的短板补上以后,那么自然会有另外的短板出现,这正是我们将要面临的挑战。

【学习启示】

木桶原理告诉我们,你要装水的时候,一定要注意木桶的大小,还有检验做成木桶的板有没有问题。补回又将要提高另一块短板,正如上台阶;一个团队要上到山顶,每一团员都不能掉队,除非你放弃。

2、谁决定了装水量

从个体来说,他本身的"硬件、软件"综合的素质与能力决定了他自己的装水量。

从部门、团队和组织来说,每个成员各自的装水量集合变成大木桶,这不是简单的相加,而是组成每一块板。这时候,最短的或者说素质能力较差的板便决定了装水的容量。

从企业从决策者角度来说,"掌门人"的"三气"决定了装水的容量。大气:前瞻性和豁达心态。才气:容人之量与识才。灵气:人格魅力和艺术。基本上说,有多大的胸怀就做多大的事。

【学习启示】

所谓"三马车",企业、部门和个人合力的大小,并不是简单的相加和列队;必须具备方向一致、用心一致、用力一致,才有可能让"三马车"跑得更快,但快不等于好,"自量其力"才是真的好。同理,从上往下地审视装水的容量,找到一个共识的高度,然后努力去做。

3、线性与整合模式

考察木桶原理,补短板是解决问题的关键。客观上是取长补短,但必须消耗一定的人力和物力。这是线性思维模式,无论从时间上,还是效能

上都不是最优化的选择。

让长的板更具有特长,这就是整合思维。它要求在经营与工作中把资源整合为过程管理,随时保持策略与操作的调节作用。比如某企业,市场营销通道已经建立而本身的研发也处在初级阶段,这时候,应该适当的保持战略、产品、成本和人才这四个要素的配合。正如一个家庭在闹矛盾,有外人来寻求帮助,是否应该暂时放下家里的小事,先应付外面的事呢?最后当摆平了外面的事才回过头来处理家里的小事,这是一个过程与策略的道德。

【学习启示】

凡事都有一个先处理,后协调的问题。走极端或是畏缩不前都不是一个管理者的作风,而且从企业角度,抓住问题的核心并先解决各种已经条件具备的事情,来个先后缓急的安排不是更有章法吗?

4、企业周期量度

企业发展一般要经过导入→形成→稳定→衰弱的四个基本阶段。不同的阶段,对于木桶原理有不同运用方式。

企业导入到形成,也就是从创立到发展阶段,这是一个从创始、上升与巩固的过程,运用线性思维模式会合适一些,做稳才能做强。

企业从稳定到衰弱阶段,也就是从控制到创新阶段,更需要运用整合思维模式。找出核心竞争力如何跨越或突破,自我冲出重围。形象地说就是"驼峰形"图。

【学习启示】

凡事都不是绝对的,正如变才是永恒的,不变才是相对的。当运用这个原理时,最好的方式应充分评估自身资源条件和位置,以及可拿出的精力来策划解决方案,稳重求胜策略。

第七章

创　新
——知识管理只有成熟没有成功

　　知识创新,是指通过企业的知识管理,在知识获取、处理、共享的基础上不断追求新的发展,探索新的规律,创立新的学说,并将知识不断地应用到新的领域并在新的领域不断创新,推动企业核心竞争力的不断增强,创造知识附加值,使企业获得经营成功。

　　中国企业如何更好地创新? 建立知识管理体系,形成知识创造的企业文化是关键。

他山之石:知识管理的创新思维

　　知识管理(Knowledge Management,简称KM)和设立首席知识官(CKO)已经成为管理时尚。但当我们着手寻找成功运用知识管理的内地企业时,一切都变得困难起来。

　　人们失望地发现:相当多的公司都还在思考阶段,他们还拿不准采取何种方式跟进潮流;极少数的公司确实购买并安装了所谓的知识管理系统,但无法说清楚这套东西和其他诸如CRM(客户关系管理)等系统的关

系。华润集团的一位经理说,他们一直试图在国内寻找一家成熟的知识型企业作为样板,但是还没有找到。

真正在实施知识管理的中国企业寥若晨星。中国惠普有限公司、三星数据系统有限公司(三星SDS),从某种程度上来说,是国内知识管理领域的先行者。这两家企业都在初步实施他们认可的知识管理系统,而方式方法和指导思想并不完全相同。

中国惠普的母公司在知识管理领域享有盛誉,但是它在国内的知识管理实践却与母公司迥然不同,"师傅带徒弟"等做法更像是从中国传统文化中汲取营养。

同样身处北京的三星SDS在中国的分公司,却在复制韩国的成功经验。他们对IT设备和技术的重视,与对公司文化和管理支持的重视不相上下。

这两种模式,向着不同的方向迈出了知识管理的第一步,虽然有着先行者的种种不足,但都是国内知识管理最高水准的代表,给后来者以启迪。

中国惠普:自由交流的文化高于一切

"2001年11月我被任命为首席知识官时,有相当多的软件商与我接触,问惠普是否愿意买他们的软件。"作为中国第一个首席知识官,高建华打破了很多意图大赚一笔的知识管理软件商的美梦,"知识管理的本质是一个管理问题,IT只是工具。如果没有实质内容,系统就是个摆设吗。"

高建华选择的知识管理模式并不涉及大笔预算。他认为,中国惠普探索和实践知识管理不应先从硬件建设和软件开发入手,而应从培育适合知识管理的企业文化和提升知识管理的能力入手。

2001年9月,中国惠普成立了知识管理委员会,采用知识管理的动机被归纳为整合惠普内部分散的资源,从而为惠普的整体战略服务。实施知识管理的三个目标被确定了下来：

一、提高组织智商。中国惠普有1000余名员工，分散在众多城市。惠普希望把众多的高智商人才拧成一股绳，把以往的矢量合成一个方向，从而使公司战略能够从上而下地得到贯彻。

二、减少重复劳动。高建华把中国惠普的业务简称为"前端"，即与客户关系较为靠近，不像产品研发那样处于"后端"。随着目前人员流动的加快，分享已有知识的风险不断加大。公司在业务上已经有许多成功经验，知识大多已形成于每个员工的头脑中，需要拿出来分享。

三、避免组织失忆。公司作为一个组织必须有自己的记忆，过去经历的案例和企业方向性的变化等需要有延续性，从而保证公司不重蹈覆辙并沿着正确的方向发展。

为实现这三个目标，惠普首先对需要的知识进行整理并使之成文。高建华希望被"写下来"的是公司的战略规划和员工的经验和智慧。这包括一系列分类整理汇总的标准文件，内容涵盖从企业发展至如何与客户沟通等多个方面，使员工迅速掌握关于企业以及如何拓展业务流程的基本常识。

高建华很重视流程规划，他认为知识管理工作的重点就在于是否把现有流程中的一些环节与知识管理的价值链相结合，并且对结合的效果进行量化。举例来说，惠普以往每一个业务部门都设有面向客户的售后服务电话，客户通常会打进一个电话要求找另外一个部门。这样转来转去就浪费了客户的大量时间，并会使他们丧失对惠普的信心。为此惠普专门将各个部门的客户服务中心进行知识统一，保证他们知道另外部门的客服电话，让客户查询电话转接不超过两次。

就像中国惠普选择了一个土生土长的中国人来主导知识管理，其实也是选择了中国人熟悉的形式：通过集中培训和一种被称为"师傅带徒弟"的活动，使员工有机会吸收消化前人经验和视野；惠普努力建立一个行业专家库，由了解产品解决方案的行业"知识大师"贡献；惠普定期举行所有员工参与的读书会，推荐员工阅读相关业务书籍和个人成长书籍，并

进行读后交流；惠普内部的经理人员被要求定期前往惠普商学院讲课，与内外部的人员分享战略构想。

惠普内部已经形成了一个良好的机制鼓励员工参与知识分享，并与个人业绩考核挂钩。比如说，惠普内部的数十个知识大师全部是行业专家，他们也许只是普通员工，他们分享知识的表现会提供给他们更多的晋升机会。

高建华反对国内企业在知识管理上"搞运动"，他说如果知识管理像以往弄得轰轰烈烈，只能徒费资金得不偿失。他强调说，知识管理是一种制度化的东西，它的前提是公司首先形成开放的自由交流的文化氛围。

三星SDS：管理层长期积极推动

三星SDS的业务范围包括系统集成、软件开发、咨询以及培训等。三星SDS的知识管理是在该公司总部CEO的个人决策下开始的。1996年，通过评估与咨询，三星SDS树立了知识管理推广战略，成立了知识管理推广组织并决定自行开发知识管理系统。

时任三星SDS北京公司副总裁兼研发中心总监吴景植这样解释该公司上知识管理系统的动机：形成以专家为主导的组织文化，培养技术人才、新员工快速融入；确保高附加值事业竞争力，确立核心竞争力、提高生产力、最优化的客户服务；建立全球化经营体系，通过知识共享工具完成全球化的知识管理。

三星SDS知识管理的实施过程分为四个阶段：

1996年~1998年：自行开发知识管理系统，包括整理建立知识库。

1998年10月~1999年：系统大幅更新改进。为了项目成果的再利用，确立业务流程；选定知识主管，确立各事业部门的知识专家。

1999年11月~2000年12月：通过引进电子货币，确立知识管理奖励制度，选定知识主管，综合业务程序和知识管理程序。

2001年到至今：推动整个系统的人性化，适用"知识门户"（Knowledge-Portal）概念，建立社区（Community）知识活动体系。

吴景植介绍说：三星SDS成功的关键在于管理层对知识管理实施的长期积极的推动。三星SDS为此专门设立了人员和部门：首席知识官负责战略和政策的制定；知识管理部负责树立并实行全公司的知识管理体系，同时对各种知识管理活动进行计划并实施；事业部知识管理员负责树立并实施事业部的知识管理体系，引导事业部成员参加知识经营活动；部门知识管理员负责挖掘适合各部门特征的内容并引导部门成员的参与，引导部门成员参与知识管理活动；知识主管负责管理负责领域的知识（知识验证、知识更新）和推荐优秀知识。

三星SDS非常重视知识库的建立，在企业内部，一个被称为"泉水"的知识库不断升级。其中70~80%为所有员工共享，其余涉及公司战略部分只对公司高层开放。三星SDS在开始实施知识管理时遇到的最大问题是，IT公司固有的技术人员不愿意将资料和技术共享出来。为了吸引员工参与，三星SDS最初不得不采取"电子货币"的方式对贡献知识与下载知识的员工进行奖励。

在吴景植看来，在IT技术与管理文化中，知识管理更应倾向于后者。吴景植很高兴地看到三星SDS在公司实施知识管理后，其文化已经发生了巨大变化。曾在三星航空公司工作过的他感觉到，在知识管理系统的帮助下，加入三星SDS的新人们不用再吃前辈的苦了。知识管理使他们享受到前人经验，从而压力更小、更有效率。

到2001年为止，三星SDS知识库中共有10万多条知识资料和20多万件知识资源。数百名知识主管忙着清除过期的知识，热爱奉献和分享的三星SDS员工们却不愿意看到自己的东西被系统删除。对知识管理者来说，三星SDS知识管理系统面临新的挑战是如何不断更新并完善系统，使之更人性化，更方便于员工之间的互相交流。

多年来，三星SDS的这种由上而下的知识管理推动取得了较好的效果：2002年三星SDS获得了首届亚洲MAKE（最受钦佩的知识型企业）奖。据

吴景植介绍,到2001年,整个三星SDS通过知识管理系统节省了1.6亿元人民币。

利用"知识资源"来获得竞争优势,巩固其行业领袖地位

许多著名的公司已经建立了自己的知识管理体系,利用"知识资源"来获得竞争优势,巩固其行业领袖地位。

LOTUS知识管理体系

LOTUS围绕着知识管理包含的"人、场所和事件"三要素,建立专家网络和内容管理,方便用户和员工获得所需的知识,设立企业社区供员工共享知识和相互协作,开展企业培训,帮助员工自主学习,以提高企业的整体素质。LOTUS提出了从总体上可分为企业应用集成层、协同工作/发现层、知识管理应用层和知识门户层的知识管理框架,每层都着重介绍了其所使用的知识管理技术和工具。

LOTUS所提出的知识管理体系框架涉及的技术工具包括档管理技术、群件技术、LOTUS NOTES、LOTUS Kstation、LOTUS DiscouveryServer和IBM-Domino等。

其中,LOTUS Kstation是具备知识管理功能的知识门户服务器,LOTUS Discovery Server是知识发现服务器。两者共同组成了LOTUS的知识发现系统(Knowledge Discovery System),并与相关服务器结合提供当前市场上功能最强大的知识管理解决方案。

西门子公司的知识管理体系

虽说在知识管理方面走在前列的大多为软件、咨询公司,但作为传统企业代表的西门子公司,早在1997年就通过构建和利用适合自身发展的知识管理体系,达到了提升公司整体核心竞争力的目的。西门子的知识管理体系分为企业内外两个部分,外部主要涉及到企业日常对外活动、活动场所和活动主体;内部可以分为战略及评价、运作业务和支撑结构三大类。

具体包括制定知识作为公司资产的商业战略、培养相互信赖的知识共享文化和知识型组织,建立知识市场、确立知识资产,确定知识内容和结构、设置知识度量制并建立评估系统和模型、培养知识工人、采用知识技术使新知识成为可能并驱动其产生。

整个框架内外部通过信息、最佳实践和研究、经验反馈等进行交流。

西门子除了采用通信网络、文档管理、群件技术等常见技术外,最为关键的是采取了门户技术。在一个集成的门户中,员工可以有权限地交流和共享知识,并通过搜索跨越不同部门获得所需的知识。

万宝公司的知识管理体系

国内构建知识管理体系的企业对知识管理体系结构可谓仁者见仁,智者见智。

作为国内首个知识管理畅饮者的万宝公司对企业构建知识管理体系也有自己独特的看法:企业首先应该意识到知识是企业无形的资产和财富,只有通过知识管理,利用科技将人与信息充分结合并创造出知识分享的文化,加速人员学习、创造及应用知识,才能达到组织目的,进而提高企业的核心竞争力。

万宝公司提出的知识管理体系,是建构在加强人员交流互动协作和良好的组织文化环境之上的,通过知识地图、社群运作模式和知识分享文化及行为规范来建立企业的知识网。

在国外,知识管理体系已被成功地实施于众多企业,尤其在咨询业、制造业、IT业等行业。不同行业中的知识管理体系有不同的着重点。咨询业在设计知识管理体系结构时,需要系统综合地考虑局部创新力量如何积累、如何传递到应用中、如何在应用中再创新、如何形成良性循环等,因此大多从整体着眼,对克服企业中存在的进程障碍和文化障碍给予同等的重视。制造业的知识管理体系主要应用于集成设计、管理和运营等环节中,关注焦点为集成设计的多样性、同步性、生产管理、质量管理、结构化定位等,以满足其在全球化制造业竞争环境中产品和经营革新过程的需要,因此其知识管理体系偏重技术支持。IT业的知识管理体系偏重IT技术的应

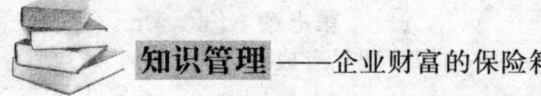

用,利用在线系统实现对知识的整理分类、检索、共享、传递,提高企业的工作效率和应变能力。知识型组织如大学中的知识管理体系强调的是知识的开发、积累和创新,充分利用知识管理的技术和技巧,在降低成本、改进学术和管理服务的同时成为知识管理活动在经济社会扩散的载体,为知识管理的推广创造条件。

在国内,对知识管理体系的研究偏重理论,成功实施知识管理体系的企业可分属于咨询、制造和IT行业;国外咨询公司的中国分支大多推行总公司的知识管理体系模式,实现员工培训,满足和创新客户需求和创业增值;作为国家经济主体的制造业的知识管理体系是对原有的信息管理系统的改进,有重点地对企业资源和活动进行有效的管理。

IT企业普遍关注知识管理的体系结构,具备先进的知识管理技术和工具,但专门投资并获得成效的较少。

通过比较LOTUS、西门子,以及考察众多的知识管理体系案例,我们不难看出:

1.在知识管理体系的目标确定与构建方面,国外开发的知识管理体系有明确的构建理念、知识管理目标、功能强大的知识管理系统和先进的IT技术支持;而国内的知识管理体系缺乏自己的构建理念,着重开发知识管理软件工具来实现知识管理目标。

2.在知识管理体系的运作当中,国外企业将知识管理体系与企业整体战略进行整合,在制定激励机制和培养共享文化的基础上,选择适当的技术工具进行系统建设与实施,以最终达到知识管理的目标;而国内企业往往缺乏企业制度的制定和企业文化的培养,急于硬件建设和软件开发,难免使实施效果大打折扣。

综上所述,实现成功的知识管理体系的五项关键是:

1.制定企业知识管理战略,建立知识创新激励机制,塑造知识共享的企业文化氛围;

2.设置知识主管专门负责企业知识管理工作,开发知识创新能力;

3.与企业的业务流程相结合,调整企业知识结构;

4.建立企业知识管理系统,管理知识生产、交换、整合和内化;

5.对知识管理体系制定评价方法和原则,以期改进。

制定适合自己的知识创新战略

当今社会正处于知识经济的时代,各行各业对知识管理的注重程度不断提高,纷纷投入大量的人力、精力和时间进行知识管理的建设。从简单的效仿到自行创新,从工作细节的优化完善到工作模式的变革创新,一再将知识管理的水平向纵深方向发展。

知识管理其实是一个比较新颖的管理理念,随着国内外企业知识管理的普及和实施,越来越多的人真实接触到了知识管理系统,体会了其中滋味。对于大多数国内企业来说,业务复杂度和成熟度远不及世界500强,同时IT系统也远不如500强完善。那么,我们在制定自己的知识管理战略时同样也要考虑针对各自的行业特征、企业实情进行适应性的取舍和应用。

用头脑风暴创新知识

随着知识经济的来临,知识或信息工作者会逐渐转化为决策主体。知识与信息的自动膨胀降低了决策的确定性,知识和信息的决策方法与原则也变得多变复杂,任何一位决策者不要指望自己能解决一切问题;掌握了特定领域的知识与信息加工原则的工作者具有绝对的发言权,这些特殊的方法与原则的独占性会进一步削弱资本的力量。

这时候,一次有效的头脑风暴能够产生许多好的创意,并兼具趣味性和活力。

从研发团队寻求新产品的创新管理，到运营团队探究省时的流程改进，再到首席执行官们寻找未来的增长机会——所有高层管理者都希望其组建的、参与创意活动和管理的团队源源不断地产生更好、更具创造性的创意。

然而，在某种程度上，所有高管都有过使用传统的头脑风暴会议寻求新创意的痛苦经历。我们都熟悉这样的场景：首先，一群主要是基于政治方面原因被挑选出来的人在台下被动地倾听；一名主持人(通常是对你的业务几乎一无所知的外部人员)在台上呼吁你"要有创造性！""跳出固有的思维模式！"还精神饱满地提醒你"创意没有好坏之分！"

结果如何呢？有些与会者无动于衷，有些人零星贡献点创意，还有那么几个人用自以为是的创意，吵吵嚷嚷地把持着头脑风暴的会议。大家会随意地冒出一些点子，有些有点意思，但很多都颇为荒谬。由于这种会议缺乏组织，所以几乎不会围绕任何一个创意积蓄起行动的劲头。会议结束时，大家疲惫不堪地离开，对于接下来要发生什么一头雾水，有些人会嘀咕："现在，我们又可以回到实际工作中去了。"

事情不一定要这样。在一项观察了150多家企业领导和200个此类项目并涉及多个行业的实验中，人们发现了一套实际的方法，可以把通常在传统头脑风暴会议中被浪费掉的精力引导到更有成效的方向。其诀窍在于利用人们在创造性地解决问题形势下的实际思考和工作方式，这种方法被称为"头脑引导"。

与传统的头脑风暴相比，它需要更多的准备，同时，也会产生更有价值的结果。你可以通过如下几个步骤，来明显提高成功的几率。

了解组织的决策标准

企业头脑风暴会议中产生的好创意往往无疾而终，原因之一是它们不在组织愿意考虑的范围之内。如果外部环境或者企业政策设定了组织必须遵从的框框，那么"打破思维框框"的口号就是一种无济于事的劝勉。

因此，管理者如果希望在其团队中点燃创造性思维的火花，应首先了

解或制定企业最终创意决策的实际标准。例如,是否存在任何绝对的约束或限制?一家银行召开了头脑风暴会议,会议的最佳创意都要求改变IT系统,然而,高级管理层最近已"封闭"了未来18个月的IT议程。对此,头脑风暴会议的策划者全然不知,结果整整浪费了一天的时间。

还有,什么才算是可接受的创意呢?在另外一家更为明智的银行需要好的创意, 以便让每家支行投入不超过5,000美元, 就能迅速增加利润。对此,高管层与策划者协调,决定接纳三种类别的创意:新产品、新销售方式和定价变化,但回避那些需要新的监管审批的创意。结果,该银行召开了一次更加富有成效的会议,准确地传递了企业想要的东西:一组包含所有三个类别、务实、成本可以承受,并在一个财政年度里就能盈利的创意。

提出正确的问题

数十年的学术研究表明, 传统的头脑风暴法不能提供更具结构性的方法。我们发现,提供结构的最佳方法是利用问题作为产生创意的平台。

在实践中,这意味着围绕一系列"正确的问题"组织研讨会。这里的窍门在于识别具有两个特征的问题。首先,这些问题应迫使与会者以一种全新的、不熟悉的视角进行思考。因为每当你寻找新的方法来解决难题的时候,你自然都会想到从前行之有效的思维模式和创意。研究表明,随着时间的推移,得到的好创意会越来越少。改变参与者的视角将会使其思考方式发生转变。正确的问题的第二个特征是,它虽然限制了团队将要探究的概念空间,但限制程度不会大到强迫产生特定的答案或结果的地步。

根据经验,对于约有20名人员出席的比较典型的研讨会,最好是准备15~20个这样的问题。要谨慎选择这些问题,因为它们将会构成研讨会的核心——与会者将会在会议期间的一系列小组集中讨论到这些问题。

选择正确的人员

此处的规则非常简单:挑选那些可以回答你所提出问题的人。这听起来很好理解,然而实际上却并非如此,对与会者的挑选更多的是基于他们

在组织结构中的地位,而不是他们具有的专门知识。

分而治之

确保开展富有成效的讨论,不要让与会者在整个群体中连续数小时进行漫无边际的讨论。相反,要让他们在由3~5人(不要更少也不要更多)组成的小组里,召开用足30分钟、多场独立的、重点明确的创意催生会议。为什么是3~5人呢?从社会规范角度而言,这么大小的群体有利于成员直言不讳,而更大的群体却会使其变得沉默不语。

当你为小组分配人员的时候,一定要把"创意扼杀者"隔离在他们自己的小组中。这些人员会有意或无意地阻止别人提出好的创意,这类人员有三种:老板、"大嘴巴"和主题专家。老板的出现通常会使得人们在表达未经证实的创意时变得犹豫不决;"大嘴巴"则会占用会议时间,对信心不足者造成恐惧;主题专家会扼杀新的创意,因为每个人都认为他们具有更高人一筹的智慧,即便他们对眼前的问题存有偏见或认识不足。

最后,把你早已准备好的15~20个问题在小组间进行分配——每个小组大约5个问题。只要可能,就要将某一特定的问题分配给你认为最适合解决这个问题的小组。

准备开始

在将参与者划分为小组之前,请先对其进行引导,这样你就会对他们将会完成什么——以及完不成什么——有了明确的预期。请牢记:你的团队习惯于传统的头脑风暴,其中思想的流动快速而狂乱,最终难免肤浅。

然而,今天每一小组都将用半个小时的时间全面思考并讨论一个唯一的问题。在小组单独召开会议期间,不要提及来自任何来源的其他创意。

让与会者为可能出现下列情况做好准备:当小组研究解决一个问题时,可能仅产生两个或三个有价值的创意。提前知道这一可能性将会阻止他们灰心丧气,从而使参与者鼓起用新方式思考、增强创造性力量的勇气。

此外,只要可能,在每次会议开始之前分享"要点示例"——以前的小

组使用过的实际问题,以及相关的成功故事,以激励参与者并向他们表明以问题为基础的方法如何奏效。

最后一条警告:任何小组的头脑引导会议的前5分钟可能都感觉像是典型的头脑风暴,人们都在测试自己得意的创意或脱口而出的肤浅的新创意,但参与者应坚持下去。随着小组专注于所分配到的问题的同时,努力充实完善肤浅的创意,更好的思想就会随之而生。

善始善终

到一天结束的时候,一个小组通常可能会产生出15个有趣的创意,可供进一步研究。你一直是在同时组织多个小组,因此,你的20人团队就已经共同产生了多达60个创意。现在该怎么办呢?

有件不应当去做的事情就是让整个团队从中选出最好的创意,这种做法在传统的头脑风暴中较为普遍。根据我们的经验,对于那些在确定各个创意的优先次序以便进行实际投资所必须涉及的标准和考虑因素方面,与会者未必总能形成高管级别那样的理解。挑选优胜者的过程也会降低人的积极性,尤其是当决策者事后推翻小组最中意的选择时,更是如此。

正确的做法是,让各个小组将自己的创意列表,自行减少到最重要的少数几个,然后与整个团队分享所有最重要的创意,以此激励和鼓舞参与者。但是,整个团队不应评选优胜者,而是要在习惯于传统的头脑风暴的参与者不曾预料的情况下,高调地结束研讨会:向他们确切地介绍大家将会采取什么步骤来选择优胜的创意以及他们将如何了解到最终决策。

迅速跟进

决策以及其它跟进行动应该迅速而彻底。当然,我们并不是建议对仅仅几个小时之前浮现出来的创意,做出根据不足或研究不充分的结论。但是,产生创意的过程导致具体行动的几率往往会随着时间的过去以及热情的减弱而迅速下降。

立刻实施或者当即否决

美国一所大学的校长、教务长和系主任在头脑风暴研讨会之前宣布,

研讨会之后的上午将召开全体员工大会，讨论所形成的各种节约成本的创意。高层领导在会上将各种创意分为四组：立即转向实施规划，当天决定在最近的适当时间实施，安排一个小组进一步研究所讨论的创意，或者当即否决。这一过程进展顺利，该大学相继通过了十多项创意，最终节省了数百万美元。

为了与参与者保持紧密联系，该大学保证向每位相关人员通报决策的结果，即便某个创意被否决。尽管与某个团队分享坏消息似乎会打击士气，但我们发现，这种做法带来的结果正相反。参与者常常会迫切希望获得反馈信息，并急于想确认他们的声音至少有人听到。通过有礼貌地解释为什么某些创意被拒绝，你可以帮助团队成员下一次产生更好的创意。根据我们的经验，他们下一次还会参与，往往会比以前更积极。

在日常的工作中更加有意识地对个人知识进行管理

个人知识管理的实质在于帮助个人提升工作效率，整合自己的信息资源，提高个人的竞争力。我们如果能在日常的工作中更加有意识的对个人知识进行管理，那么个人知识管理就是一件很简单的事情。这里的个人知识管理的实施基于以下两个原则：

第一、简单有效原则。期望他人能够根据我们描述的知识管理实施方法，独自实施对自己的知识进行管理，这种管理的效果让自己可以感觉到。

第二、经济原则。个人知识管理的实施不需要你额外去投资什么（不需要投入很高的成本），以利用每个普通人能得到的工具为主。

应该说，在没有正式提出知识管理的大概念前很多机构早已实施了知识管理的实质工作，比如文档标准化、流程标准化、内部培训计划、项目在职指导计划等等。

但最终知识管理不是"管理知识"，本质上是"管理"。个人知识管理也

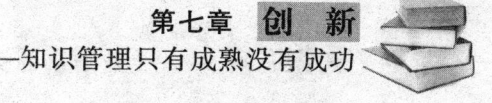

遵循知识管理中的普遍规律,但它又有自己的特点:个人知识管理的知识的获取、存储、利用都是我们自己个人。任何人要想实施好个人知识管理工作,都要加强下列三项修炼:

第一项修炼:构建自己的学习网。

第二项修炼:构建自己的知识系统架构。

第三项修炼:对知识的有效利用。

知识管理的概念在国内越来越热,有越来越多的企业和机构开始关注知识管理,并进行了一些尝试和实践,比如移动电信、金融证券行业、房地产等行业的企业。然而,了解到的大多数企业的知识管理还停留在文档管理的层面上,还有一些企业刚开始上知识管理系统的时候热热闹闹,后来却雷声大雨点小,慢慢地就没有人再使用建成的系统了。很多企业只是把它当作当年的电子商务一样,从面子上提升企业的等级而已。比如,一个大公司创建了知识平台。但是,每个人都只是热衷于系统的设计,丝毫不关心体系究竟如何运行,体系究竟能够解决什么问题,以及如何把体系与公司的技术战略进行有效整合。最后,体系根本无法跟上瞬息万变的商业变化,更无从满足个人用户的需求,于是每次的系统升级都成了一项让人望而生畏的任务。

在知识管理体系与内容整理同步推行的同时,还需要明确一点:知识管理的推行工作从本质上讲是一种"变革",是对现有工作习惯的一种改变。员工在这个过程中的积极性是左右知识管理推行的关键因素,要从员工角度,转变促成知识管理。因此,为了更好的推行知识管理,让内部员工更快地接受知识管理,对待这种变革,可以从四个方面进行考虑:

1)对待知识管理的敏感性。每个员工对于知识管理的理解可能不同,因此,在知识管理项目之初,要向全体员工说明知识管理的目标、愿景、主要工作内容以及对个人的影响等,降低对知识管理的敏感性(抵触情绪),从而增加知识管理的透明度。

2)对员工能力的综合评估。知识管理能否顺利推行下去,关键是看员工能否实现所设定的目标。比如,对一个认为知识管理等同于文档管理的

组织而言,希望在短短时间内,把"老法师"(资深员工)的所有经验全部发掘出来,那是不现实的。

3)强调义务与职责。从变革管理的角度看,行为的改变才能够促成态度的改变,由外部的约束、刺激、激励来推动知识管理的工作变成内部自发的来进行知识管理。这第一步就需要使用相关的制度和措施来保证这种转变。整个制度/措施集合应该包含三部分:日常管理制度、激励考核制度、支持制度。

4)承诺与业务流程和实际工作结合。通过员工的"承诺",将成果固化到业务流程中,实现知识管理成果与实际工作的紧密结合。比如类似于"项目结束后要完成知识地图"之类的制度约束,真正实现知识管理与流程管理的结合。

知识管理模块化——提高知识复用率

知识模块化需要信息系统的支持,对于文档类的知识模块可以采用一般的知识管理系统进行储存;对于程序代码、三维模型等专业的知识模块则需要采用专业领域的技术平台进行知识模块的储存和应用。

在长期的研究与实践中发现,一些企业刚开始开展知识管理时,经常会遇到这样的困惑:"报告动辄200多页,看起来又累又麻烦,为什么不能通过检索方式直接寻找到我需要的内容?"员工们也常常会问:"如何更方便地应用我们已有的知识成果?"

知识文档储存下来之后,之所以会出现不方便共享和应用的原因,很可能是一个文档中同时蕴含了多个有用的知识点和许多没有复用价值的信息。作为企业的IT部门经理和知识管理的推动者必须认识到:做知识管理不是做一个无人理会的文档库,关键是要让知识流动起来。而通过知识的模块化,更能够方便知识应用,让知识在不断地复用过程中实现价值的最大化。

那么什么叫知识模块化呢？所谓知识模块化就是将知识体系分解成模块，它是知识标准化的延伸，目的是让知识的重组、复用的过程更加方便。知识模块化具体可以表现为业务过程知识模块化、设计知识模块化、产品知识模块化、软件设计知识模块化等。

下面将进行逐一说明：

业务过程知识模块化：简单地说，就是将企业业务过程中存在的所有任务集进行模块化分解，并在知识管理系统中建立与任务对应的过程知识模块，当企业组织结构、任务分配、工作流程等发生改变时，可再次运用知识管理系统根据需要重组任务模块和过程知识模块，形成新的流程。

设计知识模块化：产品设计中有大量的重复性工作，需要用到大量以往积累下来的知识。以设计知识模块化为基础，以用户对产品的设计要求为驱动建立的设计平台有助于提高设计效率，使用户在产品设计时，不再需要从头开始事无巨细地来一遍。

产品知识模块化：即综合考虑产品对象，把产品按不同的功能分解成不同用途和性能的模块，并使接口(结合形状、尺寸等要素)标准化。选择不同的模块(必要时设计部分专用模块)可以迅速组合成符合客户要求的产品。

软件设计知识模块化：软件设计知识模块可以以组件的形式表示。组件是语义完整、语法正确和有复用价值的单位软件，是软件复用过程中可被用来构造其他软件能够明确辨识的系统，类似于机械工业中的零部件。

企业想要成功完成知识模块化的工作，需要特别关注如下四个方面：

知识模块的创造

知识模块的来源有两方面：一方面是把已有的知识提炼加工成知识模块。例如，在日常的项目总结中会包括项目背景、项目工作内容、项目资源投入、项目中的问题及解决方案、项目亮点、项目花絮等等内容。但从日后知识的复用角度考虑，项目问题的解决方案和项目亮点都具有很大的复用价值，应该抽取出来单独存放在问题库和亮点库中，方便以后其它项

目的学习。另一方面,可以先进行知识模块的分析,然后再组织知识模块创造。任何复杂的解决方案其实都可以按照一定的逻辑分解为可复用的知识模块,日后这些知识模块就可以被不同的解决方案引用。例如在基于构件的软件开发中,通过领域分析形成领域基准体系结构,就能够在此体系结构上进行相关构件的创造。

为方便知识模块的应用,知识模块在创造时就应该考虑通用性,需要对知识进行加工,去掉个性化的特征,并对知识模块的应用进行解释。

知识模块的储存

经过加工的知识模块需要进行结构化储存,并用多维属性标签标注出来,以方便检索。知识模块的储存需要考虑知识模块的质量、知识模块的数量和知识模块的转换这几方面的要求。

为了让知识模块的复用率提高,在知识模块入库时需要进行严格的审核以保证知识模块质量,并避免知识模块的重复创造和储存;针对知识模块的应用效果应该定期进行评价,定期淘汰质量不高的知识模块,来保证知识模块的质量。

把知识模块的创造与业务流程结合,可以保证知识模块数量的持续积累。例如在IT运维中,事件处理的过程必须与已有的解决方案相关联,如果没有解决方案则需要重新编写针对该问题的解决方案并放入知识库中,以保证IT运维知识库的解决方案能够持续积累。

对于规则类的知识模块,例如计划管道应力的公式,可以把公式直接转换成计算程序。这样员工就不需要知道公式内容,只需掌握应用计算程序的方法,按要求在程序中输入条件,就能够直接得出结果,计算过程变成了黑箱。

知识模块的应用

有的知识模块可以直接复用产生新的知识,例如软件开发中的构件。应用此类知识就需要建立统一的知识模块连接规则。有的员工对此不是很理解,其实要知道,知识模块的引用并没有抑制员工的个性化创造,而是要求员工在公司已有的成熟的知识模块的基础上,针对未标准化的部分进行创新。

有的知识模块用于指导行动,例如IT运维知识库中的解决方案,项目总结中积累的问题库和亮点库等。企业可以把最新的对员工行动有指导意义的知识模块推广给员工阅读,这样能有效避免类似的问题重复发生。

知识模块的系统支持

知识模块化需要信息系统的支持,对于文档类的知识模块可以采用一般的知识管理系统进行储存;对于程序代码、三维模型等专业的知识模块则需要采用专业领域的技术平台进行知识模块的储存和应用。例如在工厂三维布置设计管理系统中,可以把管道等级表转换成三维的元件存入元件库中,元件就是知识模块,设计师在平台中能够采用"所见即所得"的方式直接引用某等级管道。这样就不需要设计师从最基本的点、线、面和几何图形开始,也不需要花费时间和精力去熟悉那些更底层、更基本的局部细节。

知识模块化是企业知识管理的一种形式,它适合对复用率比较高的知识进行管理,尤其适合软件开发、工程设计等知识创造型企业管理。有的企业甚至专门成立了研究院来负责各业务部门知识模块的创造。长远来看,知识模块化将改变企业原有的知识创造业务模式,实现组织创新能力提升,帮助组织持续积累知识资本。

四维度反思知识管理——只有起点,没有终点

知识管理在组织内的推行是一个过程,用一句俗语讲:知识管理只有起点,没有终点。要想知识管理发挥其应有价值,并非一朝一夕就能完成的,而是需要持续下去。

在一个组织开展知识管理工作之初,往往会对其抱有很高的期望。但随着工作的推进,特别是在遇到一定的阻力或困难时,知识管理预期工作目标的实现可能会拖延,甚至改变。

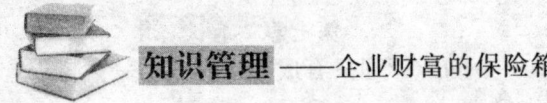

这时,很多人会对知识管理工作产生质疑,认为现在做的事情是否就真的是原来设想的"知识管理"。

对此,可以对知识管理工作进行一定的"反思",再重新审视其价值、目标以及生命力。反思工作可以从四方面开展:

观点一:价值

毋庸置疑,知识管理对组织是有价值的。但需要明确一点是,组织内存在层级:决策层、管理层、操作层,因此,我们需要进一步明确:组织内正在进行的知识管理工作对各个层级的价值何在?对哪个层级的价值体现的最明显、最大?如果没有一个良好的价值定位,接下来的知识管理工作势必"眉毛胡子一把抓",没有重点,这样在短时间内不能让大家感受到其工作的价值,同时,长远看也不利于知识管理工作循序渐进的推行。所以,在进行了一段时间的知识管理工作后,我们有必要进一步思考下:目前我们进行的知识管理到底为谁服务?他们的价值是什么?

观点二:目标

在确定了价值定位后,有必要针对不同层级的需求界定具体的工作实现目标。从长远角度设想,在知识管理工作之初,每个人脑子中都有一幅美好的远景蓝图,但这是假以时日才可能完成的。那么,从现在来看,我们更需要设定什么样的具体可实现的目标,特别是一定要针对各层级的需求,设定与时间相关联的不同目标,明确告知大家在单位时间内,哪个层级可以通过知识管理工作实现或者应该实现什么目标。这样,将可实现的目标与未来可获得的收益价值相关联,能够让更多的人知道我们该如何一步步从现实出发,直至远景目标的实现。

观点三:成本

一项管理工作肯定存在管理成本,而很多组织在推行知识管理时,对其潜在的成本分析不足,这也反映其对未来的收益期望不够。知识管理的推行遇到的最大阻力将是个人工作习惯的改变,原来大家已经适应并习惯目前的工作方式,要把知识管理的方法工具融入到实际工作中,自然会让大家感觉到"别扭",可能在工作配合方面不够,从而造成知识管理推行的困难。因此,我们需要在知识管理推行过程中,时刻对可能存在的潜在成本进行分析和关注。比如,要保证知识管理的推行,有必要达成共识,这就需要内部组织多次开展关于知识管理的培训和研讨活动,其培训成本需要考虑清楚。同时,还需要考虑因新工具和方法的导入,而造成的短时间内工作效率下降所带来的成本。

观点四:生命力

知识管理要想保持其旺盛的生命力离不开两方面因素的共同作用:一是人的主动参与,二是知识管理工作要与实际业务紧密融合。可以设想下,内部员工踊跃参与到知识管理工作过程中,并将实际工作遇到的问题,通过知识管理的工具和方法加以解决,自然会在内部形成越来越高的知识文化氛围。但要达到这一目标,一方面需要充分调动大家参与的积极性,让大家在短时间能够通过一些具体工作感受到知识管理的价值——比如通过内部形成若干知识地图,让大家在查找资料时可以更为快捷高效。另一方面,还需要树立内部标杆,让做得好的个人/部门在不同场合向大家传递知识管理工作的意义及价值,让更多的人"感同身受"。在调动员工参与积极性的同时,不能进行停留在所谓"运动式"的工作方式上,还需要进一步思考具体的业务如何与知识管理相结合,不管是通过强制约束手段,还是基于员工自发参与的方式,一定要在短时间内保证知识管理与业务的紧密结合,只有如此才能让更多地人在实际工作中产生知识、应用知识,而不是简单的等待知识。

这几个方面,在每个组织进行知识管理工作时,都会有深入的思考。但在知识管理工作推行一段时间后,更应该重新反思,调整目标,确定价值,以更好的保证其有更为旺盛的生命力,也保证知识管理工作的持续性和有效性。

TIPS:成长型企业如何做知识管理

从长远的角度而言,如果企业的知识管理最终能够发挥其应有的作用,应该是能够在企业中推动知识管理的IT实现。但成长型企业由于资金和人员等方面的限制,可以先从以下三个方面做起,等到发展到一定阶段后再考虑引入知识管理系统。

企业文化内化:推广知识管理的价值,将知识管理内化为企业文化。企业应该从高层开始,利用一切可能的机会,向员工明确阐述知识管理对个人和组织的价值,使每位员工认识到知识管理不仅是一件对组织有利的事情,而且对个人的发展也是必不可少的,达成实施知识管理的共识。知识管理系统本身是工具,它只有和企业日常管理生产相结合,才能提升到管理高度;也只有和文化转变促成相结合,知识管理才能内化为企业文化。

逐步开展:从标准化手册开始梳理和积累企业知识,不能一蹴而就,没必要一下子建立大而全的知识管理系统。

1.从企业的业务发展需要入手。成长型企业在快速扩张的过程中最容易面临知识与经验无法复制的问题,我们可以从企业面临的难题入手,思考是否可以从知识管理的角度去解决这些难题。

在某成长型药业公司做知识管理时,首先从业务发展需要出发,组织相关人员编制详尽的代理商管理手册、销售人员工作标准化手册、处方药学术推广手册,使得企业在向外扩张时,新入职人员能通过这些手册快速了解工作要点,尽快独立有效开展工作,极大支撑了企业对新员工的能力要求。

2.从企业的业务难题入手。例如,在某成长型企业,项目组经过调研发现,企业由于急剧扩张和人员离职率较高,人力资源部每月面临的招聘任务量相当巨大,基本上每月都有50人以上的招聘量。在这种情况下,如何

能够保证企业招聘的质量与效率，同时能够利用招聘这个渠道向外部应聘人员传达企业形象，是人力资源部面临的一个难题。项目组和人力资源部招聘管理组共同工作，通过总结经验与教训，学习标杆企业的最佳实践，编制了从招聘信息发布、简历如何筛选、如何组织面试等等非常详细的招聘管理工作手册，提高了工作效率。

延伸阅读：知识审计——企业知识管理成功利器

企业在分析和讨论知识管理失败的原因时，大多错误地归咎于提供知识管理服务的咨询机构或软件厂商。但是经研究发现，知识管理实践者在整个知识管理的规划和实施中，往往忽略了知识审计这一重要的环节。

企业只有清楚自身现有的知识和潜在的知识，认清自己的知识基础和知识需求之后，才能制定知识战略，才能有效地实施知识管理。因此，无论是知识管理的整体规划，还是知识管理的实施阶段，都要以知识审计为基础。知识审计毋庸置疑是知识管理最重要的第一步，关系到知识管理的成败。

知识审计是一个动态循环的过程

知识审计是一个动态循环的过程，是对组织内外的知识资源(组织内所有人员的显性、隐性知识，每个价值链环节的知识)进行系统的、科学的考察和评估，分析组织的知识基础(已有的、潜在的知识)和知识需求(缺少的知识)，针对性地提出诊断性和预测性审计报告，回答组织拥有哪些知识、缺少哪些知识、谁需要这些知识，如何利用这些知识等问题。这是实施知识管理项目的第一步，知识管理需要以知识审计作为基础。

知识审计首先应该有一个明确的目标，是为了了解组织的核心知识资源和知识需求，还是为了把握组织整体的知识状况和机遇，还是只为了解决特定的问题。只有明确了审计目标，才容易确定审计的指标体系，最终完成知识审计。

知识审计的范围包含两个层次：第一个层次是已有的、知识企业所知道的知识，即知识基础；第二个层次是企业需要明确知道自己所需要的，企业所缺乏的知识，即知识需求。只有知道拥有哪些知识，才有可能找到知识存储与传播的最有效的方法。也只有知道知识需求，才能找出知识差距，知识管理项目才能收到预期的效果。

知识审计的重要意义

知识审计是公司知识管理战略规划的需要。

知识经济时代和工业经济时代，最根本的区别就在于，企业知识的创新和可持续积累才是创造企业财富的关键。愈来愈多的企业为了获得或保持自己的竞争优势，纷纷确立了以知识为基础的战略。但是，公司的大多数高层和一般管理人员，并不完全了解公司的知识资产，也不知道如何去识别这些知识资产。知识审计可以帮助企业上下清楚了解和盘点所有的知识资产，也可以进一步挖掘企业每一业务层次的知识需求。

知识审计能有效减少企业重复劳动、知识浪费的现象。

自信息时代以来，人们普遍感到信息超载带来的压力。企业里每天都会产生成千上万条信息和知识，若不定期及时清点、梳理这些宝贵的知识和经验，时间一长，这些凌乱无序的知识将渐渐会丧失其原本应有的价值。由于查找难度不断升级，知识被使用的机会就变得非常小，不被使用的知识是没有任何价值的。

企业不断发展壮大，发展到一定规模后，部门与部门、人与人之间的交流成本会变得更高。在企业实际运行中，由于条块分割、交流减少、重复劳动的现象非常普遍。因此，在知识社会中，企业定期进行知识审计是降低成本、提高效率的有效手段。

有效进行知识审计

企业要开展知识审计工作时，首先要确定知识审计的对象和范围，然后选择合适的知识审计方法，再设计知识审计的流程，最后实施知识审计。

知识审计对象

知识审计的对象包括三个：人、知识和知识环境。人是知识的拥有者，

也是知识的接受者。知识审计时,企业一方面要审计人的知识流程,另一方面要熟悉企业内各个部门的工作内容与目标,以此来确定知识需求。需要强调是,知识的审计对象"人"不仅仅指企业内的知识工作者,还包括了客户、供应商等企业价值链上的知识主体。

显性知识存在于数据库、文档等载体之中,而隐性知识存在于员工的头脑中。审计知识时,企业不仅需要审计那些结构化的知识,更要审计有助于企业快速经验积累、效率提升的隐性知识。

知识环境主要指的是企业内部与外部的环境。知识环境是一个开放的系统,不但要注意企业内部知识的相互作用,还要关注外部环境的作用,因而企业外部环境也能深刻影响企业的知识环境,内外知识的相互交互转化是一个永恒的过程。

知识审计方法

知识审计是一个新兴的研究领域,目前的知识审计方法采用了问卷调查和面对面访谈的方式,通过分析调查结果形成知识审计报告。此外可以使用已开发出来的评估工具,不过这些工具不一定完全适合每一个企业,需要做适应性的改进和修正。无论运用上述的什么方法,执行的关键步骤基本上是一致的。一般而言,问卷调查和访谈相结合是常采用的方法。因为知识的特性使得知识价值的评估不仅仅根据投入与产出,还在于知识主体洞察力。企业中的每个人对知识都有自己的观点和角度,什么样的知识是有价值的,在什么状况下有价值,知识的产生、存在和特征依赖于特定的人——拥有隐性知识的人,企业中大部分的知识是以隐性的方式存在。独立的个体决定怎样、什么时候在他的工作中使用隐性知识,所以知识审计要以人为中心,对知识的审计需要从人对知识的理解入手。此外知识审计的目的是最大程度地发现、开发、利用潜藏在组织中的隐性知识,并尽量把这些知识编码化。只有进行深入的调查,才能揭示隐性知识的分布,了解知识工作者的知识需求。需要注意的是,在设计调查问卷前,需要清楚企业有哪些专业知识领域。

知识审计流程

组织开展知识审计需要依据一定的流程,一般包含三个阶段、四个步骤。

准备阶段。确定知识审计的目标,进而确定知识审计的对象、审计的范围、审计的指标和审计报告的结构。只有明确了知识审计的目标,知识审计的过程才有意义,最终完成的知识审计报告才有价值。这个阶段主要的工作是:了解企业的基本情况、了解企业的内部控制体系、初步评价企业的知识资产(大类)等。

实施阶段。完成准备阶段的工作后,要根据组织具体的情况,选择知识审计的方法。使用的方法决定了企业是否能够准确地诊断知识的状况。知识审计的实施包括了数据的收集和分析。

完成阶段。最后对知识审计得到的数据整理和评价,形成审计建议和意见,编写知识审计报告,以统一的框架将组织拥有的知识资产文档化。一般还要绘制知识地图,描述企业的知识流,找到企业的核心知识,找出企业的知识差距。

知识审计贯穿于知识管理的全过程

很多人认为知识审计是知识管理的第一步,但其实知识审计在知识管理战略规划、蓝图设计、系统实施和持续改进中都扮演了非常重要的角色。知识审计是有效知识管理的开端,并贯穿在知识管理过程的始终,为企业实施知识管理的过程提供持续的反馈。

知识审计首先需要对企业的知识管理现状有个清楚的了解,找到知识管理的差距,即进行知识审计,对企业的知识管理现状进行诊断,制定知识管理的总体策略,这是实现和进行知识管理的基础和前提,也是实现有效知识管理的第一步;

其次,在进行知识管理四个蓝图的规划和设计时,需要不断检查所规划的内容是否支持企业的实际业务运作,是否符合大多数员工的工作习惯,对知识管理蓝图规划的有效性和适应性进行评估;

再次,在选择知识管理系统时,需要对知识管理实施中可能存在的各种风险给予充分的认识,对风险进行评估,尽量规避知识管理实施过程中的风险；

　　最后，推行知识管理后，要检测知识管理系统是否适合企业的需要，为企业带来了哪些定性和定量的效益，即对知识管理的绩效进行评价，同时发现现阶段知识管理中存在的问题，以便于进行改进。

　　因此，知识审计师需要对知识管理进行不断地诊断、评价和反馈，发现新的知识需求，更新企业知识，使知识管理能够持续改进、不断优化。